2024年"一带一路"青年发展报告

The Belt and Road Youth
Development Report 2024

于洪君　史志钦　主　编

杨东平　刘　洋　执行主编

人民出版社

2023 年 12 月 3 日，合奏同心筑梦时代乐章——六国音乐会交流会在京举行

2023 年 12 月 16 日，"一带一路"公开课暨"丝路名城"推介系列活动启动仪式在京举行

2023 年 12 月 16 日，"一带一路"公开课暨"丝路名城"推介系列活动启动仪式嘉宾合影

2024 年 1 月 27 日，丝路青年论坛·南亚合作会议暨"丝路名城"推介系列活动在尼泊尔
加德满都举行

2024 年 2 月 12 日，丝路青年"中泰一家亲 欢乐中国年"中泰文化交流联谊活动在泰国兰塔纳功欣皇家理工大学举行

2024 年 3 月 8 日，丝路青年国际劳动妇女节座谈会在京召开

2024 年 3 月 8 日，丝路青年国际劳动妇女节座谈会合影

2024 年 7 月 2 日，丝路青年论坛·马中合作会议在马来西亚吉隆坡举行

2024 年 7 月 2 日，丝路青年论坛·马中合作会议合影

2024 年 7 月 25 日，"高举改革开放旗帜，奋发进取闪亮未来"丝路青年学习贯彻中共二十届三中全会精神专题讲座在京召开

2024 年 7 月 25 日，"高举改革开放旗帜，奋发进取闪亮未来"丝路青年学习贯彻中共二十届三中全会精神专题讲座合影

2024 年 9 月 29 日，"丝路青年与中非合作行动"丝路大讲堂在京举办

目　录

主　报　告

专题报告

序一
高质量共建"一带一路"的青年梦想、
青年责任与青年担当

刘晓峰

习近平主席深刻指出，当今世界正经历百年未有之大变局。这场变局纵横交织，深刻宏阔，是一场世界之变、时代之变、历史之变。随着世界多极化、经济全球化、社会信息化、文化多样化深入发展，各国联系合作越来越紧密，国际交往越来越深化，人类发展面临着前所未有的共同利益和危机挑战，全球和平赤字、发展赤字、安全赤字、治理赤字有增无减，地区冲突、军备竞赛、粮食安全、恐怖主义、网络安全、气候变化、能源危机、重大传染性疾病、人工智能等传统和非传统安全问题交叉叠加，对于这些涉及全球和平与发展以及人类文明进步问题的解决方案和全球治理之道，青年一代责无旁贷要承担起探索的责任。

世界的和平发展、全人类的共同进步，都离不开青年的创造力和创新力，世界为青年创造舞台和机遇，青年为世界发展提供青春动力。青年群体蕴含着推动社会变革和人类进步的无穷力量，只有青年深度参与，才能真正构建起一个更加公平、平等和繁荣的命运共同体。

青年是高质量共建"一带一路"的重要基础与核心资源，11年来，一大批中资机构青年员工在异国他乡辛勤工作、奋斗不止，将个人发展的"小目标"融入构建人类命运共同体的"大事业"，向世界展现可信、可爱、可敬的中国形象，以及自信自强、勇于担当的中国青年一代的风采。与此同时，在实现政策沟通、设施联通、贸易畅通、资金融通、民心相通的进程中，受惠最大、机会最多、参与最深、受益最丰的则是包括中国青年在内的沿线各国的广大青年，即丝路青年。

11 年来，丝路青年同心同向、携手共进，主导或者深度参与数千个共建"一带一路"务实合作项目，收获了实打实、沉甸甸的成果，共同绘就联结世界、美美与共的壮阔画卷。中老铁路、雅万高铁、蒙内铁路等一大批标志性工程有力促进共建国家和区域互联互通，鲁班工坊、菌草技术等"小而美"民生项目落地生根，共筑了一条幸福之路、机遇之路、奋斗之路，为世界经济增长开辟新空间，为国际贸易和投资搭建新平台，为完善全球经济治理拓展新实践，为增进各国民生福祉作出新贡献。

青年是最具活力且最易沟通交流的群体。习近平主席指出，国之交在于民相亲。民相亲，关键在于青年之间的交往。11 年来，中国同有关共建国家设立或者组织了海外孔子学院、"一带一路"青年创意与遗产论坛、青年学生"汉语桥"夏令营、世界青年发展论坛、亚非青年联欢节、国际青年领袖对话、中国青年志愿者海外服务计划等不同形式的交流互鉴平台，形成多元互动的人文交流格局，越来越多的丝路青年沉浸式感知中国、了解中国、认识中国、喜爱中国，用更加平等、包容、友爱的视角来分析和而不同，用欣赏、互助、互鉴的态度来对待文化差异，弘扬丝路精神，讲好人类命运共同体的故事，当好国与国之间、地区与地区之间的友谊使者和合作桥梁，不断提升共建"一带一路"的国际影响力。

青年是维护世界和平、促进共同发展的重要力量。"世界的未来属于年轻一代。全球青年有理想、有担当，人类就有希望，推进人类和平与发展的崇高事业就有源源不断的强大力量。"面向未来，新时代中国青年携手各国青年胸怀天下、胸怀未来，在双多边框架下积极参与全球青年事务治理，推动经济、安全、气候环境、生物多样性、公共卫生、知识产权等领域的全球治理；积极投身共建"一带一路"，主动加强国际科技合作，广泛开展文明对话交流，参与落实全球发展倡议、全球安全倡议和全球文明倡议，弘扬和平、发展、公平、正义、民主、自由的全人类共同价值，共建持久和平、普遍安全、共同繁荣、开放包容、清洁美丽的世界。

在人类思想史上，一个重要的新概念形成后，往往具有强大的刺激、带动作用，推动更多学者对相关问题的观察和研究，并用与之相关的知识积累和研究成果推动新概念的体系优化和实践完善。因此，需要加快打造"一带一路"自主学术体系、学科体系和话语体系，以中国、世界和时代为观照，不断推进知识创新、理论创新、方法创新，构建"一带一路"哲学社会科学，回答好"世界怎么了""人类向何处去"的时代之问。

关于丝路青年的研究要置于共建"一带一路"知识体系的总体框架，延伸出聚焦思想方式、行为特点、成长规律等系列青年问题研究探索的"丝路青年学"。令人欣喜且可贺的是，丝路青年论坛、丝路国际智库交流中心、丝路百科杂志社在共建"一带一路"新十年开局之年推出《2024年"一带一路"青年发展报告》，既是对过去11年丝路青年参与共建"一带一路"总结评估的"承前"，也是对未来丝路青年在高质量共建"一带一路"的定位、职能、作用、成效、对策等系统梳理研究的"启后"，是一份高质量智库报告，必将继续引领"丝路青年学"研究，进一步丰富共建"一带一路"的自主知识体系。

一个理念，激活了两千多年的文明记忆；一个倡议，激发了100多个国家、亿万民众和丝路青年实现梦想的热情。作为长周期、跨国界、系统性的世界工程、世纪工程，共建"一带一路"的第一个10年只是序章。从新的历史起点再出发，共建"一带一路"将会更具创新与活力，更加开放和包容，为丝路青年打开新的机遇之窗。期待丝路青年论坛、丝路国际智库交流中心、丝路百科杂志社搭建更加广泛的学术网络，持续开展丝路青年主题的智库研究和交流活动，不断丰富"丝路青年学"的理论内涵和学科体系，为共建国家政产学研投媒各界机构和人士提供更多智库成果，激励和鼓舞更多丝路青年投身到高质量共建"一带一路"的时代洪流中！

序二
中国式现代化的"一带一路"新画卷

顾伯平

乘历史大势而上，走人间正道致远。11 年来，在国内外各方携手努力下，共建"一带一路"创造性地传承弘扬古丝绸之路这一人类历史文明发展成果，并赋予其新的时代精神和人文内涵，围绕"和平、繁荣、开放、创新、文明"五个关键词，秉持共商、共建、共享的三个原则，坚持开放、绿色、廉洁的三个理念，落实高标准、可持续、惠民生的三个目标，从中国倡议走向国际实践，从理念转化为行动，从愿景转变为现实，从谋篇布局的"大写意"到精耕细作的"工笔画"，成为开放包容、互利互惠、合作共赢、深受欢迎的国际公共产品和构建人类命运共同体的国际合作平台，为全球共同发展搭平台、做增量、添动力。

世界好，中国才会好；中国好，世界会更好。党的二十大报告将推动构建人类命运共同体作为中国式现代化的本质要求之一。习近平总书记强调，要加快构建新发展格局，提升国际循环质量和水平，不断扩大高水平对外开放。过去 10 年，乃至以后的更长时间的事实证明，高质量共建"一带一路"有利于推动形成开放、多元、稳定的世界经济秩序，为中国实现国内国际两个市场、两种资源联动循环创造条件，同时也有利于沿线国家和地区的发展。

"我到任何一个地方都关心青年。"从陕北黄土高原的青春岁月一路走来，习近平总书记始终心系青年、关怀青年、倾听青年，做青年朋友的知心人、热心人、引路人。爱青年人者，青年人亦恒爱之。在习近平总书记真心关怀、真挚期望的激励下，亿万中国青年在学习贯彻习近平新时代中国特色社会主义思想中把牢青春航向，在国家发展实践中展现青春作为，在应对重大风险挑战中展现青年风貌，在强国建设、民族复兴接力赛中贡献青年力量，以青春之活力驱动民族之复兴，用青年之光彩挥写国家之未来。

习近平总书记一直高度重视青年在共建"一带一路"中的重要作用。在第三届"一带一路"国际合作高峰论坛开幕式上，他又一次提到"青年"："不断深化的民间组织、智库、媒体、青年交流，奏响新时代的丝路乐章"。丝路青年是共建"一带一路"的主力军、生力军和受益者，正继续弘扬和平合作、开放包容、互学互鉴、互利共赢的丝路精神，积极参与中国支持高质量共建"一带一路"八项行动，携手应对各种全球性风险和挑战，共筑和平发展的现代化、互利合作的现代化、共同繁荣的现代化。

丝路国际智库交流中心、丝路青年论坛、丝路百科杂志社组织专家编撰的《2024年"一带一路"青年发展报告》，以"积极参与高质量共建'一带一路'，丝路青年携手共创共同发展繁荣"为主题，分领域为读者描绘共建"一带一路"新十年开局之年的波澜壮阔的"一带一路"青春画卷，为共建丝路青年命运共同体、有效发挥丝路青年积极作用、推进高质量共建"一带一路"，提供了立意新颖、体例完整、逻辑缜密、可读可查的高质量智库成果。这也是编撰专家团队继《2021年"一带一路"青年发展报告》《"一带一路"十周年青年发展报告》出版后的又一部智库成果。

当下，绵亘万里、延续千年的古丝绸之路正焕发新的生机，而丝路青年则是这生机的活力源泉。期待更多丝路青年弘扬丝路精神，争做高质量共建"一带一路"的青春使者！希望有更多的国内外研究机构、智库组织和学者将丝路青年作为研究对象，推出更多实效智库成果，为高质量共建"一带一路"提供决策参考和理论依据。

序三
加快构建丝路青年参与高质量
共建"一带一路"的新格局

杨东平　刘洋

随着世界多极化、经济全球化、社会信息化、文化多样化深入发展，各国相互联系和彼此依存比过去任何时候都更频繁、更紧密，人类越来越成为你中有我、我中有你的命运共同体。2013年秋，国家主席习近平提出共建"丝绸之路经济带"和"21世纪海上丝绸之路"重大倡议，以中国方案破解全球发展难题，推动世界各国携手同行康庄大道。11年来，共建"一带一路"始终秉持开放、绿色、廉洁理念，以高标准、可持续、惠民生为目标，取得实打实、沉甸甸的历史性成就，从理念到行动、从愿景到现实，不断增强共建国家人民获得感、幸福感、安全感，成为深受欢迎的国际公共产品和国际合作平台。

在第三届"一带一路"国际合作高峰论坛开幕式上，习近平主席指出，10年的历程证明，共建"一带一路"站在了历史正确一边，符合时代进步的逻辑，走的是人间正道。他还强调，我们要有乱云飞渡仍从容的定力，本着对历史、对人民、对世界负责的态度，携手应对各种全球性风险和挑战，为子孙后代创造和平、发展、合作、共赢的美好未来。

世界好，中国才会好；中国好，世界会更好

共建"一带一路"以共商共建共享为原则，积极倡导合作共赢理念与正确义利观，弘扬和平合作、开放包容、互学互鉴、互利共赢的丝路精神，坚持各国都是平等的参与者、贡献者、受益者，推动实现经济大融合、发展大联动、成果大共享。通过共建"一带一路"，中国对外开放的大门越开越大，中西部内陆地区从"后卫"变成"前锋"，东部沿海地区开放发展更上一层楼，中国市场同世界市场的联系更加紧密，中国已是 140 多个国家和地区的主要贸易伙伴，以及越来越多国家的主要投资来源国。与此同时，从中外合作伙伴发起成立 20 余个专业领域多边对话合作机制，到共建国家依托中国—东盟（10+1）合作、中非合作论坛等重大多边合作机制平台不断深化务实合作，再到加快推进多层次、复合型基础设施网络建设……只要各国有合作的愿望、协调的行动，天堑可以变通途，"陆锁国"可以变成"陆联国"，发展的洼地可以变成繁荣的高地。

发展是人类社会的永恒主题。共建"一带一路"致力于实现世界的互联互通和联动发展，畅通信息流、资金流、技术流、产品流、产业流、人员流，既做大又分好经济全球化的"蛋糕"，努力构建普惠平衡、协调包容、合作共赢、共同繁荣的全球发展格局。比如，中国在共建国家成功实施一大批基础设施建设项目，推动共建国家在铁路、公路、航运等方面取得长足进展。世界银行《"一带一路"经济学：交通走廊的机遇与风险》研究报告显示，共建"一带一路"实施以来，仅通过基础设施建设，就可使全球贸易成本降低 1.8%，使中国—中亚—西亚经济走廊上的贸易成本降低 10%；中国向 70 多个国家和地区派出 2000 多名农业专家和技术人员，向多个国家推广示范 1500 多项农业技术，与共建国家农产品贸易额达 1394 亿美元，帮助亚洲、非洲、南太平洋、拉美和加勒比等地区推进乡村减贫；中国企业先后在共建国家实施 300 多个"爱心助困""康复助医""幸福家园"项目，援建非洲疾病预防控制中心总部、巴基斯坦瓜达尔博爱医疗急救中心等医疗卫生设施，帮助喀麦隆、埃塞俄比亚、吉布提

等国解决民众饮水难问题,一个个"小而美""惠而实"的民生工程、民心工程,帮助当地民众解决燃眉之急、改善生活条件。

文明因交流而多彩,文明因互鉴而丰富。共建"一带一路"坚持平等、互鉴、对话、包容的文明观,坚持弘扬全人类共同价值,共建各美其美、美美与共的文明交流互鉴之路,推动形成世界各国人文交流、文化交融、民心相通新局面。比如,通过建立"一带一路"新闻合作联盟、"一带一路"智库合作联盟、"一带一路"国际科学组织联盟、"一带一路"医学人才培养联盟等各类合作机制,形成多元互动、百花齐放的人文交流格局,有力促进各国民众间相互理解、相互尊重;丝绸之路(敦煌)国际文化博览会、"一带一路"·长城国际民间文化艺术节、丝绸之路国际艺术节、海上丝绸之路国际艺术节、"一带一路"青年故事会、"万里茶道"文化旅游博览会等精彩活动、人文交流品牌成为各方共同推进民心相通的重要载体。

为丝路青年发展凝聚合力、创造机遇、搭建平台

习近平总书记在庆祝中国共产主义青年团成立100周年大会上的讲话中强调,要立足党的事业后继有人这一根本大计,牢牢把握培养社会主义建设者和接班人这个根本任务,引导广大青年在思想洗礼、在实践锻造中不断增强做中国人的志气、骨气、底气,让革命薪火代代相传!中华文明绵延数千年,有其独特的价值体系,它煦育涵养着中华民族数千年来屡仆屡起、愈挫愈勇的浩然之气,是中国人的志气、骨气、底气之根基、命脉所在。青年是整个社会力量中最积极、最有生气的力量,国家的希望在青年,民族的未来在青年。抓后继有人这个根本大计就是抓青年。共青团中央、中华全国青年联合会服务"国之大者",多领域、多渠道、多层次开展"一带一路"青年交流活动900多个,与200多个共建国家青年组织和国际机构建立交流合作关系,面向东盟、上合、中东欧、拉美等地区开展青年领袖研修,积极宣介"一带一路"理念和成果,推广《习近平与大学生朋友们》英文版、俄文版等,为共建"一带一路"培养大批联通中外的青年人才;"中国青年全球伙伴行动"得到全球广泛响应,100多个国家青

年组织和国际组织同中国建立交流合作关系；由中国共青团中央、中国国务院国资委发起的"筑梦丝路"青年发展计划被纳入第三届"一带一路"国际合作高峰论坛务实合作项目清单；"丝路孵化器"青年创业计划、中国—中东欧国家青年创客国际论坛等活动顺利开展，成为丝路青年深化友好交流合作的重要平台。

总的看，共建"一带一路"得到丝路青年的广泛尊重、认同、认可和赞誉。2023年10月，中央广播电视总台CGTN携手中国人民大学，面向美国、英国、日本、南非、阿根廷、泰国、尼日利亚、秘鲁、墨西哥等全球35个国家的3857名青年展开民意调查，95.2%的受访青年认为共建"一带一路"十年来的成果符合预期，18—24岁受访青年的认同度更是提升至97.1%。

《"一带一路"青年发展报告》为丝路青年发声，为服务丝路青年建言

"共建'一带一路'走过了第一个蓬勃十年，正值风华正茂，务当昂扬奋进，奔向下一个金色十年！"面向未来，作为长周期、跨国界、系统性的世界工程、世纪工程，共建"一带一路"从新起点再出发，将会更具创新与活力，更加开放和包容，为中国和世界打开新的机遇之窗，绘制人类命运共同体的美好画卷。

《2024年"一带一路"青年发展报告》是丝路国际智库交流中心、丝路青年论坛、丝路百科杂志社联合有关机构、国内外专家继《2021年"一带一路"青年发展报告》《"一带一路"十周年青年发展报告》后推出的又一部关于丝路青年主题的智库报告。总的看，本报告的编撰出版具有如下价值和意义。

1. 新十年起航，开局新观察

当前，环顾全球，世界百年未有之大变局加速演进，世界之变、时代之变、历史之变正以前所未有的方式展开，远远超越一时一事、一域一国之变，变局范围之宏阔、程度之深刻、影响之久远，都十分突出。回顾过

去 11 年,共建"一带一路"取得辉煌成就,全球治理的中国方案得到越来越多国家地区政府部门、企事业单位和民众的认可,其中丝路青年是"一带一路"建设的受益者、亲历者、参与者和见证者,青年梦想、青年使命和青年担当在"一带一路"交织交汇。

2024 年是共建"一带一路"第二个十年的开局之年,《2024 年"一带一路"青年发展报告》延续过去开创性的智库研究,以"积极参与高质量共建'一带一路',丝路青年携手共创共同发展繁荣"为主题,坚持致力于打造高质量、具有国际影响力智库成果,以国家主席习近平在第三届"一带一路"国际合作高峰论坛提出的"中国支持高质量共建'一带一路'的八项行动"为指引,围绕丝路青年与和平、繁荣、开放、创新、文明五大主题,通过数据分析、现状总结、挑战梳理、对策建议等实证研究和对策研究,为读者描绘新时代"一带一路"青年担当、青年实践、青年创新的青春新画卷。

2. 引领丝路青年研究,持续推出创新成果

本报告编者使用关键词共现分析、前沿知识图谱分析、文献共被引分析等方法,分析近 11 年来青年研究领域的关键话题、前沿演进与引证关系,认为,当前学术界的研究对象基本覆盖大学生、青年女性、农村青年、青年劳动者等青年群体,研究热点集中在青年价值观、青年国家认同、青年与经济发展、共青团、青年组织等,但是将丝路青年作为单独的研究对象,梳理、分析、总结丝路青年参与高质量共建"一带一路"的关键问题研究的成果仍然不多,这与丝路青年在共建"一带一路"的地位和作用形成倒挂。究其原因,主要在于丝路青年研究需要大量的实践依据和持续的跟踪研究,对于不少研究机构和专家学者而言,要么未将丝路青年作为研究重点,要么不具备上述研究资源和条件,造成针对性的研究成果不能充分服务于丝路青年。

丝路国际智库交流中心、丝路青年论坛、丝路百科杂志社不忘初心,勇担责任,组建专家团队和学术网络,将《"一带一路"青年发展报告》作为"为国内外有关政府部门、企事业单位、非营利组织、青年组织、新闻媒体等更好推进'一带一路'青年交流合作提供参考建议"的长期智库

研究项目，形成理论研究、指数研究、实证研究、专题研究、实践评估、对策研究、青年评估、城市评估等系统的科学研究体系，有关学术成果在2022年、2023年的丝路青年论坛和2023年中国国际服务贸易交易会等国际性会展上发布，并召开多次学术研讨和成果交流活动，国内外上百家媒体报道和转载，开创新的智库研究领域——丝路青年学，取得较好的社会效益。

3. 决策参考，谋划未来

立足于百年变局抓好后继有人这个根本大计，立足于共建"一带一路"开启下一个十年的重要节点，《2024年"一带一路"青年发展报告》系统总结评估丝路青年参与"中国支持高质量共建'一带一路'的八项行动"的主要成就、典型案例、风险挑战和对策建议，梳理分析丝路青年工作和丝路青年事业的发展规律，提出丝路青年在参与高质量共建"一带一路"中的现实需求、矛盾困难和解决方案，编制"2024年'一带一路'青年发展型城市二十佳"榜单，为深化丝路青年交流和全球青年合作鼓劲发声，为共建国家的相关机构面向青年群体做好保障、配置资源、完善机制、健全服务等提供决策参考和理论依据。

在共建"一带一路"的11年间，透过那些温暖与感动的镜头，翻开那些共识与合作的篇章，沉潜深处的，是东西方文明互鉴下的彼此照亮，是跬步江山的相向而行，是"中国式现代化将给世界带来巨大机遇"的壮阔图景。七年多来，丝路国际智库交流中心、丝路青年论坛、丝路百科杂志社始终坚持致力于打造创新型、高质量、具有国际影响力智库成果，为丝路青年学搭建"四梁八柱"的理论框架、学术网络和交流平台，并围绕报告出版、成果发布、论坛组织、杂志编发、学术研讨、公益活动、产学研项目等工作推进，努力打造"一带一路"品牌智库和产融平台。

大道不孤，众行致远。共建"一带一路"注重的是众人拾柴火焰高、互帮互助走得远；崇尚的是自己过得好，也让别人过得好；践行的是互联互通、互利互惠；谋求的是共同发展、合作共赢。我们期待与更多组织、机构、丝路青年加强交流合作，共同建设百花齐放、百家争鸣、多元并进、多维支撑的丝路青年学，努力推动共建"一带一路"沿着高质量发展方向不断砥砺前进。

主　报　告

第一章
开放包容、互联互通、共同发展：
高质量共建"一带一路"新十年

国家主席习近平在第三届"一带一路"国际合作高峰论坛开幕式上的主旨演讲中指出："10年来，我们坚守初心、携手同行，推动'一带一路'国际合作从无到有，蓬勃发展，取得丰硕成果。"① 共建"一带一路"秉持人类命运共同体理念，倡导并践行适应时代发展的全球观、发展观、安全观、开放观、合作观、文明观、治理观，为世界各国走向共同发展繁荣提供了理念指引和实践路径。

第一节　第三届"一带一路"国际合作高峰论坛开启
高质量共建"一带一路"新的金色十年

2023年10月17日至20日，以"高质量共建'一带一路'，携手实现共同发展繁荣"为主题的第三届"一带一路"国际合作高峰论坛（以下简称"第三届高峰论坛"）在北京召开。4天近30场双多边活动，密集的日程表里，有着深刻的思考、宏伟的擘画、郑重的宣示，有着深入的交流、广泛的共识、丰硕的成果。151个国家、41个国际组织的代表踊跃参

---

① 习近平：《建设开放包容、互联互通、共同发展的世界——在第三届"一带一路"国际合作高峰论坛开幕式上的主旨演讲》，人民出版社2023年版，第2页。

会，注册参会人数超过1万人，包括有关国家领导人、国际组织负责人、部长级官员及工商界、学术机构、民间组织等各界人士。第三届高峰论坛形成了458项成果，数量超过上一届。

一、高峰论坛主要成果

在第三届高峰论坛的开幕式上，国家主席习近平宣布了中国支持高质量共建"一带一路"的八项行动。

一是构建"一带一路"立体互联互通网络。中方将加快推进中欧班列高质量发展，参与跨里海国际运输走廊①建设，办好中欧班列国际合作论坛，会同各方搭建以铁路、公路直达运输为支撑的亚欧大陆物流新通道。积极推进"丝路海运"港航贸一体化发展，加快陆海新通道、空中丝绸之路建设。

二是支持建设开放型世界经济，中方将创建"丝路电商"合作先行区，同更多国家商签自由贸易协定、投资保护协定。全面取消制造业领域外资准入限制措施。主动对照国际高标准经贸规则，深入推进跨境服务贸易和投资高水平开放，扩大数字产品等市场准入，深化国有企业、数字经济、知识产权、政府采购等领域改革。中方将每年举办"全球数字贸易博览会"，未来5年（2024—2028年），中国货物贸易、服务贸易进出口额有望累计超过32万亿美元、5万亿美元。

三是开展务实合作。中方将统筹推进标志性工程和"小而美"民生项目。中国国家开发银行、中国进出口银行将各设立3500亿元人民币融资窗口，丝路基金新增资金800亿元人民币，以市场化、商业化方式支持共建"一带一路"项目。第三届高峰论坛期间举行的企业家大会达成了972

---

①　跨里海国际运输走廊起源于欧盟在1993年提出的欧洲—高加索—亚洲运输走廊计划（TRACECA），在2017年高加索地区铁路网与欧洲铁路网连接"并网"后，运输潜力获得快速释放。当前，跨里海国际运输走廊作为一条多式联运路线，起自中哈边界，横跨哈萨克斯坦，穿越里海至阿塞拜疆，经由格鲁吉亚到达土耳其或经黑海延伸至欧洲其他国家，包含4256公里的铁路线和508公里的海上航线。

亿美元的项目合作协议。中方还将实施 1000 个小型民生援助项目，通过鲁班工坊等项目推进中外职业教育合作，并同各方加强对共建"一带一路"项目和人员安全保障。

四是促进绿色发展。中方将持续深化绿色基建、绿色能源、绿色交通等领域合作，加大对"一带一路"绿色发展国际联盟的支持，继续举办"一带一路"绿色创新大会，建设光伏产业对话交流机制和绿色低碳专家网络。落实"一带一路"绿色投资原则，到 2030 年为伙伴国开展 10 万人次培训。

五是推动科技创新。中方将继续实施"一带一路"科技创新行动计划，举办首届"一带一路"科技交流大会，未来 5 年（2024—2028 年）把同各方共建的联合实验室扩大到 100 家，支持各国青年科学家来华短期工作。中方将在本届论坛上提出全球人工智能治理倡议，愿同各国加强交流和对话，共同促进全球人工智能健康有序安全发展。

六是支持民间交往。中方将举办"良渚论坛"，深化同共建"一带一路"国家的文明对话。在已经成立丝绸之路国际剧院、艺术节、博物馆、美术馆、图书馆联盟的基础上，成立丝绸之路旅游城市联盟。继续实施"丝绸之路"中国政府奖学金项目。

七是建设廉洁之路。中方将会同合作伙伴发布《"一带一路"廉洁建设成效与展望》，推出《"一带一路"廉洁建设高级原则》，建立"一带一路"企业廉洁合规评价体系，同国际组织合作开展"一带一路"廉洁研究和培训。

八是完善"一带一路"国际合作机制。中方将同共建"一带一路"各国加强能源、税收、金融、绿色发展、减灾、反腐败、智库、媒体、文化等领域的多边合作平台建设。继续举办"一带一路"国际合作高峰论坛，并成立高峰论坛秘书处。

二、高级别论坛讨论情况

第三届高峰论坛期间举行了三场高级别论坛，议题分别是：深化互联互通，建设开放型世界经济；共建绿色丝路，促进人与自然和谐共生；发展数字经济，挖掘经济增长新动能。

（一）互联互通高级别论坛

中国同 26 个共建国家共同发起《深化互联互通合作北京倡议》，在推动交通设施便捷畅通、促进能源稳定可持续发展、提高水利民生保障能力，推进信息设施有效联通、提升规则标准等 "软联通" 水平、优化国际营商环境等六个方面发出倡议。

参会各方都支持进一步深化互联互通，建设和维护高质量、可靠、可持续和有韧性的基础设施，并确保基础设施在全周期内切实可行、价格合理、包容可及、广泛受益；加强交通、能源资源、水利、信息通信设施等领域合作，不断提升国际运输便利化水平和国际运输大通道韧性，鼓励开展基础设施规则、规制、标准等方面国际合作。

（二）绿色发展高级别论坛

中国与 20 个共建国家的政府与环境主管部门、国际组织、研究机构、金融机构及企业等 30 余个共同发起方联合发布《"一带一路" 绿色发展北京倡议》，在应对气候变化、落实 "昆蒙框架"①、生态环境保护、绿色基础设施互联互通、绿色能源、绿色交通、绿色金融、合作平台等八个领域倡议加强合作。

参会各方强调，支持共同推进建设绿色丝绸之路，加强绿色低碳发展的政策沟通与战略对接，分享绿色发展的理念与实践，倡导各方加强应对气候变化、生物多样性治理、污染防治、绿色基础设施、绿色能源、绿色交通、绿色金融等领域的合作，鼓励发挥 "一带一路" 绿色发展国际联盟平台作用，深化 "一带一路" 绿色发展伙伴关系。

（三）数字经济高级别论坛

中国与 13 个国家和地区共同发布《"一带一路" 数字经济国际合作北京倡议》，提出建设数字丝绸之路，数字政府、数字经济和数字社会建设，提升农业现代化水平，推动工业数字化转型，提升公共服务数字化水平，

---

① 昆蒙框架，全称为 "昆明—蒙特利尔全球生物多样性框架"，2022 年，中国作为联合国《生物多样性公约》第十五次缔约方大会的主席国，引领国际社会推动达成，为今后直至 2030 年乃至更长一段时间的全球生物多样性治理擘画新蓝图。

促进数字化转型和绿色转型协同发展，促进数字贸易、电子商务、数字支付发展与合作，支持数字创新创业，促进中小微和初创企业发展，提升数字素养和技能，促进数字技术领域的投资，探索城市间的数字经济合作，提高数字包容性，培育透明的数字经济政策，发展人工智能等产业，增强信心和信任，鼓励合作并尊重自主发展道路，构建网络空间命运共同体，鼓励建立多层次交流机制等20个领域的合作倡议。

中方提出《全球人工智能治理倡议》，围绕人工智能发展、安全、治理三方面系统阐述人工智能治理中国方案，核心内容包括：坚持以人为本、智能向善，引导人工智能朝着有利于人类文明进步的方向发展；坚持相互尊重、平等互利，反对以意识形态划线或构建排他性集团，恶意阻挠他国人工智能发展；主张建立人工智能风险等级测试评估体系，不断提升人工智能技术的安全性、可靠性、可控性、公平性；支持在充分尊重各国政策和实践基础上，形成具有广泛共识的全球人工智能治理框架和标准规范，支持在联合国框架下讨论成立国际人工智能治理机构；加强面向发展中国家的国际合作与援助，弥合智能鸿沟和治理差距；等等。

三、专题论坛讨论情况

第三届高峰论坛期间举行了六场专题论坛，讨论贸易畅通、海洋合作、廉洁丝路、智库交流、民心相通、地方合作等。

（一）促进贸易畅通

与会嘉宾一致认为，10年来，共建"一带一路"通过促进贸易畅通持续激发释放经贸合作潜力，并取得惠及各方的务实合作成果，未来要以高水平贸易畅通开辟发展合作新空间。

中国与阿富汗、阿根廷等35个共建国家共同发布《数字经济和绿色发展国际经贸合作框架倡议》。该框架得到联合国贸发会议、联合国工发组织、国际贸易中心等国际组织的积极支持，包括数字领域经贸合作、绿色发展合作、能力建设、落实与展望等四个部分，设置营造开放安全的环境、提升贸易便利化水平、弥合数字鸿沟、增强消费者信任、营造促进绿色发展的政策环境、加强贸易合作促进绿色和可持续发展、鼓励绿色技术和服务的交流与投资合作等七个支柱框架。

（二）加强海洋合作

各国嘉宾围绕"共促蓝色合作　共奏丝路海韵"主题，深入交流海洋保护和海洋经济发展的成功实践及发展机遇，并发布《"一带一路"蓝色合作倡议》及"一带一路"蓝色合作成果清单。《"一带一路"蓝色合作倡议》呼吁各方采取一致行动，共同保护和可持续利用海洋，共商蓝色合作大计，共享蓝色发展成果，共建美丽蓝色家园；促进有韧性和包容性的蓝色经济发展，发挥蓝色经济在后疫情时代全球经济复苏与绿色增长中的作用；以清洁生产、绿色技术、循环经济为基础，促进海洋产业发展和转型升级。

（三）建设廉洁丝路

廉洁是共建"一带一路"的内在要求和必由之路，中国坚持以法治方式建设廉洁丝绸之路，截至 2023 年 9 月，中国与 83 个国家缔结司法合作类条约共 171 项，初步构建起覆盖五大洲的条约网络。廉洁丝路专题论坛上，各国嘉宾围绕"廉洁丝绸之路成效与贡献""廉洁丝绸之路愿景与展望"两个分议题深入交流，并发布《"一带一路"廉洁建设成效与展望》《"一带一路"廉洁建设高级原则》和"一带一路"企业廉洁合规评价体系。

《"一带一路"廉洁建设高级原则》包括共享廉洁发展成果、共商廉洁伙伴关系、共建廉洁营商环境等 3 个方面 14 条原则。"一带一路"企业廉洁合规评价体系设定透明治理、廉洁反腐、合规建设三个方面作为一级指标，设定组织建设、制度安排、效果评估作为一级指标下的二级分解框架，有利于引导企业完善治理结构、防控合规风险、增强国际竞争力。

（四）加强智库交流

与会嘉宾认为，"一带一路"是智库研究的一座"富矿"，智库应当加强对这一重大主题的研究和阐释，推出更多高质量的研究成果。智库交流专题论坛还发布《关于加强"一带一路"国际智库合作倡议》，提出四点建议：加强共同研究、推动学术交流、共享最新成果、促进文明互鉴。

新华社国家高端智库发布《"一带一路"发展学——全球共同发展的

实践和理论探索》，分为导论、"一带一路"发展学的形成脉络、"一带一路"发展学的实践成效、"一带一路"发展学的理论逻辑、"一带一路"发展学的世界意义、结语6个部分，对共建"一带一路"给全球发展事业乃至改善全球治理带来的实践新经验、理论新启发作出学术性的分析、概括、阐发。

（五）增进民心相通

与会嘉宾认为，应秉持平等、互鉴、对话、包容的文明观，以文明交流超越文明隔阂，以文明互鉴超越文明冲突，以文明包容超越文明优越，不断增进各国人民以及不同文化和文明间的相互理解、相互尊重、相互欣赏，共同搭建全球文明对话合作网络。民心相通专题论坛还邀请了十几位曾经收到习近平主席回信的嘉宾，他们在完成近两周的中国之旅后，在论坛上讲述从给习近平主席写信到此次亲赴中国的感受，并发布《"丝路心相通"共同倡议》和包括"中国民间医疗救援船""中坦联合拍摄电视剧《欢迎来到麦乐村》"等4大类120项专题论坛成果清单，中国民间组织国际交流促进会启动"丝路心相通"行动①。

（六）开展地方合作

与会嘉宾围绕"智能化建设与城市治理""高质量共建'一带一路'与城市融合发展""人文交流与文明互鉴"等议题展开深入讨论。中外地方政府、国际组织和企业代表签署15项协议。论坛主席声明呼吁，保持地方对话与合作，积极推动经济互补性强、产业衔接度高的地方政府缔结更多友好伙伴关系，携手将地方政府间，特别是友好城市间的友好关系转化为惠及各自人民的丰硕成果。

---

① "丝路心相通"行动：一是聚焦人文和民生两个领域深耕细作，鼓励社会组织、企业等民间力量发挥自身较强的社会动员、国际交往和专业技能优势，深入共建国家基层"毛细血管"实施更接地气的公益项目，多做扶危济贫、雪中送炭、守望相助的急事、实事、好事，拉紧民众情感纽带，以心相交成其久远。二是力争形成更多典型示范，既志在形成一批类似"健康爱心包""丝路一家亲"等代表性项目，也致力于搭建一批有国际影响、务实高效的机制平台，更勇于开展一系列得民心、惠民生的创新性探索。

四、企业家大会情况

"一带一路"企业家大会是第三届高峰论坛的开场活动，参会人数达1200 余人，中外代表各半。在外方与会代表中，有 20 多位外方部长级官员、33 家外国商协会负责人、59 家世界 500 强企业代表。近 300 名中外代表在现场签署合作协议，项目涵盖基础设施、清洁能源、人工智能、生物医药、金融服务、现代农业、轨道交通等多个领域，不论是项目数、涉及国别，还是签约金额，都超过上一届企业家大会。

大会发布《"一带一路"企业家大会北京宣言》，包括坚持开放合作、深化互联互通、坚持绿色发展、推进数字经济合作、坚持合规经营和履行社会责任等五方面。宣言称，将共同维护以世界贸易组织为核心、以规则为基础的多边贸易体制，促进开放型世界经济发展，通过共建"一带一路"形成更多合作机制，构筑安全稳定、畅通高效、开放包容、互利共赢的全球产业链供应链体系。

第二节　第三届"一带一路"国际合作高峰论坛为丝路青年提供更多新机遇

青年是国家的未来，也是世界的未来。国家主席习近平在第三届高峰论坛开幕式上发表的主旨演讲，全面总结了共建"一带一路"首个 10 年的成绩和经验，宣布了中国支持高质量共建"一带一路"的八项行动，倡导各方继续弘扬丝路精神，推动共建"一带一路"进入高质量发展的新阶段，为实现世界各国的现代化而不懈努力，也为丝路青年参与"一带一路"建设擘画新蓝图，指明新方向，提供新机遇。同时，第三届高峰论坛达成的多边合作成果文件和务实合作项目也进一步明确支持丝路青年发展、鼓励丝路青年参与的重点目标任务。

一、中国支持高质量共建"一带一路"的八项行动为丝路青年带来新机遇

在构建"一带一路"立体互联互通网络方面，中国与共建国家的青年建造者将参与更多亚欧大陆物流新通道建设；中欧班列、丝路海运、陆海新通道、空中丝绸之路的高质量建设发展，将吸纳更多丝路青年参与商贸物流就业创业。

在支持建设开放型世界经济方面，丝路电商将吸纳数字时代的更多丝路青年参与就业创业，促进数字经济青年人才培养；贸易投资自由化便利化则可以为从事外贸的丝路青年提供贸易畅通的更多市场机会，并且在数字贸易、服务贸易的浪潮中发挥丝路青年的数字技能和创新素养等优势。

在开展务实合作方面，中国统筹推进的标志性工程和"小而美"民生项目将惠及共建国家青年在内的广大民众；中外职业教育合作将培养更多通晓现代技能、通晓当地市场的本土青年人才；"一带一路"企业家大会达成的一揽子合作项目也需要相关行业、领域的青年人才落地落实。

在促进绿色发展方面，中国持续深化的绿色基建、绿色能源、绿色交通等领域合作将为丝路青年提供更多的就业机会，促进青年科学家在绿色发展领域的科技创新和成果转化；为落实"一带一路"绿色投资原则，中方为伙伴国开展的绿色人才培训，将有数万人次的丝路青年受益。

在推动科技创新方面，"一带一路"科技创新行动计划、共建联合实验室等项目将为丝路青年科学家来华工作、中国青年科学家赴共建国家工作提供更多平台，有利于培育发展"一带一路"新质生产力及青年科技人才培养。

在支持民间交往方面，丝路青年将继续作为共建"一带一路"文明对话和文化交流的主体，并在相关合作联盟中发挥重要作用；"丝绸之路"中国政府奖学金项目将继续为中国高校自主遴选和招收优秀国际学生来校攻读全日制本科、硕士和博士提供支持。

在建设廉洁之路方面，有关合作机制将进一步引导丝路青年参与倡

议、制定、执行、完善打击贿赂相关法律法规，推进反腐败合作和打造亲清政商关系，建设覆盖政府、企业、社会以及学校的廉洁文化阵地，督促丝路青年企业家守法经营、合规经营、诚信经营。

在完善 "一带一路" 国际合作机制方面，能源、税收、金融、绿色发展、减灾、反腐败、智库、媒体、文化等领域的多边合作平台将为丝路青年提供更多权益保护、发挥才能的广阔舞台。

二、第三届 "一带一路" 国际合作高峰论坛多边合作成果文件为丝路青年带来新机遇

《深化互联互通合作北京倡议》为共建国家建筑行业青年工程师、青年工人及相关专业青年学生提供了广阔的就业空间，更多丝路青年也将受益于持续改善的设施联通。

《"一带一路" 绿色发展北京倡议》为丝路青年提供环境保护、绿色基础设施建设、绿色能源、绿色交通、绿色金融等领域更多就业创业机遇，也为相关领域的丝路青年科学家科技创新和成果转化提供更多平台和资金支持。

《"一带一路" 数字经济国际合作北京倡议》为丝路青年数字技术专家、数字经济创业者提供数字产业化、产业数字化、治理数字化的市场机遇、合作空间和行动路线，而数字互联互通和建设数字丝绸之路也为丝路青年上网上云用数赋智提供高质量的数字基础设施和互联网接入及连接。

《全球人工智能治理倡议》有利于吸引丝路青年参与构建开放、公正、有效的治理机制，促进人工智能技术造福于人类。

《数字经济和绿色发展国际经贸合作框架倡议》提出了丝路青年参与数字领域经贸合作、绿色发展合作的政策环境、体制机制、产业发展、法治建设等倡议措施，有利于丝路青年在数字经济、数字贸易和绿色产业中就业创业。

《"一带一路" 蓝色合作倡议》为丝路青年参与海洋合作，发展可持续海洋经济，加强海洋生态保护提供实施路径，并提出，开展海洋教育与文

化交流，重视发挥青年作用，鼓励和支持妇女参与海洋事务，促进海洋人才联合培养，打造区域和全球海洋教育工作网络。

《关于加强"一带一路"国际智库合作倡议》为各国智库的青年专家开展课题研究、学术交流、成果共享提出具体措施，有利于青年专家把学术成果写在共建"一带一路"的创新实践上。

《第三届"一带一路"国际合作高峰论坛地方合作专题论坛主席声明》对丝路青年参与减贫发展、城市治理、数字经济、绿色创新发展、能力建设等优先领域互利合作作了明确部署，并提出要进一步推动地方政府间青年领域友好交流合作，为增进各国青年彼此了解、友谊与信任发挥桥梁和纽带作用，促进各国青年相知相亲，不断拓展和夯实双边友好关系的社会民意基础。

非盟发展署—非洲发展新伙伴计划、中国驻非盟使团和中国科学院同非洲农业技术基金会、肯尼亚国家创新局、肯尼亚乔莫·肯雅塔农业技术大学、中国农业科学院及中非创新合作中心联合发布"加强中非带路科技创新，促进非洲可持续发展"倡议，中非农业青年科学家将参与"非洲粮—水—环境保护与发展科学行动计划"，中国将帮助非洲开展农业领域的青年人才培养和能力建设。

"数字丝路"国际科学计划由中国科学家倡议发起，于2016年正式启动，一期为10年。2023年9月，第七届"数字丝路"国际会议召开，发布《数字丝路北京宣言》，进一步推动丝路青年科学家参与促进"一带一路"可持续发展目标的监测评估，共建共享地球大数据和跨学科的应用研究。

《加强"一带一路"学术共同体建设的倡议》提出打造开放、包容的"一带一路"学术生态圈，共同讲好"一带一路"故事，大力支持青年人才从事"一带一路"研究和实践。

2023年10月，以"共筑开放包容、互学互鉴的文化艺术新丝路"为主题的"丝绸之路国际艺术节联盟论坛"在上海举办，并发布《丝绸之路国际艺术节联盟上海共识》，提出，进一步加强对共建国家的青年艺术家和演艺人才的扶持，推动培养具有国际视野的创新型年轻一代创作者；为共建国家建设专业文艺院团所需的人才培养提供见习等培训机会；对由联盟成员机构推荐及入选参与中国上海国际艺术节"扶持青年艺术家计划"、演艺管理人才培训、视觉艺术展览等项目的青年艺术家、演艺管理专业人才、视觉艺术策展人才等予以支持。

三、第三届"一带一路"国际合作高峰论坛务实合作项目为丝路青年带来新机遇

《中国共产党和老挝人民革命党关于构建中老命运共同体行动计划（2024—2028 年）》提出，加强青年组织间友好交流合作，深化两国青年交往，办好中老铁路青年友谊工程，共同培养中老友谊接班人；中方欢迎老挝优秀学生来华留学，开展职业教育合作办学，加强中老语言文化教学合作，深化双方高校、智库合作，进一步加强人力资源开发合作。

《中国政府和柬埔寨政府签署关于构建新时代中柬命运共同体的行动计划（2024—2028）》提出，继续支持柬优秀青年来华学习深造；发挥柬中友好青年之家增进中柬青年交流、加强人才培养合作的平台作用；推动在柬孔子学院建设和柬中文教学高质量发展；在"中国—柬埔寨职业教育合作联盟"框架下推进职业教育合作，中方将继续为柬学生提供中国政府奖学金。

"一带一路"创新创业专项合作计划重点支持青年企业家和创新者的发展，通过提供资金、资源和培训，激发更多创新创业项目的出现，为共建国家经济增长注入青春新动力。

"一带一路"青少年创客营与教师研讨活动是第三届高峰论坛 458 项成果中，唯一以青少年命名的务实合作项目，由中国科学技术协会、中国科技部等主办，已连续举办八届。

深圳与新加坡在智慧城市建设、数字互联互通、跨境经贸投资、技术合作与创新创业、合作示范区、人才交流和培养、金融科技以及人文交流等重点领域务实合作，为中国和新加坡的青年企业家、创业家、技术工程师提供数字经济新赛道。

2023 年 9 月，柴可夫斯基交响乐团首访重庆，让重庆的乐迷不出国

门就能听到纯正的俄罗斯古典音乐。2024 年 3 月，重庆师范大学与莫斯科国立柴可夫斯基音乐学院签署相关教育合作协议，共同构建多层次的音乐艺术人才培养体系，助推中国音乐和中国青年音乐家走向世界舞台。

案例 1.1

中国—东盟教育交流周：服务中国—东盟教育合作与人文交流 [①]

自 2008 年起，由中国外交部、教育部、贵州省人民政府共同主办的"中国—东盟教育交流周"已连续在贵州举办 17 年，成为双方最具代表性的政府间教育合作平台。习近平总书记考察贵州期间，要求贵州全方位扩大对外开放、加强同东盟的交流合作，对贵州办好交流周寄予殷切希望。据本书编委会调研历届交流周举办情况，时任中共中央、全国人大常委会、国务院、全国政协多位领导及东盟国家多位副总理级政要先后出席交流周。比如，2016 年，时任国务院总理李克强与老挝总理通伦·西苏里分别为第九届交流周致贺信并高度赞扬第九届中国—东盟教育交流周和第二届中国—东盟教育部长圆桌会议成功举办；国务院原副总理刘延东三次出席交流周开幕式并作主旨演讲，为交流周永久会址揭牌；2022 年，时任国务院副总理孙春兰出席交流周开幕式并作视频致辞；柬埔寨副首相、泰国副总理、老挝副总理等也先后出席交流周。

经过 17 年的蓬勃发展，交流周由小到大，由单一的教育合作平台，拓展为以教育合作为主体的人文交流平台；截至 2023 年末，举办教育部长圆桌会议、大学校长论坛、学术研讨会、教育资源展、学生技能赛、专题研修班、青少年文化节、学生夏令营等 606 余项活动，中外参会单位累计 7400 余个，参会嘉宾包

---

① 本案例数据和资料来源：中国日报网：《2024 中国—东盟教育交流周在贵阳开幕》，2024 年 8 月 21 日，见 https://baijiahao.baidu.com/s?id=1807989824554303861；俞可、张梦莉：《推动共建"一带一路"高质量发展的教育力量》，《上海教育》2023 年第 10 期。

括来自国内外的政要、国际组织负责人、政府领导、外交使节、教育官员、各级学校校长、专家学者、青少年代表等，共签订各类合作协议或合作备忘录近1964份。由中国—东盟单一合作模式，发展为以中国—东盟合作为主线，辐射至"一带一路"共建国家及特邀伙伴国合作模式；交流周活动周期覆盖全年，由在开幕期集中举办活动扩展为全年不同时段异地冠名举办多项活动，形成中国—东盟百名校长牵手未来系列活动、中国—东盟青少年交流系列活动、中国—东盟人文交流系列活动、中国—东盟职业教育博览会、中国—东盟教育合作与人才交流洽谈会、"一带一路"教育合作六大品牌系列活动，打造了一批涵盖教育、科技、文化、卫生、体育、旅游等内涵丰富、形式多样的特色项目。

经过17年的积累与沉淀，交流周取得丰硕成果。据本书编委会调研历届交流周举办情况，首届中国—东盟教育部长圆桌会议发表《中国—东盟教育部长圆桌会议贵阳声明》。2016年第二届中国—东盟教育部长圆桌会议发表《关于中国—东盟教育合作行动计划支持东盟教育工作计划（2016—2020）开展的联合公报》，并在2017年第十届交流周开幕式上宣布通过《中国—东盟教育合作行动计划（2017—2020)》，2022年第三届中国—东盟教育部长圆桌会议发表《共建友好家园——中国东盟教育合作发展愿景与行动（2020—2030)》。在第二届、第九届交流周上，分别实施中国—东盟学生流动双十万计划和双十万升级版计划。开展"中国—东盟双百职校强强合作旗舰计划"，搭建双方职业教育领域长期、稳固的结对合作平台，推动构建中国—东盟职教共同体。深化中国与东盟数字教育战略对接，支持共建"中国—东盟多彩智慧学院"。2018年1月发布的《澜沧江—湄公河合作五年行动计划（2018—2022)》指出，中国—东盟教育交流周期间举办活动，加强澜湄国家合作。2018年11月发布的《中国—东盟战略伙伴关系2030愿景》强调，通过中国—东盟教育交流周等平台，加强教育创新和学术交流。

依托交流周平台，中国—东盟职业教育联合会、中国—东盟职教合作联盟、中国—东盟轨道交通教育培训联盟、"一带一路"人才培养校企联盟、中国—东盟高校创新创业教育联盟、中国—东盟工科大学联盟、中国—东盟医疗健康教育联盟、中国—东盟护理高质量发展联盟等联盟工作机制先后成立。中国—东盟清镇职教中心、东盟研究院、东盟人文中心、中国—柬埔寨幼儿教师培训中心、"一带一路"国际教育协同创新中心、贵州民族医药国际合作联合实验室等基地及研究中心先后建立。

联合国教科文组织于 2021 年发起"丝绸之路青年研究基金"倡议，邀请申请研究基金的青年学者探讨与丝绸之路共同遗产、多元身份和内部多样性有关的具体问题，及其在当代社会创造力、跨文化对话、社会凝聚力、区域和国际合作以及最终实现可持续和平与发展中的潜力。目前，已完成两届研究基金的项目征集和实施。

由共青团中央、国务院国资委、国铁集团合作主办的"筑梦丝路"青年发展计划自 2022 年 3 月启动，聚焦就业创业、文化交流、国际传播和志愿服务等领域，由 16 家中国央企会同海外友好组织机构共同实施。截至 2023 年底，该计划已累计开展 30 个青年发展国际合作项目，覆盖老挝、越南、乌干达、肯尼亚、匈牙利、葡萄牙等 19 个国家近 9 万名青年。2024 年的"筑梦丝路"青年发展计划将在 32 个共建国家开展 49 个青年发展国际合作项目。

截至目前，中国累计举办 52 期应对气候变化南南合作能力建设培训班，为 120 余个发展中国家培训 2000 多名应对气候变化领域青年专业人员。

2022 年 11 月 G20 峰会期间，国家发展改革委同印尼海洋与投资统筹部就开展印尼工业化职业培训合作签署谅解备忘录。印尼工业化职业培训项目由国家发展改革委国际合作司指导、国家发展改革委国际合作中心主办、北京陈江和公益基金会支持，培训印尼职业教育教师和青年技术工人。

老挝铁道职业技术学院是东南亚国家第一所铁道职业技术院校，由中国政府援建，项目于 2023 年 8 月通过竣工验收，与昆明铁道职业技术学院开展"2+5"合作模式,即老挝教师赴昆明参加为期 2 年的教育能力和师资培训后,中方将派遣专家组前往老挝开展为期 5 年的教育技术合作。

援老挝万象市皮瓦中学项目系中国政府援助资金支持建设,为援老挝十所学校之一,建设内容包括教室、实验室、图书阅览室、办公室、会议室和附属设施等。项目于 2023 年 4 月完成移交和启用,大大改善了皮瓦中学教学条件,推动了当地教育事业发展。

老挝琅勃拉邦省和平中学清洁饮水项目由云南省生态环境厅援建,2023 年 7 月竣工并投入使用,为学校建成一套全自动直饮水设施、设备活动房,提供相关配套工具,出水水质达到中国 GB19298 直接饮用的包装饮用水标准,解决全校 3500 多名师生的清洁饮水难问题。

哈萨克斯坦鲁班工坊是中国在共建"一带一路"倡议首倡之地建设的鲁班工坊,占地 700 平方米,于 2023 年 12 月试运行。根据哈萨克斯坦专业技术人才需求,工坊首期建设运输设备及技术专业,建有四大实训区,开发了 5 门标准课程。

中国国家体育总局棋牌运动管理中心、中国国际象棋协会、陕西省体育局主办的"一带一路"陕西世界女子国际象棋大师巅峰赛从 2019 年开始举办,已在西安举办四届,被中国国家体育总局列为"2022 年体育领域民间外交和软实力建设重点项目",多次被陕西省体育局评为"一带一路"陕西省体育精品赛事。

香港特区政府奖学基金 2008 年成立,共有"卓越表现奖学金""特定地区奖学金""才艺发展奖学金""外展体验奖""展毅表现奖"5 项奖学金及奖项。"特定地区奖学金"计划下设有"一带一路"奖学金,鼓励来自共建国家或地区的学生来港就读大学。2024 年 4 月,有 100 名来自 21 个共建国家或地区的学生首次获得"一带一路"奖学金。

第二章
民心相通：丝路青年参与"一带一路"民间交往的新进展、面临的新挑战和高质量发展建议

"民心相通"是"一带一路"的人文纽带、社会根基和民意基础，直接关系到"一带一路"建设的精耕细作与持久发展。国家主席习近平在第三届"一带一路"国际合作高峰论坛开幕式上发表主旨演讲，将支持民间交往作为中国支持高质量共建"一带一路"的八项行动之一，为做好民间交往工作提供了根本遵循和行动指南。民间交往是超越文明隔阂的催化剂、消解文明冲突的润滑剂，不断深化的民间组织、智库、媒体、青年交流，奏响新时代的丝路乐章，形成多元互动、百花齐放的人文交流格局，有力增进共建国家民众间的相互理解、相互尊重，为推动构建人类命运共同体注入更多人文力量。进一步看，人文交流作为不同国家、地区和民族之间民间交往的重要组成部分，在传播各国文化、展示国家形象、提升国家软实力等方面发挥着举足轻重的作用。

第一节 丝路青年参与"一带一路"文明
对话和人文交流的新进展

2024年6月7日，第78届联合国大会协商一致通过中国提出的设立文明对话国际日决议，将6月10日设立为文明对话国际日。决议明确指出，所有文明成就都是人类社会的共同财富，主张尊重文明多样性，强调

文明对话对维护世界和平、促进共同发展、增进人类福祉、实现共同进步的重要作用。决议呼吁不同文明间平等对话、相互尊重,充分体现了全球文明倡议的核心要义。联合国副秘书长、文明联盟高级代表莫拉蒂诺斯认为,全球不同文明都能通过"一带一路"倡议找到彼此在文化上的共性,并借助倡议在交流互鉴中增添新的文化底色,所有这些文化共通之处都能经由流通在"一带一路"上的各种物质和思想产品被传播开来。

一、中国各级政府和官方机构关于"一带一路"人文交流的新部署

据公开资料,第三届"一带一路"国际合作高峰论坛召开以来,中国各级政府和官方机构发布一系列高质量共建"一带一路"的政策规划和智库报告,促进人文交流均是重点任务。

2023 年 10 月,中国国务院印发《中国(新疆)自由贸易试验区总体方案》,"推进国际文化教育交流"是 25 项改革措施之一,重点任务包括:加强国际传播能力建设,创新文化服务海外推广模式,开展音乐舞蹈、文化遗产、艺术展览、文化创意、竞技赛事等国际交流活动;打造一批具有中国特色、丝路元素的优势文化产品和服务;依托新疆自然风光和人文风情,打造具有世界影响力的丝绸之路旅游走廊,带动各族群众就业增收;实施"留学新疆"计划。

2023 年 11 月,推进"一带一路"建设工作领导小组办公室印发《坚定不移推进共建"一带一路"高质量发展走深走实的愿景与行动——共建"一带一路"未来十年发展展望》,"民心相通"是未来十年发展的重点领域和方向之一,明确提出,中国将传承和弘扬古丝绸之路友好合作精神,持续与共建国家和有关国际组织深化教育、文化、旅游、体育等领域合作,促进政党、青年、妇女、残疾人、社会组织、媒体、智库沟通交流,形成和而不同、多元一体的文明共荣发展态势。

2023 年 12 月,澜沧江—湄公河合作第四次领导人会议在缅甸内比都召开,通过《澜沧江—湄公河合作五年行动计划(2023—2027)》,文化、

体育、旅游、教育、传媒、民族、宗教等领域社会人文合作是六国务实合作的重点领域之一，该计划提出，共同举办体育赛事，开展亚洲文化遗产保护行动，举办历史文化名城对话会，推动打造澜湄国家特色文化旅游示范区，加强民族文化遗产保护、文化产业发展等领域合作等。

2024年1月，中共中央办公厅、国务院办公厅印发《浦东新区综合改革试点实施方案（2023—2027年)》，"加强文化领域合作交流，建设上海文化艺术开放交流区"被列为综合改革试点任务之一。

2024年5月，新华社国家高端智库发布《构建人类命运共同体的时代价值和实践成就》，提出，推动构建人类命运共同体，是习近平外交思想的核心理念，体现了中国共产党人的世界观、秩序观、价值观，指明了世界文明进步的方向，同时也反映了人类不同民族长期形成的文明成果和价值认同。全球文明倡议展现中国对人类文明多元平等的高度尊重和致力于推动中外文明交流互鉴、共同繁荣的宽广胸怀。

案例 2.1

重庆：建中西部国际交往中心，促丝路青年民间交流 [①]

1891年，重庆成为中国最早对外开埠的内陆通商口岸，打开通往世界的大门。抗日战争时期，重庆是中国的政治文化中心、世界反法西斯战争远东指挥中心，成为与伦敦、华盛顿、莫斯科并驾齐驱的国际四大名城。近年来，重庆着力构建立足中国中西部、面向东盟、联通全球的对外交往格局。2019年10月，重庆召开全面融入共建"一带一路"加快建设内陆开放高地推进大会，首次提出"中西部国际交往中心"这一战略定位。2023年，重庆外贸进出口总值突破7000亿元，世界500强企业落户累计319家，本地企业"走出去"累计超过300家，海外资产累计近

---

① 本案例数据和资料来源：何春阳：《让重庆走向世界 让世界看向重庆——中西部国际交往中心建设进入提质增效新阶段》，《重庆日报》2024年5月22日。

200 亿美元。

2023 年，重庆加快西部陆海新通道建设等国际交流合作事项纳入外交活动内容，老挝人民革命党总书记、国家主席通伦等外国政要，以及超过 115 名副部长级以上重要外宾、70 余位驻华使节来渝访问，达成系列合作共识。2024 年 4 月，德国总理朔尔茨率政府官员和 12 位重量级德企高管访问重庆。重庆成为越来越多丝路青年关注的新时代中国对外开放的重要节点城市。

重庆高校成为"一带一路"人文交流的主阵地

四川外国语大学发挥多语种特色优势，与匈牙利、以色列、泰国、波兰、马来西亚、土耳其等共建国家名校开展合作，引领中国西南地区外国语言类高校"走出去"。2023 年，以色列、土耳其、哥伦比亚、波兰四国驻华大使密集到访四川外国语大学，来自希伯来语、土耳其语、西班牙语、波兰语专业的师生代表，先后与四位大使面对面深入交流。

2023 年 12 月，莫斯科国立柴可夫斯基音乐学院交响乐团新年音乐会在重庆大剧院奏响，这是该乐团中国巡演首次来渝演出。2024 年 3 月，重庆师范大学与莫斯科国立柴可夫斯基音乐学院签署合作协议，共建重庆柴可夫斯基音乐学院，培养和推动更多中俄青年传承经典文化艺术。

2024 年 1 月，2023 年尼泊尔农业发展能力提升研修班在西南大学结业。来自尼泊尔涉农相关部门的 40 名青年学员，围绕"一二三产业融合发展""乡村治理""现代科学技术在传统农业中的运用"等主题，学习重庆在农业发展、乡村振兴等方面取得的成绩和经验。研修班学员拉金德拉·乌普雷蒂表示，尼泊尔有足够的肥沃土地和灌溉设施，但缺乏与农业有关的技术和实践知识，这个研修班对我们来说非常有意义。

国际友城合作促丝路青年人文交流

截至 2023 年末，重庆的国际友城和友好交流城市总数分别达到 54 个、127 个，为丝路青年带来更多交流空间和发展机遇。

比如，重庆大学与比利时安特卫普大学成立联合物流学院，共同培养物流工程专业硕士；重庆医科大学与保加利亚普列文医科大学合作，每年互派学生赴对方学校附属医院临床见习；在中俄医科大学联盟框架下，重庆医科大学与沃罗涅日国立医科大学等多所俄罗斯医学院校扩大师生交流合作；等等。

随着重庆的国际吸引力大幅提升，越来越多丝路青年来渝旅游，沉浸式感受山城的独特魅力和深厚的文化底蕴。重庆江北国际机场实际在飞国际（地区）航线超过 80 条，基本构建起覆盖欧洲、澳大利亚、中东、日韩、东南亚等地区的国际航线网络，年国际（地区）旅客吞吐量达 500 万人次。2024 年第一季度，近 3 万名外籍人员经重庆江北国际机场口岸入境，是 2023 年同期的 6 倍，其中大部分为丝路青年。

2024 年 4 月，习近平总书记在重庆考察时强调，重庆要以敢为人先的勇气，全面深化改革，扩大高水平对外开放。可以预见，重庆正细化开放发展举措，实化对外交往行动，加快形成全域共建、全域共融、全域共享的中西部国际交往中心建设新格局，为丝路青年搭建更多交流合作的新平台、提供更多新机遇。

二、"一带一路"文明对话和文化交流活动精彩纷呈

在高质量共建"一带一路"新的金色十年开局之年，中国与多个共建国家共同举办一系列文明交流论坛、文化年、艺术节、旅游节、电影节、音乐节、文物展、图书展等活动，丝路青年广泛参与、深度受益，中华文化传播力影响力不断增强。

2023 年 12 月，在 2023 年"读懂中国"国际会议（广州）上，来自中国、英国、美国、白俄罗斯等 30 多个国家和地区的专家学者、来华留学生代表齐聚"故事为桥：青少年与读懂中国"专题论坛。与会嘉宾一致认为，全社会应关注青少年国际传播能力培养，重视青少年在讲好中国故

事、读懂中国中的作用,积极探索多元化的传播手段和方式传承弘扬优秀传统文化。国家主席习近平向 2023 年"读懂中国"国际会议(广州)致贺信,指出:"读懂中国,关键要读懂中国式现代化","中国期待同各国携手努力,实现和平发展、互利合作、共同繁荣的世界现代化。希望与会嘉宾为促进中国与世界交流合作、实现共同发展繁荣、推动构建人类命运共同体贡献力量"。①

2024 年 5 月,由中国外交部、中国宋庆龄基金会、浙江省人民政府共同主办的第八届中非青年大联欢在北京和浙江两地举行。本次活动的主题是"汇聚青春力量　共建中非现代化",来自中非合作论坛成员中的 52 个非方成员的非洲青年代表参加,同中国青年代表一道体验中华传统文化,了解中国式现代化建设新成果。大联欢期间举行的中非青年对话会上,中非青年围绕"做中非传统友谊的传承者""做共建中非现代化的先行者""做中非友好的贡献者"等议题展开热烈讨论。

2023 年 10 月,由中国文化和旅游部支持,中国对外文化集团有限公司主办的"第三届丝绸之路国际剧院联盟青年演艺人才扶持计划"在深圳召开,百余名青年制作人、剧院从业者、青年演员以及有志于从事演出行业的在校学生等报名参加,从舞台技术应用、表演艺术未来发展、演出 IP 国际引进及授权、政策解读、艺术节打造、音乐创作等层面深度交流。

2023 年 11 月,中巴教育文化交流中心、巴基斯坦国家遗产与文化部和巴国家艺术委员会联合举办的"星月之路——2023 巴基斯坦中国当代艺术交流展"在伊斯兰堡召开。胡达·阿卜杜勒·巴西特的观点代表了巴基斯坦观展青年的心声:"这些作品体现了中国文化的多样性,有着丰富的象征意义。"中巴教育文化交流中心致力于两国间文化交流,联合两国高校共同培养留学生,已有 80 多名中国大学生在巴院校攻读硕士和博士学位。巴基斯坦国家遗产与文化部部长赛义德·贾迈勒·沙阿表示,巴中两国因古丝绸之路联结在一起,而共建"一带一路"倡议更为两国高质量

_____

① 《习近平向 2023 年"读懂中国"国际会议(广州)致贺信》,《人民日报》2023 年 12 月 3 日。

文化交流搭建了友好桥梁。

2023 年 12 月，丝路"艺"起向未来——澜湄合作国际设计大赛优秀作品展暨冬至文化体验活动在北京举办，集中展示大赛历届优秀获奖作品，巴西、摩洛哥、墨西哥、智利、越南、柬埔寨等 30 余个共建"一带一路"国家的留学生代表参与。澜湄合作国际设计大赛是经中国外交部批准立项，由中国及湄公河各国多家单位共同举办的国际性设计类比赛，自 2020 年开始定期举行，成为六国青年文化交流的闪亮名片。在大赛机制下，各主办单位联合发起澜湄艺术教育合作联盟，搭建学术研究、人员往来、举办活动、课程开发等合作平台。2024 年 4 月，第五届澜湄合作国际设计大赛启动，以"绿色新动能·澜湄新未来"为竞赛主题，并增设人工智能海报设计竞赛单元。

2023 年 10 月，国家主席习近平在会见柬埔寨首相洪玛奈时共同宣布将 2024 年确定为"中柬人文交流年"。2024 年 1 月，中柬人文交流年启动仪式在柬埔寨暹粒举行，中柬青年艺术家在仪式上表演《四海欢腾喜迎春》《怀念中国》《"高棉的灵魂"与"茉莉花"》等精彩文艺节目。为吸引更多青年参与中柬人文交流年，两国文化和旅游部门将共同开展丰富多彩的体育、文化、旅游、展览等活动。国务院总理李强向中柬人文交流年致贺信，表示，人文交流是中柬"钻石六边"合作架构的重要支柱，要进一步深化两国在文化遗产保护、艺术、教育、医疗卫生、地方等领域合作，推动两国游客互访，密切青年交往，开创两国人文交流新局面。柬埔寨首相洪玛奈向中柬人文交流年致贺信，表示，两国和两国人民之间的团结、友谊以及柬中"钻石六边"合作必将更加强大、稳定、持久，有效促进两国青年交流。

2024 年 3 月，中国驻委内瑞拉使馆在委外交部举办"一带一路"民心相通研讨会，包括 6 名部级官员在内的委方赴华学员代表、青年代表和智库学者近 100 人参加。委内瑞拉外交部、新闻通讯部、渔业和水产部等负责人和青年学员踊跃发言分享在华学习经历，盛赞中国高质量发展的成就，并就下步中委关系发展积极建言献策。委内瑞拉加拉加斯市管弦乐团演奏两国歌曲，孔子学院青年学生带来舞龙表演。活动现场发送的《习近平谈治国理政》等书籍深受与会青年欢迎。中国与委内瑞拉建交近 50 年来，中方通过一系列人力资源培训项目，培养大批委内瑞拉青年人才。委内瑞拉副外长普格衷心感谢中方一直以来给予委方的宝贵支持，表示委方愿继续同中方推动两国全天候战略伙伴关系行稳致远。

2024 年 4 月，由老挝中国文化中心、老中铁路有限公司主办的"兰亭·雅集"中国书法主题活动走上火车，为乘客带来别开生面的文化体验。曾在中国留学、热爱写作和绘画的老挝姑娘米内代表了老挝乘客的心声，她说："书法体验活动我很喜欢，车厢内的装饰让我眼前一亮，很开心能学习到更多中国文化知识。"老挝新闻、文化和旅游部遗产司副司长普亨在活动致辞提出，此次书法体验活动为老挝人民了解中国书法提供了良好契机，希望老挝和中国更多开展非遗保护交流合作，促进老中文明交流互鉴。

2024 年 6 月，第 26 届上海国际电影节召开，征集到来自 105 个国家和地区超过 3700 部电影报名参赛或参展，再次为青年电影主创人员及其作品"走出去"搭建广阔舞台。由上海国际电影节发起成立的"一带一路"电影节联盟拥有 48 个国家的 55 家机构成员，依托联盟在电影节期间举办的"'一带一路'电影周"，2024 年征集到 18 部来自共建国家的影片。

案例 2.2

首届"良渚论坛"：谱写丝路青年文明交流互鉴的新篇章[①]

2023 年 12 月，首届"良渚论坛"在浙江省杭州市举办。国家主席习近平致贺信，并强调"希望各方充分利用'良渚论坛'平台，深化同共建'一带一路'国家的文明对话，促进各国人民出入相友、相知相亲"。首届"良渚论坛"的中外嘉宾表示，良渚遗址是中华五千年文明史的实证，是世界文明的瑰宝，举办"良渚论坛"对于感悟古老文明魅力、保护历史文化遗产、推动文化传承发展与交流合作，都具有十分重要的意义。

---

① 本案例数据和资料来源：李中文、刘军国、窦皓：《首届"良渚论坛"——谱写文明交流互鉴的新篇章》，《人民日报》2023 年 12 月 5 日。

论坛期间，来自34个国家的45名青年汉学家探访良渚古城。波兰华沙大学青年学者孔孝文认为，汉字不仅是一种语言符号，更承载着中华民族数千年的文化和历史，对于中华文化的对外传播具有十分重要的意义。埃及萨达特大学青年汉语言讲师陈露学习中文已有20年时间，致力于把中国文明以故事形式传递给埃及学生，表示，越来越多国家和地区的人民开始重视并学习中文，这对于各国之间的文化交流互鉴十分重要。

"良渚论坛"青年汉学家分论坛以"新时代青年汉学家眼中的中外文明交流互鉴"为主题，来自哈萨克斯坦、意大利、奥地利、尼日利亚、德国等国的青年汉学家与中国专家学者，围绕"文化丝路"对民心相通、中国式现代化的作用及其世界意义等进行交流探讨。奥地利维也纳大学孔子学院办公室主任雷佩克认为，在"一带一路"框架内，文化和人与人之间的交流得到促进。作为青年汉学家研修计划上海班的研修学者，尼日利亚阿布贾大学政治国际关系学系主任谢里夫表示，我们都是人类命运共同体的一员，希望我们可以共同创造更加和谐的世界。

案例 2.3

龙年春节：温暖迎春，丝路青年共庆中国年 ①

2024年龙年春节是联合国大会通过决议将农历新年列为联合国假日后的首个新年。春节走向世界，是中华文明与不同文明交

---

① 本案例数据和资料来源：新华社：《温暖迎春 全球共庆中国年——龙年春节庆祝活动在多国举行》，2024年2月8日，见 https://baijiahao.baidu.com/s?id=1790341310299466321；新华网：《维也纳联合国总部首次庆祝中国春节》，2024年2月1日，见 https://baijiahao.baidu.com/s?id=1789683633335417204；文汇网：《自行车运动遇上生肖文化，第七届龙年"自行车生肖装饰大赛"在墨西哥城举办》，2024年2月5日，见 https://www.whb.cn/commonDetail/918225。

流互鉴、美美与共的生动体现。目前，春节民俗活动遍及全球近200个国家和地区，近20个国家将春节定为法定节假日。联合国秘书长古特雷斯在龙年新春致辞中向全球华人致以美好的节日祝愿，感谢中国对多边主义的坚定支持，还特别提到"龙象征着活力、智慧、守护与好运，正是我们应对当今全球挑战所需要的特质"。

2024年"欢乐春节"活动在全球100多个国家和地区举办近500场形式多样、内容丰富的展演项目，并在近20个国家举办"全球彩灯点亮活动"，广泛邀请丝路青年共享中国佳节。

中国常驻维也纳代表团与维也纳联合国中文会在维也纳国际中心共同举办春节招待会，这是中国常驻团首次在维也纳联合国总部所在地举办春节庆祝活动。各国嘉宾和青年互致春节祝福，品尝饺子、汤圆、春卷等中华美食，观赏《春节序曲》、《茉莉花》、京剧、敦煌舞蹈等中国特色的文艺演出。

比利时布鲁塞尔中国文化中心举办"看春晚、绘年俗、迎龙年"文化体验活动，百余位来自比利时及欧盟总部机构的汉语青年学员齐聚一堂共庆中国农历新年。青年学员带来歌舞、双簧等文艺演出，体验包饺子、写"福"字、剪纸等年俗活动。比利时青年马塞洛·格里韦利认为，通过春晚节目感受到中国的深厚文化，愿意通过学习中文探索更多中国文化。

位于巴黎塞纳河畔的巴黎中国文化中心举办"欢乐春节"游园联欢活动，300多名法国青年参与。活动分为游园、观影、综艺、抽奖和美食等环节，游艺活动区排起长队，不少法国青年参与汉服体验、书法、剪纸、包饺子、茶艺、拓印等体验项目。

"欢乐春节——瀑布城喜迎中国龙年"文艺表演在巴西边境城市伊瓜苏举行，来自中国澳门培正中学艺术团、旅巴华人民乐团、圣保罗舞龙队等多个团体的青年艺术家给当地民众带来精彩表演。这是伊瓜苏将中国春节列为官方节假日之后的首次春节庆祝活动。伊瓜苏市议长若昂·莫拉雷斯认为，能够将中国元素传递给生活在这里的人，这是无价的。

　　由中国驻墨西哥使馆、墨西哥中国文化中心、墨西哥城市政府联合举办的第七届龙年"自行车生肖装饰大赛"在墨西哥城举办，吸引约 1500 名市民现场观看。当地青年参赛选手将中国传统文化元素融入自行车龙年装饰设计，采用可回收材料，突出绿色环保和可持续发展理念。墨方代表表示，这一活动不仅是对中国新年的欢庆，更是拥有兄弟般情谊的中墨两国人民对文化、和平、团结与希望的欢庆。

案例 2.4

人文交流将中塞青年的心拉得更近 ①

　　中国和塞尔维亚虽相距遥远，但在构建新时代中塞命运共同体新征程上，双方打造立体多元的人文交流和地方合作格局，让中塞友好薪火相传。2024 年 5 月，国家主席习近平对塞尔维亚进行国事访问期间，两国领导人一致同意，全面深化文化、教育、体育、旅游、地方合作。在中方宣布的支持新时代中塞命运共同体建设的首期 6 项务实举措中，有 2 项涉及青年人文交流：中方将在未来 3 年支持 50 名塞尔维亚青年科学家赴华开展科研交流，将在未来 3 年邀请 300 名塞尔维亚青少年赴华学习。

　　贝尔格莱德中国文化中心是中国在西巴尔干地区建立的首个中国文化中心。2016 年 6 月，国家主席习近平同塞尔维亚时任总统尼科利奇共同出席奠基仪式。在 2024 年习近平主席对塞尔维亚国事访问成果文件清单中，《中华人民共和国文化和旅游部与塞尔维亚共和国文化部关于贝尔格莱德中国文化中心揭牌的联合公报》就是其中一项重要成果。目前，中心开设中文、传统乐

---

　　① 本案例数据和资料来源：王迪、沈小晓、任彦：《人文交流将中塞人民的心拉得更近》，《人民日报》2024 年 5 月 19 日。

器、书法、太极等课程，举办一系列文化活动，深受当地青年欢迎。塞尔维亚文化部部长塞拉科维奇表示，"我们将共同努力发挥好互设文化中心的作用，更好推动塞中文化交流，增进两国人民的理解与友谊"。

"汉语热"在塞尔维亚持续升温，多所大学开设中文系，贝尔格莱德大学、诺维萨德大学开设孔子学院，塞尔维亚的 100 多所中小学启动中文教学试点工作。塞尔维亚青年卡塔琳娜·斯托扬诺维奇是北京中医药大学针灸专业研究生，凭借流利的中文获得 2015 年第八届"汉语桥"世界中学生中文比赛一等奖，她认为，"中文是一座重要的桥梁，让我认识到更广阔的世界，学习语言的过程也是文明交流互鉴的过程"。

2019 年 7 月，浙江旅游职业学院与贝尔格莱德应用技术学院合作共建中塞旅游学院，2022 年成为浙江省首批"一带一路'丝路学院'"、塞尔维亚鲁班工坊运营项目（旅游类院校唯一获认定的项目）。2024 年，中塞旅游学院招生 4 个班级、66 人，较上届翻一倍，创历史新高。2024 年 5 月，塞尔维亚鲁班工坊来华留学生开班仪式在浙江旅游职业学院举行，浙江旅游职业学院厨艺学院 6 位中式烹饪专业骨干教师与 24 名塞尔维亚留学生结对师徒并授予"洋弟子"厨师帽。贝尔格莱德应用技术学院酒店管理学院院长萨沙认为，塞尔维亚鲁班工坊为两国青年了解彼此文化、拓展职业技能提供新平台。

案例 2.5

中希文明互鉴中心：搭建两国青年文明对话平台 [①]

2019 年，国家主席习近平对希腊国事访问期间，同希腊领

---

① 本案例数据和资料来源：韩硕、谢亚宏、任彦：《"推动人类文明不断发展繁荣"》，《人民日报》2023 年 2 月 23 日；崔延强：《点亮新时代文明互鉴之光》，《神州学人》2024 年第 2 期。

导人达成筹建中希文明互鉴中心的共识。2020年，希腊教育部组织协调雅典大学、帕特雷大学、亚里士多德大学和克里特大学，在雅典成立希腊—中国文明互鉴中心。同时，中国驻希腊使馆联系西南大学，希望西南大学发挥在中国和希腊文明研究领域的深厚积淀，联合国内相关高校筹建中国—希腊文明互鉴中心。2020年7月，西南大学提出《中希文明互鉴中心建设方案》。2021年，在前期与希腊多所大学达成协议的基础上，西南大学完成在希腊国家认证委员会的认证工作。2023年2月，中希文明互鉴中心成立仪式在雅典大学举行，习近平主席复信雅典大学维尔维达基斯教授等希腊学者，祝贺中希文明互鉴中心成立。

中希文明互鉴中心按照"中希共建、部市共建、校地共建、多校共建"的总体思路，开展人才培养、科学研究、社会服务、人文交流等工作。比如，2023年11月，中心学术研究工程首批成果——共计202册的"丝绸之路中外医学交流文献丛书"出版；在欧盟专项资金支持下，中心邀请美国、英国、意大利、新加坡等多国高校青年学者与中国学者互访；中心推动两国高校开设全球首个致力于推动中希两大文明比较研究的硕士项目；中心组织"中希文明互鉴青年行"活动，两国学生可到中心发起高校短期访学。

案例 2.6

海上丝绸之路国际艺术节：丝路青年沉浸式参与的
美艺、美音、美展、美舞、美作 ①

海上丝绸之路国际艺术节由文化和旅游部、福建省政府联合

---

① 本案例数据和资料来源：中国青年报客户端：《第五届海上丝绸之路国际艺术节举办　街舞青年用舞蹈传递中国声音》，2023年12月12日，见 https://baijiahao.baidu.com/s?id=1785067088293557315；黄琼芬：《2023泉州·横滨·光州青少年美术作品展开展》，《福建日报》2023年12月10日。

主办,每两年一届,永久落户泉州市。2014年迄今,已成功举办五届,有60多个国家和地区以及众多国际组织的官员、专家学者、艺术界人士、青年代表参与,努力打造交流的舞台、艺术的盛会、人民的节日,奏响新时代文旅融合的丝路乐章,亦成为丝路青年文化交流合作的重要舞台。2023年12月,第五届海上丝绸之路国际艺术节(以下简称"海艺节")召开,来自43个国家和地区的文化团体、专家学者、青年艺术家等齐聚这场文化盛宴。

海上丝绸之路国际街舞邀请展演是本届海艺节配套活动之一,旨在用健康向上、时尚潮流、青年喜闻乐见的街舞形式,向世界展示新时代中国青年积极向上,锐意进取的精神面貌。这也是街舞首次加入海艺节,来自中国、法国、美国、新加坡等12个国家的30多名知名青年舞蹈家担任评委、嘉宾,来自中国广东、重庆、新疆、黑龙江、陕西、香港、澳门、台湾等地的近2000名舞者参赛,全网直播观看人次近300万。

2013年,中日韩各选出泉州、横滨、光州三个城市共同作为首届"东亚文化之都"。10年来,围绕"东亚意识、文化交融、彼此欣赏"主题,3个城市开展音乐、舞蹈、书法、绘画等文化艺术交流,增进相互之间的了解与友谊。2023泉州·横滨·光州青少年美术作品展是本届海艺节配套活动之一,由泉州市文化广电和旅游局、日本横滨市体育文化局、韩国亚洲文化中心城市建设支援论坛主办,汇集中日韩三地青少年的近50幅作品,描绘青少年向往中的美好生活,进一步增进中日韩民众特别是青少年对于多元文化的认同感。

案例 2.7

丝路戏海情相牵，美美与共心相交：戏剧成为
丝路青年文化交流的重要内容 ①

　　戏剧是以舞台表演为主要形式的艺术，形成话剧、歌剧、舞剧、中国戏曲等四种主要门类。近年来，青年戏剧工作者在各类舞台上崭露头角、挑起大梁，青年演员、青年导演担任主角的大戏越来越多。

　　2023 年 11 月，由上海戏剧学院与国际戏剧协会共同主办的"一带一路"国家传统表演艺术研讨会、展演及工作坊在上海召开。中国、俄罗斯、印度尼西亚、泰国、菲律宾、文莱、孟加拉国、比利时、意大利等共建国家青年艺术家带来七台展演、四个工作坊、三场学术研讨会。近年来，上海戏剧学院强化与共建国家在戏剧教育、表演艺术、影视艺术、文化传播等领域的舞台艺术的互学互鉴，上戏学子赴塞尔维亚、俄罗斯、巴西、南非等共建国家演出《俄狄浦斯王》《大胆妈妈》《白夜》等经典剧目。

　　2023 年 12 月，第十届中国—东盟（南宁）戏剧周召开，来自中国和柬埔寨、缅甸、新加坡、泰国、越南等东盟国家的 25 个艺术院团带来的 26 台大中型剧目亮相南宁。通过"演（演出）、研（研讨）、展（展览）、赛（竞赛）＋大联欢"的创新模式，两地青年艺术家创编的中国昆曲、藏戏、粤剧与泰国孔剧、柬埔寨

---

　　①　本案例数据和资料来源：王筱丽：《"一带一路"上的戏剧之光，在上戏集中闪耀》，《文汇报》2023 年 11 月 1 日；中国日报网：《第十届中国—东盟（南宁）戏剧周圆满闭幕》，2023 年 12 月 12 日，见 https://baijiahao.baidu.com/s?id=1785049065283284007；浙江宣传：《浙婺凭啥唱响海外》，2024 年 2 月 11 日，见 https://zjnews.zjol.com.cn/zjxc/202402/t20240211_26646356.shtml；锦观新闻：《川剧海外巡游　赢得越来越多外国粉丝》，2024 年 2 月 13 日，见 https://baijiahao.baidu.com/s?id=1790760121226043080。

皇家舞剧、马来西亚玛雍戏等同台展演、艺术对话。

2024年，浙江青年婺剧演员赴塞尔维亚、瑞典、冰岛、德国、荷兰等国演出，连续13年参与"欢乐春节"文化交流活动，在国际舞台大放异彩，深受丝路青年热捧。20多年来，一批批浙江青年婺剧演员先后出访58个国家和地区，演出300余场，是中国在海外演出场次最多、影响力最大的地方戏曲院团。浙江婺剧成功的要诀在于：一是量身定制，青年婺剧演员根据国外观众的审美和偏好适当调整题材、内容、唱段，打造"国际版"定制剧目；二是内容为王，青年婺剧演员在剧目内容创新上下功夫，持续带给观众新鲜感和惊喜；三是民族特色，青年婺剧演员每次赴国外演出，都会融入一些中国非遗技艺。

2023年12月，为推动国际中文教育高质量发展和促进中外语言文化交流合作，中国教育部主办、主题为"中文服务世界·开放引领未来"的2023年世界中文大会在北京召开。据中国戏曲学院官网报道，中国戏曲学院与英国奥斯特大学在论坛上携手演出《国戏风华——戏曲名段联展》和《爱尔兰舞蹈之韵》，受到现场2000多名中外代表的盛赞，这也是丝路青年在中文、中国戏曲和英国舞蹈三大优秀文化的邂逅与交流。

川剧是中国戏曲的璀璨明珠，2024年春节以来，从荧屏演到剧场，从街头走到乡村，川剧在各地频频亮相、火热"出圈"，让海内外观众感受到川剧艺术的独特魅力。2024年1月，成都市川剧研究院组织青年艺术骨干参与2024年"欢乐春节"活动，从智利、阿根廷到美国，各式川剧绝技令海外观众连连称奇。在智利演出期间，成都市川剧研究院面向当地戏剧系专业学生举办川剧讲座。在阿根廷演出期间，青年川剧艺术家亲身示范身段、唱腔，介绍川剧的历史沿革。

三、"一带一路"旅游交流合作持续深化

《中华人民共和国 2023 年国民经济和社会发展统计公报》显示，2023年，中国入境游客 8203 万人次，其中外国人 1378 万人次，香港、澳门和台湾同胞 6824 万人次；中国居民出境 10096 万人次。在"一带一路"倡议的推动下，越来越多的国家对华放宽签证政策，对华免签证的共建国家有 28 个，推行落地签政策的共建国家 51 个。此外，随着共建国家基础设施大幅改善，为中国与共建国家旅游互惠共赢奠定坚实的通道基础。因此，受政策支持、签证利好、交通便利、消费性价比高等多项因素综合影响，由中国出境至共建国家的旅游人数已恢复至 2019 年同期的 75%，泰国、新加坡、马来西亚、印度尼西亚、菲律宾、老挝、越南、阿联酋、埃及、俄罗斯、土耳其等位居中国出境游目的地前列。

在高质量共建"一带一路"新的金色十年开局之年，中国同多个国家共办旅游文化年，扩大丝路青年之间的文旅交流。

2023 年 5 月，国家主席习近平和哈萨克斯坦总统托卡耶夫在中国—中亚峰会上会谈，共同宣布 2024 年为中国的哈萨克斯坦旅游年。2024 年 3 月，由中国文化和旅游部与哈萨克斯坦旅游和体育部联合主办的中国"哈萨克斯坦旅游年"在北京开幕，计划举办超过 35 项活动。习近平主席和托卡耶夫总统分别致贺信。习近平主席强调，文化交流与旅游合作是中哈民心相通的重要桥梁和纽带，近年来，两国人文合作方兴未艾，青年交流佳话频传，希望两国以旅游年为契机，深化旅游合作、增进人员往来、赓续千年友谊，携手建设好中哈关系新的"黄金三十年"，为构建中哈命运共同体作出新的贡献。托卡耶夫在贺信中表示，哈方将举办一系列旅游年活动，全面增进中国游客对哈的了解，进一步巩固哈中世代友好。

2024 年 5 月，中国—坦桑尼亚旅游文化年在北京开幕，坦桑尼亚莫波托艺术团、桑给巴尔塔拉布艺术团的青年艺术家带来传统歌舞表演，中坦合演节目则是两国青年歌唱家分别演唱中文歌曲和斯瓦希里语歌曲。双方计划举办贯穿全年的多场精彩活动，涵盖文艺演出、旅游推广、人员培

训等。

2023 年 9 月，赞比亚总统哈凯恩德·希奇莱马对中国进行国事访问，中赞将双边关系提升为全面战略合作伙伴关系，并开通多条旅游直达航线。2024 年是中国和赞比亚两国建交 60 周年。2024 年 5 月，2024 中国—赞比亚文化和旅游年在北京开幕，内容丰富、形式多样的系列活动将在中赞两国多地举办，促进两国青年更加全面深入了解和体验对方文化旅游魅力。

案例 2.8

中法文化旅游年：为两国青年搭建友好相通的新平台 [①]

2023 年 4 月，国家主席习近平和来华访问的法国总统马克龙共同宣布全面重启中法人文交流，并于 2024 年两国建交 60 周年之际共同举办中法文化旅游年。据本书编委会调研，这是继 2003—2005 年中法互办文化年、2014 年庆祝中法建交 50 周年系列活动后，两国合作举办的又一重大人文交流活动，将联合举办数百项表演艺术、视觉艺术、文化遗产、旅游推广等活动，让两国人民领略两国文化的博大精深、丰富多彩，增进相互了解和友好情谊。

2024 年 5 月，由中国人民大学主办，苏州市人民政府外事办公室、中国人民大学中法学院等承办的"中法建交 60 周年：遇见青年·遇鉴文明"青年对话会系列活动在苏州举行。中法两国青年代表、法国在苏企业家、艺术家等参与对话和分享各自的

[①] 本案例数据和资料来源：中国青年报客户端：《"中法建交 60 周年：遇见青年·遇鉴文明"青年对话会系列活动在苏州举行》，2024 年 5 月 23 日，见 https://baijiahao.baidu.com/s?id=1799833545084177795；人民网：《"我们的角色"中法青年文化交流活动在巴黎举办》，2024 年 5 月 4 日，见 http://world.people.com.cn/n1/2024/0504/c1002-40228816.html；刘红革：《举办中法建交六十年系列活动——在巴黎，推动文明交流互鉴》，《人民日报》2024 年 6 月 3 日。

经历与思考。

2024 年 5 月，由山东省人民政府新闻办公室指导，大众报业集团主办的"我们的角色"中法青年文化交流活动在法国巴黎蓝带国际学院举行。法国网红大 V 和中法青年留学生代表就青年促进两国文化交流的角色担当进行深入互动。大众报业集团聘任多位两国青年担任中法"大众青春交流官"，架设中法交流之桥。两国青年还通过短视频展播、中法两地视频连线、乐器表演、共唱友谊之歌等多种形式，展现新时代中法青年的深厚友谊以及对加强两国文化交流的信心与期待。

2024 年 1 月以来，巴黎中国文化中心每周都会举办 3 场以上活动，涉及中国相关省区市文旅推介、文化中心自身品牌活动和法国青少年接待。比如，第 37 届贝尔克国际风筝节——中国主宾国活动为法国青年带来中国风筝艺术体验；每周有数百名法国青年走进文化中心，学习汉语、穿汉服、弹古筝古琴、拉二胡、弹琵琶、品茗茶等。

在高质量共建"一带一路"新的金色十年开局之年，中国有关地方政府、旅游企业同多个共建国家共同开展旅游推广，定制旅游产品，扩大丝路青年入境游规模，促进青年人才在旅游业就业创业。

杭州出台的《杭州市旅游国际化行动计划（2024—2026 年）》提出，通过实施开发具有全球吸引力的旅游产品、塑造具有世界知名度的旅游品牌、升级国际领先性的旅游服务体系、优化旅游目的地国际化旅游环境等四大重点任务，加快建设国际重要的旅游休闲中心和世界一流的旅游目的地，到 2026 年，力争全市接待入境过夜游客达到 100 万人次、旅游外汇收入达到 6 亿美元。为此，杭州创新面向丝路青年游客的国际营销，策划推出中国历史文化探寻游及中医药养生文化游产品，推出当代"马可·波罗"发现计划，吸引全球青年博主网络宣传"人间天堂"。

2023 年 11 月，由中国文化和旅游部国际交流与合作局、中国旅游研究院、浙江省文化和旅游厅、金华市人民政府共同主办的 2023 中非文化和旅游合作论坛在金华举办。论坛以"加强中非文化交流和旅游合作，共筑高水平中非命运共同体"为主题，中国和非盟、非洲多国驻华使节及中非青年等 200 余人参加论坛。与会代表一致认为，在中非合作论坛框架下，中非文化和旅游合作取得长足进步，为增进中非理解和友谊、推动中非合作升级、带动中非文旅产业发展提供重要支持。

2024 年 4 月，福建省文化和旅游厅与泉州市人民政府主办的全球旅行商（福建）大会暨海丝沿线国家和地区旅游推介活动在泉州举行，汇集 380 多名旅行商代表、网络青年大 V、青年文旅达人等，举办海丝沿线国家和地区交流推介、中国文化和旅游资源全球发布、《促进海上丝绸之路多元文化旅游发展的共同倡议》发布、入境游报告及线路产品发布、重点国际旅行商签约合作、规范旅游市场秩序联合协定签署等活动，为丝路青年参与海丝文旅合作提供新机遇。另外，2024 年福建省文化和旅游厅正全力打造"常来常往，常来常想，常来常新"的世界知名旅游目的地品牌，与中国澳门、西班牙、马尔代夫、意大利等国家和地区的文化旅游部门联合举办"海丝起点·清新福建"旅游交流活动，吸引更多丝路青年赴福建旅游。

2024 年 5 月，广西壮族自治区文化和旅游厅分别在越南河内、斯里兰卡科伦坡举办两场"茶和天下·雅集"活动，以茶为媒，向两国青年推介广西文旅资源。广西戏剧院桂剧团青年演员通过"桂剧＋诗歌"快闪表演，带领参会青年品鉴茗茶，针对越南旅客推出山水文化之旅、长寿养生之旅两条精品旅游线路。广西代表团与科伦坡大学师生共同举办"走进斯里兰卡校园活动"，让斯里兰卡大学生沉浸式体验中国茶文化的魅力。

2024 年 4 月，中国文化和旅游部国际交流与合作局、云南省文化和旅游厅、丽江市人民政府、湄公河旅游协调办公室主办，以"重新定义·未来旅行"为主题的 2024 湄公河旅游论坛在丽江举办。"跨越桥梁，建立联系，促进文化融合与繁荣""释放潜力：加强国际合作，推动旅游业增长"两个平行分论坛，以及第 53 次大湄公河次区域旅游工作组会议、大湄公河次区域旅游合作成果展同期举行。与会嘉宾倡议，澜湄六国共建跨境旅游合作圈，为六国青年在区域内旅游及在旅游业就业提供良好发展环境。缅甸青年桑迪是米拉旅行创始人，因热爱旅行偶然成为一名旅游从业者，他认为："我们推出针对青年群体的教育旅行，旨在增强青年游客对文化传统和习俗的了解与尊重"。

另外，一些中国旅游企业加速布局共建国家旅游市场，为更多青年游客提供便利。比如，携程与70多个共建国家建立业务合作，在共建国家聘用1300余名青年向导；中青旅推出中俄蒙国际列车项目、北非春节包机等"一带一路"专题旅游产品，覆盖共建国家中90%以上的目的地；驴妈妈成立新加坡分公司，推出"中哈旅游专列"；同程旅行推出"目的地全球计划"，与共建国家合作推出专题活动；飞猪与泰国国家旅游局合作，开发具有泰国文化特色、符合中国游客消费习惯的新产品。

四、"一带一路"体育交流合作丰富多彩

在高质量共建"一带一路"新的金色十年开局之年，中国与共建国家积极开展体育交流，支持共建国家举办重大国际体育赛事，加快发展体育产业。

2023年11月，东盟杯国际藤球邀请赛、2023年澜沧江—湄公河合作中国藤球公开赛先后在贵州省黔南布依族苗族自治州、云南省德宏傣族景颇族自治州举办，中国、老挝、马来西亚、印度尼西亚、越南、缅甸等国家青年运动员齐聚赛场。参加这两项比赛的大多是在杭州亚运会上有过出色表现的队伍，运动员、教练员们对于再次来到中国，也都感到十分亲切和兴奋。印度尼西亚队男选手穆利昂表示，观众很喜欢也很懂藤球，这让运动员们在比赛过程中非常享受，希望以后能够多举办这样的比赛，以此加深中国和印尼两国的情感联络。

2024年2月，中俄界江黑龙江国际冬季体育比赛在黑龙江省黑河市与俄罗斯阿穆尔州布拉戈维申斯克市之间冰封的黑龙江上召开，包括冰球友谊赛和冰雪汽车挑战赛两项赛事，中俄运动员、冰上运动爱好者切磋冰上技艺，共享冰雪乐趣，深化冰雪产业合作。该项赛事是黑龙江省人民政府、阿穆尔州政府多年打造的精品体育赛事，入选中国国家体育总局

"2023 中国体育旅游十佳精品赛事",成为中俄青年人文交流的靓丽名片。

2024 年 2 月,2024 中国东兴—越南芒街元宵节足球友谊赛在东兴市举行。该项赛事由中国东兴市人民政府和越南芒街市人民委员会联合主办,从 1993 年迄今举办 29 届,成为两国两市体育文化交流的重要品牌。以文化体育交流活动为载体,两国两市在经贸投资、文化旅游、教育卫生、基础设施建设等领域持续合作,开创中越边境地区睦邻友好和合作共赢的新局面。

2024 年 3 月,中国国务院批复《中国—上海合作组织冰雪体育示范区建设总体方案》。为全面贯彻落实国家主席习近平在上海合作组织成员国元首理事会第二十二次会议上提出的 "中方将建设中国—上海合作组织冰雪体育示范区" 重要倡议,黑龙江省人民政府、中国国家体育总局编制该总体方案,在黑龙江建设该示范区,充分发挥体校、冰雪传统特色学校和青少年社会体育组织作用,在冰雪项目普及、产业发展、文化传播、赛事活动等方面推动上合组织国家开展交流合作,为冰雪项目培养后备力量。

2024 年 3 月,"一带一路·丝绸之路" 行 2024 年中国国际雪地排球邀请赛在新疆昌吉回族自治州阜康市天山天池国际滑雪场举行,来自法国、伊朗、哈萨克斯坦以及中国新疆、宁夏、内蒙古等地的 10 支队伍参赛。此次赛事是中国首次举办 "一带一路" 雪地排球高规格国际赛事,由中国排球协会主办。

2024 年 3 月,应格鲁吉亚武术协会邀请,中国国家体育总局武术运动管理中心、中国武术协会派出专业团队赴格开展武术 "一带一路" 行训练营活动,受到当地青年热烈欢迎。来自格鲁吉亚的百余名青年武术运动员、教练员、爱好者,以及拉脱维亚武术协会的 10 多名青年武术运动员参加。此次活动也是 2024 年度中国武术协会派出的第一个团组。"武术" 一词是很多外国人接触中国传统体育文化的开始,受武术魅力的吸引,越来越多丝路青年爱上中国武术。

2024 年 5 月,2024 年连云港铁人三项亚洲杯赛暨 "一带一路" 国际铁人三项赛召开,本次赛事由亚洲铁人三项联合会、中国铁人三项运动协会、江苏省体育局、连云港市人民政府共同主办，来自哈萨克斯坦、爱尔兰、澳大利亚、斯洛文尼亚、日本、美国、南非等近 10 个国家和中国 13 个省（自治区、直辖市）和香港特别行政区的 500 多名专业运动员、业余选手参赛。自 2019 年首次举办该项赛事以来，铁人三项成为连云港靓丽的城市名片。

2024 年 5 月，由中国田径协会、重庆市体育局、重庆市九龙坡区人民政府联合主办的第二届"一带一路"田径邀请赛召开，来自中国、埃塞俄比亚、印度尼西亚、日本、韩国、巴基斯坦等国家的 49 支代表队、超 1200 名运动员齐聚山城，上演速度与激情的巅峰对决。"一带一路"田径邀请赛是中国最高级别的田径赛事之一，首届邀请赛于 2019 年落地重庆，时隔 5 年，赛事以全新面貌回归，更升级为世界田联巡回赛的铜标赛事。赛事出彩、体育破圈、城市出圈，除了赛事安排，主办方还举办非遗民俗表演、文化旅游鉴赏、城市品牌宣传等特色活动，让各国参赛选手体验"三高九龙坡、三宜山水城"的独特魅力。

2024 年 5 月，第 41 届中国国际体育用品博览会在成都召开，参展企业、参展品牌、产品品类的数量均创历史新高。首届中国青少年体育产业交流大会是系列活动之一，由中国体育用品业联合会主办，参会嘉宾共同分析青少年体育市场的现状和未来，为青少年体育产业注入新的活力和增长点。

案例 2.9

2024"一带一路"青年体育交流周（江苏）：
以体育会友，架文化之桥 ①

2024 年 5—6 月，2024"一带一路"青年体育交流周（江苏）在宿迁市召开。本届交流周活动以"绽放青春美，同结江苏情"为主题，开展"一带一路"国际青年男子 3×3 篮球邀请赛、"一

___

① 本案例的资料和数据来源：荔枝新闻：《搭建国际青年交流平台，2024"一带一路"青年体育交流周（江苏）在宿迁开幕》，2024 年 5 月 25 日，见 https://baijiahao.baidu.com/s?id=1800021295877236864。

带一路"青少年户外运动挑战赛、"一带一路"国际青少年定向越野训练营等一系列体育文化交流活动，近 60 个国家和地区的丝路青年参加。主办方将体育与文化旅游结合，组织丝路青年跟着赛事去旅游，打卡江苏，续写江苏与丝路青年的情谊。

"一带一路"青年体育交流周活动是江苏省"一带一路"人文交流重要品牌活动之一，至今成功举办四届，由中国国家体育总局对外体育交流中心、江苏省推进"一带一路"建设工作领导小组办公室指导，江苏省体育局、江苏省教育厅、江苏省外办等主办，中国体育彩票支持，共吸引在江苏工作和学习的来自共建国家的 1000 余名丝路青年参与。2024 年交流周首次把开幕式放在景区举行。

2024 年交流周再次得到丝路青年广泛认可。比如，东南大学巴基斯坦留学生迪拉认为，我参加这个活动最大的动力就是可以认识各个国家的篮球爱好者和其他运动的爱好者，比赛重在参与，友谊才是最重要的；淮阴工学院喀麦隆留学生八一在开幕式上用一首《You Raise Me Up》征服不少观众，用中文歌声表达自己的观点，全世界都在学中国话，我们说的话，越来越国际化。

五、网络文学成为丝路青年读懂和讲好中国故事最具活力的创新载体

中国网络文学以瑰丽的想象、精彩的故事、强烈的代入感，不仅吸引数以亿计的国内读者，也受到海外读者喜爱，累计输出作品 1.6 万余部，海外用户超过 1.5 亿人，覆盖 200 多个国家和地区，成为中华文化走出去的一张名片。产能强劲、库存充足、品类丰富是数百万中国网络文学青年作家共同的最大优势。随着生成式人工智能（AIGC）应用于文本翻译，中国网络文学作品大体量、规模化"走出去"进一步提速。同时，出版物、影视、动漫、广播剧、微短剧等中国网络文学衍生品的影响力持续加大。

阅文集团海外授权数字出版和实体图书出版的网络文学作品 1000 余部，海外上线网络文学有声书作品 100 余部，有的作品播放量超过 1 亿次。起点国际上线网络文学改编的漫画作品 1500 余部，浏览量超千万作品 100 余部。网络文学改编的影视剧《庆余年》《卿卿日常》等更是在东南亚掀起收视热潮。

与此同时，中国网络文学出海业已形成立足于数字时代的创作机制和产业形态，包括付费阅读制度、职业作家体系和粉丝推荐体系等。在中国网络文学的影响下，不少丝路青年走上写作道路，海外原创网络文学蓬勃发展，起点国际培养约 40 万名来自 100 多个国家和地区的青年网络作家，00 后占比 42.4%，上线海外原创作品约 61 万部。中国传统文化和网络文学创作模式给予海外作家重要启发，一些海外网络文学作品在主题设定、人物角色、审美意境上带有浓浓"中国风"，在小说世界架构上参考《封神榜》《山海经》等神话故事，角色命名常常仿照中国网络文学同类型作品。

第二节　高质量推进共建"一带一路" 教育行动的新进展

中国已建成世界上规模最大的教育体系，教育现代化发展总体水平跨入世界中上国家行列，具有成为世界重要教育中心的良好基础和有利条件。推进教育现代化，要坚持对外开放不动摇，加强同世界各国的互容、互鉴、互通。

一、中国教育对外开放进一步走深走实

2024 年 1 月，全国教育工作会议在北京召开，强调高水平推进教育对外开放，构建"大教育国际交流合作""大外事格局"，将教育对外开放置于国家发展战略、教育强国建设、对外工作大局、国内区域经济社会发展的更高层面进行谋划推进。3 月，教育部在深圳市召开高水平教育对外

交流合作座谈会，要求，推进高等教育对外交流合作，扩大高水平合作办学，创新观念、制度和政策，搭建多元交流平台，构建国际合作网络，设立典型示范项目，开辟教育对外交流合作新路径、新赛道。由此，在高质量共建 "一带一路" 新的金色十年开局之年，中国教育部门、教育机构落实双多边教育合作，各项教育对外合作机制顺利实施，全面参与联合国教科文组织、二十国集团、金砖国家、亚太经合组织、上海合作组织等多边机制框架下的教育合作。

近年来，中国外文局围绕国际教育合作和人文交流开展一系列工作，一是发力国际中文教育，做强国际汉语教育图书的出版和推广，所属华语教学出版社推动 180 余种汉语教材类图书以市场方式进入美国、英国、印度尼西亚等国家的国民教育体系，与中国教育部中外语言交流合作中心合作出版 46 个文种的《当代中文》系列教材，研发出版国际中文教育领域的文化教学大纲，增强中国教育的国际话语权；二是实施 "精准传播联合行动"，围绕学术外宣、技术应用、人才培养等领域，与 10 余所院校合作设立多语种翻译人才博士后科研工作站。

2024 年是孔子学院成立 20 周年。截至 2023 年末，中外教育机构陆续共建 496 所孔子学院、757 个孔子课堂，服务全球 160 个国家和地区，成为国际中文教育龙头品牌。中国国际中文教育基金会发布孔子学院二十周年标识、2024 全球 "孔子学院日" 倡议书、首批孔子学院品牌术语（中英对照），开展第四届 "最·孔院" 全球短视频征集活动。塔吉克斯坦、泰国、肯尼亚、卢旺达、摩洛哥、阿塞拜疆、塞拉利昂等共建国家组织不同形式的孔子学院成立 20 周年庆祝活动。

2024 年 3 月，中欧高级别人文交流对话机制第六次会议在北京举行，中国国务委员谌贻琴与欧盟委员会创新、研究、文化、教育和青年事务委员伊万诺娃共同出席。中方提出与欧方在学生双向流动、绿色转型、数字教育、STEM 教育等领域开展合作，不断增进共识与互信。伊万诺娃表示，欧方高度重视欧中人文交流，愿与中方共同推动学生平衡流动、深化教育务实合作。中欧高级别人文交流对话机制建立于 2012 年，中方秘书处设在中国教育部，并与中欧高级别战略对话、中欧经贸高层对话一道，形成中欧关系的三大支柱。

教育质量是全球备受关注的问题，教育评价对于教育质量提升和可持续发展至关重要。2024 年 5 月，重庆市教育评估院发起倡议，成立"一带一路"教育评价联盟，搭建教育评价国际交流与合作、创新与改革的民间平台，首批成员来自中国、玻利维亚、伊朗、缅甸、菲律宾、罗马尼亚、泰国等共建国家的教育机构和高校。

2024 年 5 月，由中国教育部、辽宁省人民政府指导，大连理工大学、白俄罗斯国立信息与无线电电子大学主办的 2024 年中国—白俄罗斯大学联盟全体大会暨联盟集群机制成立大会在大连举办。北京大学、哈尔滨工业大学等 44 所中方高校，白俄罗斯国立大学、白俄罗斯国立信息与无线电电子大学等 17 所白俄罗斯高校参加会议，成立数字技术、先进制造、生命科学、政策与管理、文明对话、中白语言发展与区域合作等六个中白高校合作集群。

2023 年 12 月，由世界慕课与在线教育联盟和联合国教科文组织教育信息技术研究所联合主办，清华大学、米兰理工大学共同承办的 2023 世界慕课与在线教育大会在意大利米兰召开。大会以"人工智能驱动下的未来大学和教育重构"为主题，来自中国、意大利、美国、澳大利亚、法国、英国、印度尼西亚等国的政府、高校和机构代表出席。跨越国界，"云端"同窗，自 2013 年起步以来，中国慕课从无到有、由弱变强，上线课程超7.68 万门，注册用户达 4.54 亿，不仅服务国内 12.77 亿人次学习，且通过实施"慕课出海"行动，由课程资源引入大国转变为优质课程资源输出大国。例如，西南交通大学的慕课培养 80 余个国家的 5000 多名轨道交通人才，辐射海内外 200 余所高校；南方科技大学帮助柬埔寨、肯尼亚等 13个亚非国家建设智慧教室，当地学生得以接触到先进的教育理念和知识。

2023 年 10 月，第 24 届中国国际教育年会暨展览在北京召开，响应联合国教育变革峰会倡议，以"突破·联通：共聚教育的力量"为主题，由全体大会、平行论坛、国际教育展、专题演讲、双边洽谈、主题展示六大部分组成，主宾国是韩国，吸引全球 60 多个国家和地区的 4500 余名中外教育界人士、驻华使领馆官员、教育服务机构和龙头企业代表参会，近

500 位中外嘉宾分享教育最新发展理念和成果，韩国、法国、加拿大等 34 个国家和地区的 371 所院校和教育机构参展，观展人数突破 2.5 万人次。中国国际教育年会是在中国教育部大力支持下，经中国国务院批准，由中国教育国际交流协会主办的国际教育界年度盛会，自 2000 年起每年举办一届，是亚太地区最具影响力的综合性国际教育盛会之一。

案例 2.10

中国同联合国教科文组织深化教育领域务实合作，惠及更多丝路青年 ①

2024 年 5 月，中国与联合国教科文组织合作成就展（2014—2024）在法国巴黎的联合国教科文组织总部举行。十年间，双方不断深化务实合作，为推动世界和平可持续发展，特别是推动发展中国家教育科学文化事业进步作出积极贡献。

2014 年 3 月 27 日，国家主席习近平对联合国教科文组织总部进行访问并发表重要演讲，首次向世界阐明新时代中国的文明观，开启中国与联合国教科文组织合作的新篇章，成为中国与联合国教科文组织关系史上的里程碑。此后 10 年间，中国同联合国教科文组织的关系持续稳定发展，习近平主席多次会见联合国教科文组织总干事，并就双方合作达成重要共识。

长城奖学金是中国政府向联合国教科文组织提供的全额奖学金项目，主要支持和资助来自发展中国家和最不发达国家的学生到中国进行学习和研究。2014 年，国家主席习近平在访问联合国教科文组织总部时宣布，把长城奖学金名额由每年 25 人扩大到 75 人。过去 10 年，共有来自 93 个国家的 512 名学员受资助来华学习。

中国与联合国教科文组织合作设立中国—联合国教科文组织

---

① 本案例资料和数据来源：韩晓萌：《携手推动人类文明进步世界和平发展》，《中国教育报》2024 年 5 月 9 日。

信托基金，前两期项目聚焦教师教育，惠及 10 个国家 3 万余名教育工作者。第三期项目聚焦高等职业教育，助力培养满足劳动力市场需求的技术和创新型人才，惠及 6 个国家 12 所学校。项目为非洲国家购买并安装 2400 多台设备，帮助建立在线教学平台和数字图书馆，得到非洲国家的高度评价，成为联合国教科文组织国际教育领域南南合作的旗舰项目。

2023 年，中国"国家智慧教育平台"获得联合国教科文组织教育信息化奖（联合国系统内教育信息化最高奖项）。2024 年 1 月，2024 世界数字教育大会在上海举行，成立世界数字教育联盟，上线中国国家智慧教育公共服务平台国际版，后者支持联合国 6 种官方语言，汇集优质数字教育资源，满足全球学习者多元需求。华为等中国企业与联合国教科文组织合作，帮助发展中国家提升教育信息化水平。

2023 年 11 月，联合国教科文组织第 42 届大会在法国巴黎举行，通过在上海设立联合国教科文组织国际 STEM 教育研究所的决议，标志着联合国教科文组织一类中心首次落户中国，是联合国教科文组织在全球设立的第 10 个一类中心，也是在欧美之外首个全球性一类中心，主要职能是促进涵盖从幼儿到成人各个阶段的科学、技术、工程和数学领域的教育。

案例 2.11

陕西：搭平台、立品牌、促交流，强化与共建
"一带一路"国家教育合作 ①

近年来，陕西省有关部门与中外高校、企业、科研机构联合

---

① 本案例资料和数据来源：王树声：《开放合作　守正创新　勇毅前行》，《教育国际交流》2024 年第 3 期。

构建"两平台、三联盟"交流合作新格局。"两平台"为丝绸之路教育合作交流会和丝绸之路国际产学研用会。前者自2014年开始已成功举办九届，先后有9000余名国内外专家学者参与，签署合作协议200余项，成立有关联盟和教育研究机构20余个，举办中国传统文化展演展示等活动近50场次。后者自2020年开始已成功举办四届，累计有来自64个国家的3700余名专家学者参与，搭建高校与科研院所、企业的合作纽带，落实"中外双导师联合培养研究生"名额1348个。"三联盟"为西安交通大学发起成立的丝绸之路大学联盟、丝绸之路农业教育科技创新联盟和陕西职业技术学院发起成立的"一带一路"职教联盟，旨在共同推进陕西与国内外院校的合作，联合培养具有国际视野的高素质人才。

为落实中国—中亚峰会的相关任务，陕西省教育厅印发《中国—中亚五国涉陕教育合作工作方案》，明确重要事项和责任单位。在高质量共建"一带一路"新的金色十年开局之年，据本书编委会调研，丝绸之路大学联盟新吸纳中亚国家高校7个；西北工业大学哈萨克斯坦分校（中国高校在哈萨克斯坦成立的第一所分校）建成运行，并以哈萨克斯坦分校为依托，建设"丝路电子商务人才培养基地"，成立"一带一路"电子商务国际合作联盟；西北农林科技大学设立"一带一路"专业硕士学位项目，与塔什干国立农业大学合作共建西北农林科技大学塔什干分校；长安大学发起成立中国—中亚五国交通基础建设领域人才培养联盟，与乌兹别克斯坦国家规划设计院、乌兹别克斯坦中亚大学签署国际学生订单式联合培养协议；"一带一路"职教联盟启动"秦岭工坊"建设，拓展与中亚地区职业院校在人才培养、师资培训、技能培训、人文交流、服务国际产能合作等领域合作。

"留学陕西"品牌规模初见成效，形成以"学校＋企业＋学生"三位一体人才培养模式为基础，积极探索"境内＋境外"双境培养、"学校＋企业"双师共教、"学历＋职业"双证融通、"中文＋职业技能"双管齐下的国际化专业人才培养方式。中外合作办学规模不断扩大，截至 2023 年末，陕西省高职及以上中外合作办学项目和机构总规模达 46 个，数量居西部地区前列，在读学生 1.7 万余人。实施"非通用语＋通用语""外语＋专业"的复语型、复合型人才培养，5 所高校开设非通用语种专业 20 个，培养非通用语种人才数千人。

二、中外合作办学提速提质，"留学中国"品牌进一步提升

（一）大部分中国"双一流"高校实施中外合作办学

根据《中外合作办学条例》和《中外合作办学条例实施办法》，中外合作办学是指中国教育机构与外国教育机构在中国境内合作举办，以中国公民为主要招生对象的教育教学活动，主要分为三类：一是有独立法人资格的中外合作办学的大学，比如温州肯恩大学、西交利物浦大学等；二是无独立法人资格的中外合作办学机构，一般是中方院校和外方院校共同成立二级学院；三是无独立法人资格的中外合作办学项目，中方院校与外方院校就某一个专业联合培养学生。

美国肯恩大学校长拉蒙·雷波列特致信习近平主席，介绍合作办学情况及成果，表示将积极响应习近平主席倡议，助力更多美国青少年来华交流学习，推动中美青年一代加强交流。2024 年 6 月，习近平主席复信美国肯恩大学校长拉蒙·雷波列特，指出，教育交流合作有助于促进两国人民特别是青年相知相近，是发展中美关系的未来工程，鼓励中美两国高校加强交流合作，培养既了解中国也熟知美国的青年使者，为促进中美友好贡献力量。2006 年 5 月，在时任浙江省委书记习近平的关心推动下，温州大学和美国肯恩大学签约，决定合作创办温州肯恩大学。2014 年，经中国教育部批准，温州肯恩大学正式设立，致力于打造中美教育交流合作的重要窗口，现有本硕博学生约 4500 人，已培养 8 届本科毕业生总计 3300 余人，举办"瓯越文化采风""我来中国过个年""'打卡 China'走进温肯"等特色文化活动，制作《"外"眼看温州》等传播中国文化的双

语系列短片，让世界看到美丽中国。

浙江省中外合作办学起步早，目前共有中外合作办学机构 26 所、中外合作办学项目 161 个，数量居中国省级行政区前列。2023 年，浙江启动中国唯一一个中外合作办学高质量发展改革创新试验区建设。2024 年 1 月，浙江省教育厅在浙江科技大学设立浙江省中外合作办学研究中心，发起成立 96 所高校参与的浙江省中外合作办学联盟，打造省域中外合作办学共享资源、互学互鉴、帮扶共促的合作平台。

2023 年 4 月，中国教育部、海南省人民政府联合印发《境外高等教育机构在海南自由贸易港办学暂行规定》，系统设计境外高等教育机构在海南办学的基本规则，推动更大范围、更宽领域、更深层次、更为主动灵活的教育对外开放。一年多来，海南省已有 8 所中外合作办学机构，包括海南大学亚利桑那州立大学联合国际旅游学院、北京邮电大学玛丽女王海南学院、中国传媒大学考文垂学院、电子科技大学格拉斯哥海南学院、北京体育大学阿尔伯塔国际休闲体育与旅游学院、海南医学院西英格兰学院、琼台师范学院北安普顿国际学院和海南比勒费尔德应用科学大学①。

2024 年 4 月，香港城市大学（东莞）落户松山湖科学城，9 月迎来首批 14 个本硕专业的学生。这是东莞首个具有独立法人资格的内地与香港合作办学机构，70% 的教职人员来自 35 个国家及地区，80% 的师资来自香港城市大学本部。近年来，广东对标《粤港澳大湾区发展规划纲要》，加快推动世界高水平大学特别是港澳高校来粤合作办学，已设立北京师范大学—香港浸会大学联合国际学院、香港中文大学（深圳）、香港科技大学（广州）、香港城市大学（东莞）。背后的驱动因素在于，香港作为世界顶尖大学密度最高的城市之一，拥有雄厚的教育科研实力，但缺乏配套的上下游产业链以及市场，选择跨境办学，粤港澳大湾区能够为香港高校教育资源布局和科研成果转移转化提供邻近且广阔的空间。

---

① 海南比勒费尔德应用科学大学是经中国教育部批准设立，由德国比勒费尔德应用科学大学在海南省、儋州市政府和德国联邦教育与研究部大力支持下创办的一所具有独立法人资格的国际化创新型大学，是中国境内第一所境外高等教育机构在海南自由贸易港设立的实施理工农医类学科专业教育的学校，也是德国公办高校首个在中国办学的高等教育机构。

（二）中国高校境外办学渐成热潮

境外办学指中国高校独立或者与境外政府机构、具有法人资格并为所在地政府认可的教育机构或其他社会组织合作，在境外举办以境外公民为主要招生对象的教育机构，或者采用其他形式实施高等学历教育的教育教学活动，办学投入包括中方单独投入以及合作双方或多方联合投入。

2024 年 2 月，深圳大学在香港设立香港校区，成为首个在香港办学的内地高校，开展联合培养、双学位、学分互认等项目，鼓励师生参与跨境实习、研究和创新项目。深圳大学作为内地距离香港最近的综合性大学，有 200 多名港籍学生就读、超过 1 万名毕业生在香港工作，与香港八大公立大学建立合作，参与举办香港中文大学(深圳)。另外，2023 年 4 月，深圳大学东京学院（深圳大学的首个海外分校）开学，以日本公民及其他境外公民为主要招生对象，主要开展本科学历教育。

河北工业大学芬兰校区 2023 年招收国际生较 2022 年增加一倍，欧盟国家学生比例占 41%，突破中国高校难以招收欧美发达国家学生的瓶颈。2019 年，河北工业大学与芬兰拉彭兰塔理工大学合作建设河北工业大学芬兰校区，开设机械设计制造及其自动化、电气工程及其自动化、能源与动力工程、计算机科学与技术等四个本科专业，目前该校区的中国、欧盟及其他国家生源比例约各占三分之一。该校区学生采用"1+3"培养模式，第一学年在河北工业大学天津校区学习，第二至第四学年在芬兰校区学习，专业课程采用全英文授课。同时，天津校区为学生开设非遗、武术、歌曲、舞蹈等课程，加强学生赴芬兰后弘扬中华文化的能力。

案例 2.12

厦门大学马来西亚分校：走出中国特色的海外办学新路 ①

2024 年 4 月，厦门大学马来西亚分校（以下简称"厦大马

---

① 本案例数据和资料来源：新华社：《心相近　这所高校为海外学子打开"中国之窗"》，2024 年 5 月 31 日，见 https://baijiahao.baidu.com/s?id=1800581221878298069。

校")迎来约 500 名来自世界各地的春季入学新生。自 2015 年开始招生以来,厦大马校以马来西亚为基点,立足东盟,辐射"一带一路",已有来自 40 多个国家和地区逾 1.2 万名学生在这里求学,很多专业素质过硬、熟悉国际环境、通晓国际规则的毕业生进入共建"一带一路"重要行业领域就业。马来西亚教育部原副部长张念群表示,厦大马校为马来西亚带来中国优质高等教育资源,深受马来西亚社会各界认可,现在申请这所学校的人越来越多,热度越来越高了。

如今,厦大马校设有 10 个学院,开办 23 个本科专业、11 个硕士专业、6 个博士专业、3 个预科专业,涵盖文理工医商等多个学科门类。临床医学、神经系统与行为科学、工程学、社会科学总论 4 个学科进入基本科学指标数据库(ESI)全球前 1%。据 ESI 最新统计,厦大马校师生发表论文的篇均引用率位居马来西亚高校第一。东南亚研究、海洋科学、工科、商科等学校前沿学科深受东南亚学子欢迎。同时,从主办汉语辩论赛,到举办中国民族音乐会和非物质文化遗产展示,厦大马校也成为中华文化海外传播的重要平台。

中国同马来西亚是隔海相望的友好邻邦,两国友谊源远流长。2013 年 1 月,马来西亚政府正式邀请厦门大学到马来西亚创办分校。同年 10 月,签订厦门大学马来西亚分校建设协议。厦大马校筹建被中国教育部列为 2013 年全国教育大事之一,这是中国 985 高校首次赴境外独立开办分校,成为共建"一带一路"落地的旗舰项目。

(三)"留学中国"成为更多丝路青年的共同梦想和选择

2018 年,习近平总书记在全国教育大会上强调:"要打造更具国际竞争力的留学教育,将我国建成全球主要留学中心和世界杰出青年向往的留学目的地,吸引海外顶尖人才来华留学,培养未来全球精英。"[①] 他还向在

---

① 《习近平谈治国理政》第三卷,外文出版社 2020 年版,第 351 页。

华留学生回信表示，中国欢迎各国优秀青年来华学习深造，希望他们更加深入地了解真实的中国，为促进民心相通、推动构建人类命运共同体贡献力量。

在高质量共建"一带一路"新的金色十年开局之年，中国不断完善主体多元、形式多样的奖学金体系与社会化、专业化来华留学服务体系，加大对丝路青年的吸引力，全力打造全球人才吸纳高地，稳居亚洲第一大、世界第三大留学目的地国。共建国家来华留学生占中国本科院校留学生总数的 60%，共建国家来华留学博士生占全部来华留学博士生总数更是接近 75%。据西安交通大学课题组调查显示，国际学生选择来华留学的三大重要动因依次是中国的全球影响力、中国的教育水平、中华文化吸引力。

值得关注的是，中国高校普遍将来华留学教育作为中外文明交流互鉴的重要窗口，用来华留学生容易接受的方式开展深层次、多样化、重实效的文化交流活动和实践课程学习，共同打造留学中国和游学中国两大教育品牌，让来华留学生在中国的田间地头和大街小巷，把在华所学所思与中国社会实际相结合，"亲眼所见、亲耳所闻、亲身经历"中国之治，深刻感受中国式现代化道路的澎湃活力。

案例 2.13

感知中国：增进丝路青年留学生对中国的了解[①]

　　2023 年 11 月，中国国家留学基金管理委员会在北京大学举办"感知中国"十周年特别活动，来自 12 所高校的中国政府奖学金生通过讲述、访谈、舞台剧、情景展示、歌舞等形式，分享他们的收获和体会。中国国家留学基金管理委员会自 2013 年起，为赴华留学生举办 500 多场"感知中国"社会实践与文化体验系

---

　　①　本案例数据和资料来源：张博岚：《感知中国　增进友谊（"留学中国"故事）》，《人民日报》2024 年 4 月 1 日。

列活动，参与学生超过 3.5 万人，旨在让广大留学生走进中国的各级政府、社区、企业和乡村，深入了解中国的社会治理、经济建设和科技发展。

北京大学泰国留学生诺鲁布拉在中国学习生活 13 年，去过中国 30 多个城市走访调研，在海外社交媒体发布 100 多个视频作品。诺鲁布拉曾到广西柳州市鹿寨县的朋友家中，对中国乡村生活沉浸式体验，早上 7 点起床喂鸡、给地里浇水，9 点打理果树，11 点准备午饭，下午逛逛集市，晚上和朋友一家或围着暖炉追剧聊天，或在村里散步休闲。他制作的"开启中国乡村体验，没想到会是这样？"等系列视频吸引 20 多万人次观看。

天津工业大学萨摩亚留学生安雅的 8 个兄弟姐妹中有 4 个曾在中国留学，她说："我的哥哥姐姐经常和我提起中国，对中国的向往从小就在我心里扎下了根，我想成为萨摩亚和中国之间的文化桥梁，让更多萨摩亚人认识中国、了解中国。"在参加留学中国"云"合唱团的一次活动中，她萌生创作歌曲《梦想之路》的想法，并和合唱团伙伴迅速行动，写词、作曲、拍摄音乐短片，表达对共建"一带一路"的美好祝福。

埃塞俄比亚留学生努比亚的梦想是成为机械工程师，当发现家里的电器产品都印着"中国制造"，街上的许多高楼大厦都是由中国企业帮助建造时，去中国求学的种子在他心中扎根发芽。努比亚申请了吉林农业科技学院的机械电子工程专业留学生。留学中国让努比亚发现，要成为复合型应用人才，还需要学习语言文化等相关知识，而后又申请中国教育部的国际中文教师奖学金，到浙江师范大学攻读汉语国际教育专业。努比亚认为，共建"一带一路"是"你有的东西你给我，我有的东西我给你"，中国是真心帮助非洲，中国为推动非洲乃至全球发展所作的贡献有目共睹。

案例 2.14

"我与中国的美丽邂逅"品牌项目：来华留学生向世界讲述中国故事，传播中国声音①

2024 年 4 月，由中国教育部国际合作与交流司指导、教育部留学服务中心主办的 2024 "我与中国的美丽邂逅"来华留学生系列活动在北京召开。值得关注的是，2023 年 "我与中国的美丽邂逅"征文暨短视频大赛颁奖仪式同期召开，吸引 800 余名来华留学生通过文字、视频等形式参赛。为丰富国际学生在华体验，增进各国青年交流，中国教育部于 2017 年设立"我与中国的美丽邂逅"品牌项目，共吸引上百个国家和地区的 6000 余名来华留学生积极参与，成为来自不同国家、在不同高校学习的来华留学生谈感受、诉真情、话友谊的平台。这些同学或组成留学中国"云"合唱团，或结伴走进中国特色乡村，成为中国故事的讲述者、中国声音的传播者、中外友谊的缔造者。

北京大学孟加拉国留学生周凯比怀着对中国的好奇和对未来的憧憬，来到中国已经 13 年。他说："北京有悠久的历史、丰富的文化，我认识了一群可爱的朋友，他们带我探索这座城市、这个国家，也让我领略到了中国独具魅力的传统文化，不仅被这些穿越千年的古老文化所折服，也为中国的飞速发展和先进科技而惊叹。我参加了国际医疗援助行动，在帮助其他国家的同时，我也在尽最大努力传递中国声音，向世界讲好我看到的美丽中国。"

在哈尔滨工程大学泰国留学生陈佩瑜的印象里，当今的中国

---

① 本案例数据和资料来源：神州学人网：《2024 "我与中国的美丽邂逅"来华留学生系列活动发布仪式在京举行》，2024 年 4 月 15 日，见 http://www.chisa.edu.cn/news/lunbo/202404/t20240415_2111180910.html；周凯比、陈佩瑜：《"一带一路"共建国家来华留学生讲述——我与中国的美丽邂逅》，《中国教育报》2023 年 10 月 18 日；甄文：《了解中国 热爱中国》，《人民日报（海外版）》2024 年 4 月 19 日。

并不是步履沉重的"老爷爷",而是风华正茂的"新时代新青年"。陈佩瑜在日常学习和生活中感受中国的发展,感慨华夏文明的神奇与博大,她说:"越来越多的年轻人被曲艺表演所吸引,通过观看德云社相声演员的表演,我的汉语有了很大进步。当下很多流行音乐加入京剧元素(戏腔),也使更多人认识京剧。"

浙江大学马来西亚留学生傅芷莹通过豆瓣、微博等社交媒体平台,时刻关注着中国的时事热点和人们的日常生活。她说:"'向上攀登,向下扎根'是我留学中国所交出的答卷,也是我通往灿若星辰的道路。我爱中国的文字,它们承载着丰富的文化信息。我爱唐诗宋词,也爱现代诗歌,它们曾在我遇到困难时给予我坚持下去的勇气和力量。"

三、"一带一路"专门教育机构人才培养工作稳步推进

(一)"一带一路"高校战略联盟组织开展系列人文交流活动

《共建"一带一路":构建人类命运共同体的重大实践》白皮书明确提出,共建国家充分发挥"一带一路"高校战略联盟等示范带动作用,深化人才培养国际交流合作。自 2015 年以来,有关机构已组建 60 多个高校战略联盟,覆盖教育学、经济学、工学、农学等学科以及航天、水利、环境、食品等领域。与环太平洋大学联盟、21 世纪大学联盟、欧洲大学联盟等多国协商共建的区域性联盟不同,"一带一路"高校战略联盟由中国主要倡导和发起,带动共建国家高校共同推动高等教育发展并共享合作成果。

"一带一路"建筑类大学国际联盟以"一带一路"历史建筑保护更新与活化利用为主题,组织 2024"一带一路"国际大学生数字建筑设计竞赛,引导各国大学生开展历史建筑文化遗产保护、历史文化城区与建筑绿色改造、遗产文化传承等项目,展示并提升当代大学生的创新能力和综合素质,并以此促进联盟成员间教育、科学、文化领域的深层次交流合作。

2023 年 12 月，中俄同类大学联盟工作写入《中俄总理第二十八次定期会晤联合公报》。中俄同类大学联盟由 13 个以学科或地域分类的大学联盟组成，双方参与院校达 700 余所，是目前世界上规模最大的高等教育交流合作网络，为深化中俄人文交流作出积极贡献。2024 年 4 月，在中国教育部中外人文交流中心支持下，由对外经济贸易大学与俄罗斯圣彼得堡国立经济大学联合主办的第二届中俄同类大学联盟工作会议在三亚学院召开。

2023 年 11 月，由重庆市人民政府主办的"一带一路"大学科技合作联盟成立会议在重庆举行。联盟由重庆大学发起成立，首批成员单位包括中国、埃塞俄比亚、白俄罗斯、蒙古国、文莱、黑山、摩洛哥、南非、马来西亚等共建国家的 12 所高校。另外，重庆大学已与 40 个国家和地区的 300 余所高校、研究机构建立合作关系，拥有各类国际科技合作平台近 20 个，为"一带一路"国际科技合作作出重要贡献。

（二）"一带一路"专门教育机构成为丝路青年人才培养的主阵地

目前，中国有关部门、高校已成立数十所以"一带一路"相关名词冠名、针对性开展丝路青年人才培养的专门教育机构，作为中外合作办学、境外办学、留学生教育、青年人才培养的承载主体，一大批通晓共建国家国情、满足市场需求、具有全球视野的丝路青年学子学成后活跃在共建"一带一路"的事业中。

2023 年 10 月，历经三年筹备建设，浙江大学"一带一路"国际医学院新校园启用。2024 年 1 月，浙江大学"一带一路"国际医学院举办首届"一带一路"国际青年学者论坛，盛邀上百名全球优秀青年学者和高层次人才探讨学术热点。浙江大学"一带一路"国际医学院是由义乌市人民政府出资，浙江大学负责办学和管理的二级学院，旨在打造国际化、高水平、研究型特色的高等医学教育机构，培育一流医学科学家和健康行业领导者。2024 年 4 月，浙江大学"一带一路"国际医学院首次举行校园开放日，有志入读的海外学生及家长参加参观校园、招生宣讲、在读生交流等活动。

2022 年 4 月 25 日，习近平总书记在中国人民大学考察时强调，传播中国声音、中国理论、中国思想,让世界更好读懂中国,为推动构建人类命运共同体作出积极贡献。① 作为中国共产党亲手创办的第一所新型正规大学,中国人民大学在苏州校区创办丝路学院,面向共建"一带一路"国家招收硕士研究生,是首家在"双一流"建设高校中以"丝绸之路"元素冠名的学院。丝路学院发挥长三角区位优势,组织大量实地参访活动,让学生零距离接触政府机关、企事业单位的运作,见证中国创造的"发展奇迹"。丝路学院开发的"中国国情与发展"等课程,帮助国际学生深入了解中国奇迹背后的特殊经济社会背景和独具特色的发展道路。"丝路·思享工作坊"是丝路学院第二课堂的重要项目,国际学生能以"求同存异"的开放心态去理解和接受不同的文化。另外,丝路学院定期举办"丝路研究生学术论坛",为学生提供分享交流的平台。

"一带一路"税收征管合作机制是第一个由中国主导建立的国际税收征管合作平台,成立五年来,从亚欧大陆延伸到非洲、大洋洲和拉美,共有 36 个理事会成员、30 个观察员、20 个联盟成员、14 个合作方,成为共建"一带一路"倡议下具有重要影响力的多边税收合作平台。合作机制相继在中国扬州、北京、澳门,哈萨克斯坦阿斯塔纳,沙特阿拉伯利雅得五地建成五所"一带一路"税务学院,开发《"一带一路"税收征管能力促进联盟课程体系 1.0 版》,内容覆盖税收制度、税收征管及数字化、税收营商环境及纳税服务、税收合作四个主题,举办线上线下培训 90 余期,培训来自 120 多个国家(地区)的数千名青年财税官员。

四、国际中文教育爆发式增长

随着中国对外开放步伐持续迈进,综合国力不断提升,全球"中国热""中文热"日益升温。比如,在柬埔寨,中文学习者呈现低龄化趋势,中文教师成为最"吃香"的职业之一;在越南,中文系学生招收数量呈十

---

① 《习近平在中国人民大学考察时强调　坚持党的领导传承红色基因扎根中国大地　走出一条建设中国特色世界一流大学新路》,《人民日报》2022 年 4 月 26 日。

倍增长，而目前适合学习中文的场所只能满足当地需求的三成；在沙特，政府将中文作为第二官方外语纳入教学课程，在该国公立和私立中学开展中文教学，每周开设两节中文课。

在中外各界的共同努力下，随着共建"一带一路"合作持续推进，全球已有 190 多个国家开展中文教育，8 万多所大中小学及各级各类教育机构开设中文课程，全球除中国外正在学习中文的人数超过 3000 万，累计学习和使用中文的人数接近 2 亿。尤其是现在更多丝路青年将中文作为自己未来职业发展的一项重要技能进行培养，而非抱着"觉得有趣"的心态"试试看"。与此同时，中国坚持以语言教学服务职业发展、促进个人发展为导向，以培养既懂中文又掌握职业技能的新型人才为目标，组织实施"中文＋职业教育"，在海外 19 国设立 26 家中文工坊，开设经贸、旅游、高铁、电子商务、物流等职业领域的特色中文课程。

2023 年 12 月，2023 世界中文大会专项论坛之一的首届世界青年汉学家论坛在北京召开，来自美国、俄罗斯、泰国、喀麦隆、哥伦比亚等国的青年汉学家齐聚一堂，围绕"文明互鉴的新纽带"主题展开交流对话。2023 年是中国教育部中外语言交流合作中心"新汉学计划"实施十周年，先后为 90 多个国家的 800 余位青年汉学家提供来华攻读博士学位或开展研修学习的机会。

2024 年 4 月，以"中文：架起文明互鉴桥梁"为主题，联合国教科文组织总部、联合国中国书会、中国驻外使领馆、海外中文教育机构、中外学校等举办多种多样的庆祝活动，与全球中文学习者、中国文化爱好者共庆"国际中文日"。4—5 月，上海合作组织国家、海合会国家等"汉语桥"青年学生春令营在中国多地举行。"汉语桥"是中国教育部中外语言交流合作中心推出的语言和人文交流重要品牌项目，20 多年来累计吸引 150 多万名各国青少年参加中文比赛，接待 26 万名学习中文的各国青少年短期来华研学交流，成为名副其实的语言之桥、文化之桥、心灵之桥和友谊之桥。5—6 月，第 23 届"汉语桥"世界大学生中文比赛在英国、安哥拉、厄瓜多尔、以色列和波黑等国举行，选手们通过唱歌、跳舞、脱口秀等不同形式的才艺表演，展示他们对中文及中国文化的理解和热爱。

第三节 国际组织、青年组织和民间组织推动 青年人文交流的新进展

一、中国共产主义青年团、中华全国青年联合会服务中国特色大国外交，中国青年的对外交往平台不断拓展

中国共产主义青年团、中华全国青年联合会在习近平外交思想的指引下，时刻牢记习近平主席关于加强中外青年交流的重要要求，围绕中国共产党和中国的对外工作大局，深入实施中国青年全球伙伴行动，累计开展国际青年交流项目（活动）500 余个，与 200 多个国外青年组织和国际机构建立交流合作关系，为推动构建人类命运共同体凝聚起全球青年力量。

2024 年 5 月，在中国—阿拉伯国家合作论坛成立 20 周年之际，国家主席习近平出席中国—阿拉伯国家合作论坛第十届部长级会议，并在开幕式主旨讲话中提出："我们将继续同阿拉伯朋友一道，弘扬中阿友好精神，团结共创未来，让构建中阿命运共同体的大道充满阳光！"[①]习近平主席的讲话在阿拉伯国家青年中引发热烈反响。中阿合作有着鲜明的青春底色，在 2022 年中方提出的"八大共同行动"中，有一项是"青年成才共同行动"。2023 年 11 月，由中华全国青年联合会主办的首届中阿青年发展论坛在海南举行。中国通信服务股份有限公司沙特分公司客户经理阿卜杜拉·阿里·巴拉维的观点代表了阿拉伯青年的心声："中阿合作机制高度重视青年成长成才，富有远见卓识，阿拉伯青年不仅能获得优质教育和专业技能，还能增进对中国的了解，培养全球视野，也为未来中阿合作奠定坚实基础。"迪拜公关公司 ASDA'ABCW 对 18 个阿拉伯国家的 3600 名 18—24 岁青年开展民意调查，80% 的受访者认为中国是他们所在国家的"盟友"，位居友好国家前列，越来越多阿拉伯青年将中国视为真诚、友

---

① 习近平：《深化合作，继往开来：推动中阿命运共同体建设跑出加速度——在中阿合作论坛第十届部长级会议开幕式上的主旨讲话》，人民出版社 2024 年版，第 7 页。

爱、可信赖的朋友。①

2024 年 5 月，在"中俄青年创业孵化器"交流项目框架下，由中华全国青年联合会、俄罗斯青年事务署主办的中俄青年企业家圆桌会议暨中俄青年创意产业对话在黑龙江省哈尔滨市举办。作为第八届中俄博览会的配套活动，会议以庆祝中俄建交 75 周年和中俄文化年为契机，围绕文化创意、经贸发展等领域开展。中华全国青年联合会围绕共建"一带一路"、青年创新创业、青年发展等主题，在历届中俄博览会期间均举办中俄青年企业家务实交流活动。中俄青年创业孵化器交流项目由中华全国青年联合会支持，中国国际青年交流中心、俄罗斯青年联盟共同主办，是中俄人文交流机制框架下的创新型青年人文交流项目。

2024 年 5 月，为落实《中国—中亚峰会西安宣言》关于加强青年交流合作的有关内容，由中华全国青年联合会主办的 2024 "未来之桥"中国—中亚青年领导人研修交流营在新疆、陕西等地举办，中国和中亚五国青年深入企业、博物馆、社区等参观考察。同期，中国—中亚青年发展对话会在陕西西安举行，来自相关国家青年事务部门和青年组织负责人，经济、科技、媒体领域青年代表，中亚五国在陕留学生与陕西省各界青年代表，围绕"加强青年合作、共促绿色发展"主题进行对话交流。土库曼斯坦"马赫图姆库里"青年组织中央委员会数字系统和信息安全部主管别赫穆哈梅特·梅列多夫表示，中亚国家和中国互为友好邻邦和战略伙伴，对话会将六国青年人相聚在一起，有助于巩固传统友谊，凝聚地区发展合力。

2024 年 7 月，2024 年金砖国家青年峰会在俄罗斯乌里扬诺夫斯克市举行。来自 10 个金砖国家的 200 余名青年代表围绕"科技创新""教育、培训和技能""社区服务与志愿工作""创业""健康与体育"等议题展开深入讨论，并形成《2024 年金砖国家青年峰会宣言》。金砖国家青年峰会配套活动包括金砖国家青年理事会、青年部长会议、交流研讨会等，于 2015 年首次举办，作为金砖国家合作框架下青年领域的机制化活动，为

---

① 《阿拉伯青年：中国是可信赖的朋友》，《人民日报（海外版）》2023 年 7 月 11 日。

相关国家青年交流搭建平台。此次峰会是金砖国家扩员后的首次青年峰会，由 2024 年金砖国家轮值主席国俄罗斯主办。俄罗斯外长拉夫罗夫表示，金砖国家青年峰会深化了金砖战略伙伴关系，增进了各国青年之间的相互信任和相互理解，相信青年一代将在金砖合作各领域继续贡献力量。

2023 年 11 月，主题为"创新驱动发展 青年共创未来"的第二届"一带一路"沿线城市青年发展国际会议在江苏省连云港市召开。本次会议由中华全国青年联合会指导，中国共青团江苏省委、江苏省人民政府外事办公室、江苏省青年联合会、连云港市人民政府等共同主办，中国、俄罗斯、白俄罗斯、格鲁吉亚、哈萨克斯坦、韩国、吉尔吉斯斯坦、老挝、蒙古国等共建国家青年组织代表、青年企业家、青年学生出席，举行"互联互通·共享未来"主旨演讲、"一带一路"科技创新成果对话会、新亚欧陆海联运通道青年企业家投资交流会、"一带一路"沿线城市青年组织圆桌会议及"一带一路"国际人才考察活动，成立"一带一路"城市青年组织合作联盟、"一带一路"跨境电商国际青年人才培训基地。

案例 2.15

2023 年世界青年发展论坛：世界青年携手行动，凝聚创新发展共识 ①

2023 年 10 月，由中华全国青年联合会和世界青年发展论坛组委会主办，中国国家国际发展合作署特别支持，国际劳工组织、联合国粮农组织、联合国教科文组织、联合国儿童基金会、联合国开发计划署、联合国人口基金、联合国防治荒漠化公约、联合国人居署、联合国驻华系统共同支持的 2023 年世界青年发展论坛召开，100 多位中外嘉宾和 130 多个国家的 2000 多名青年代表通过线上线下方式参加。本届论坛以"青年团结行动、创

---

① 本案例数据和资料来源：中国青年报客户端：《2023 年世界青年发展论坛开幕式和全体会议在京举办》，2023 年 10 月 30 日，见 http://news.youth.cn/gn/202310/t20231030_14877835.htm；陈凤莉等：《2024 年世界青年发展论坛系列交流活动成功举办》，《中国青年报》2024 年 8 月 19 日。

新驱动发展"为主题，分设"青年数字发展""青年发展型城市""青年文化创新""应对气候与粮食危机"四个主题论坛。

论坛现场，全球青年发展行动计划首批 100 个典型项目清单公布并举办博览会，揭幕世界青年发展论坛专项公益基金，启动全球发展青年先锋奖学金，发布《青年共同行动北京宣言》，配套举办"筑梦丝路"青年发展计划海外项目成果展。

全球青年发展行动计划博览会以"青年化、国际化、可复制"为理念，通过实体展、高校巡展和云展厅三种载体，全面呈现全球青年发展行动计划首批典型项目，生动展示各国青年以实际行动落实全球发展倡议和联合国 2030 年可持续发展议程的实践成果。国际青年研究伙伴计划相继发布，面向全球青年研究团队征集乡村振兴、数字技术赋能、科技创新、绿色发展、国际合作伙伴关系、文明互鉴等领域研究课题。

青年发展型城市主题论坛以"青年与城市协同发展"为主题，聚焦"城市对青年更友好、青年在城市更有为"的发展理念，与会嘉宾围绕青年教育、青年文化、青年创新和城市规划、城市更新、城市环境等诸多同青年密切相关的议题深入研讨，发布《青年发展型城市建设深圳倡议》。"青城市集"青年发展型城市交流展同步举办，42 个城市以青年可体验、易参与的方式布展，共同营造青年和城市双向奔赴的良好氛围。

青年文化创新主题论坛以"通过青年创新丰富文化多样性"为主题，为促进世界文明交流互鉴，鼓励青年续写人类文明凝聚青年共识、倡导青年行动，发布"世界青年思想状况丛书"和"世界青年文学专刊"全球征集计划，启动青年文化大使"知行中国"研学计划。

应对气候与粮食危机主题论坛特别安排青年对话会、"电梯演讲"环节，邀请各国青年各抒己见，展示不同领域、不同行业、不同年龄的青年在生态文明建设方面的努力和贡献。论坛举办第十届、第十一届母亲河奖表彰仪式，邀请奋战在生态环境保护一线的基层青年代表到会领奖。论坛最后,17 名中外青年用 17 根用循环材料 3D 打印的接力棒,依次点亮联合国 17 项可持续发展目标。

另外,2024 年 8 月,2024 年世界青年发展论坛系列交流活动举办,来自 130 余个国家、20 余个国际组织的约 500 名各国青年部长、青年领袖、各界青年代表现场参加主题为"青年共建美好未来"的主论坛开幕式和全体会议,并分别加入亚欧青年领导人交流营、中国—东盟青年营、中国—中东欧青年研修交流营、全球发展青年先锋交流营,前往杭州、南宁、重庆、长沙参加青年发展型城市、绿色发展、数字发展、文化传承与创新主题论坛。其间,与会青年还参加"未来峰会"青年圆桌会、奥运青春汇、全球文明倡议国际青年讲堂、中非青年创新创业圆桌会等 50 多场专题交流活动。

二、民间组织积极参与"一带一路"青年交流

民间组织是推动经济社会发展、参与国际合作和全球治理的重要力量。在高质量共建"一带一路"新的金色十年开局之年,中国民间组织国际交流促进会等枢纽型组织作用进一步凸显,结成"丝绸之路沿线民间组织合作网络",通过举办论坛、开展培训等方式从事多样化青年交流;有关民间组织坚持量力而行、尽力而为,聚焦重点工作,精准投入资源,集中围绕重要方向、主要领域、重点国家、关键群体,配套实施高标准、可持续、惠民生的"小而美"项目,助力消除贫困、增加就业、改善民生,推动丝路青年民意相牵、民情相融、民心相通。

2024 年 3 月,丝路青年共话文明交流会以线上线下相结合的方式在北京举行。交流会主题为"贡献青春力量,共促文明对话",由中国民间组织国际交流促进会、中国志愿服务联合会、北京丝绸之路合作与发展促进会联合主办。与会共建国家留学生、青年学者、青年志愿者共同发布

《丝路青年共同落实全球文明倡议行动宣言》，倡议丝路青年要积极响应全球文明倡议，做文明交流互鉴的使者，为建成"文明丝路"汇聚青年智慧，贡献青年力量。

2024年5月，2024年联合国民间社会会议在肯尼亚首都内罗毕召开，中国民间组织国际交流促进会、中国国际民间组织合作促进会等机构合作举办"为下一代创造更美好未来"主题边会及"应对气候变化的青年力量"图片展，来自亚洲、非洲、欧洲、北美、南美的多国民间社会组织参加上述边会和观看图片展。出席边会的中外嘉宾就保护儿童和青少年权利、促进世界青年交流与合作等分享经验及成果，为联合国"未来峰会"积极建言献策。2024年联合国民间社会会议汇集来自全球2750个民间社会组织、部分国家政府及联合国机构代表共4000余人参加，重点围绕联合国未来峰会（2024年9月在纽约举办）开展。

2024年5月，由中国人民对外友好协会和中国东盟协会共同主办的第十届中国—东盟青年精英交流节在广西南宁召开。东盟国家青年代表走入广西，与中国青年围绕"青年携手，共筑未来"活动主题，为构建更加紧密的中国—东盟命运共同体发出青年声音。闭幕式上，来自东盟国家和广西高校的青年学生呈现精彩纷呈的交流演出，同唱中国—东盟人文交流年主题曲《等你来》。中国—东盟青年精英交流节自2013年举办以来，为两地近千名青年搭建友好交流、互学互鉴、共同成长的桥梁，谱写相知相亲的青春佳话。

案例 2.16

丝路青年论坛：开启"一带一路"青年民间交往新十年新篇章 ①

丝路青年论坛是专注服务于"一带一路"建设的青年国际交流平台，自2017年9月在北京成功举办以来，以"团结、友谊、进步"为宗旨，每年举办年会及主题论坛、圆桌对话会，开展

---

① 本案例数据和资料来源：丝路青年论坛（张红霞、黎川编写）。

国际交流合作，组织相关课题研讨等活动，向丝路青年传播"丝路精神"，激发丝路青年参与"一带一路"建设的热情、干劲和创造力，组织和号召丝路青年为构建人类命运共同体贡献青春力量。

截至目前，中国的全国人大常委会副委员长、全国政协副主席，以及尼泊尔副总理、尼泊尔驻华大使、多米尼克驻华大使、塞拉利昂驻华大使、白俄罗斯驻华公使、科摩罗驻华大使等 100 多位领导作为嘉宾出席丝路青年论坛相关活动和项目。

在高质量共建"一带一路"新的金色十年开局之年，丝路青年论坛贯彻落实习近平主席关于共建"一带一路"的重要讲话精神，积极落实第三届"一带一路"国际合作高峰论坛有关部署，举办丝路青年年度论坛、主题论坛、座谈会、对话会等系列活动，积极开展丝路大讲堂、出版《丝路百科》杂志、召开丝路商旅文化展览、文化艺术交流、文化遗产传承等文化传播活动，参与"一带一路"青年民间外交活动，通过丝路国际智库建言献策，动员更多丝路青年参与共建"一带一路"，取得了良好的社会效益，成为民间组织参与高质量共建"一带一路"的重要力量。

2024 年 1 月，由丝路青年论坛、北京语言大学世界汉学中心主办的丝路青年论坛·南亚合作会议暨"丝路名城"推介系列活动在尼泊尔加德满都举行。尼泊尔副总理兼内政部长施雷斯塔，中国驻尼泊尔大使馆经商参赞谢宇，尼泊尔提米市副市长比贾亚，丝路青年论坛副主席兼秘书长、丝路百科杂志社执行社长杨东平，以及来自中国、尼泊尔、印度、不丹、斯里兰卡、巴基斯坦、孟加拉国等国的专家学者、青年代表等 150 余人出席会议。比贾亚副市长通过宣传视频和现场介绍的方式，对中尼公路沿线的提米古城的文化遗产项目、丰富的节庆活动、古老的传统生活方式、特色手工艺品等作了充分推介。施雷斯塔副总理表示，丝路青年论坛·南亚合作会议是希望与合作的灯塔，体现了尼泊尔和中国之间的持久友谊、发展合作取得的进步以及文化交流、青年交流的丰富内涵；丝路青年论坛是交流合作的催化剂，为青年提供了一个有意义的平台进行对话、分享经验、探索合作，尼泊尔和中国的年轻人将携手实现面向发展与繁荣的共同目标。

2024 年 1 月，丝路青年论坛副主席兼秘书长、丝路百科杂志社执行社长杨东平，中尼媒体协会主席杜鲁巴·鲍德尔，中尼文旅促进会副主席盖根·比斯塔，印度报纸和记者协会主席帕文·古普塔，尼泊尔国家馆负责人李欢等一行专程拜访尼泊尔众议院议长吉米雷。吉米雷表示，尼中两国是世代友好、互尊互信、互学互鉴的好朋友，近年来，尼中在经济、文化、交通等方面不断深化沟通与合作。青年发展与国家发展息息相关，并对丝路青年论坛多年来为青年交流交往作出的努力表示认同与赞许。希望今后通过丝路青年论坛不断扩大人文交流、促进民心相通，通过《丝路百科》杂志更好宣传尼泊尔风土人情、历史文化等，推动两国青年携手实现面向未来与发展的共同目标。

2024 年 2 月 12 日、中国春节的正月初三，由丝路青年论坛、泰国兰塔纳功欣皇家理工大学主办，四川丝路青年文化发展集团公司和兰塔纳功欣皇家理工大学博昌艺术学院承办的"中泰一家亲　欢乐中国年"中泰文化交流联谊活动隆重举行，中泰青年共话中泰友谊，共度新春佳节。出席的领导及嘉宾有泰国前副总理、泰中文化促进委员会会长披尼·札禄颂巴，丝路青年论坛副主席兼秘书长杨东平，兰塔纳功欣皇家理工大学校长吴董伟·柴萨库凯特，曼谷中国文化中心主任阙小华等。泰国师生精心编排的舞狮、舞龙、古筝表演、泰国舞蹈等节目不乏中国风，热烈喜庆，韵味十足，川剧演员表演的折子戏获得现场热烈喝彩和经久掌声。

2024 年 3 月 8 日，丝路青年国际劳动妇女节座谈会在中国大饭店召开。来自法国、德国、埃及、加纳、牙买加、印度、冈比亚、贝宁、芬兰、尼日利亚、塞拉利昂、多米尼克、马拉维、莱索托、南非、菲律宾、赞比亚、马尔代夫等国家的各界妇女代表和中国妇女代表欢聚一堂，共同庆祝全世界劳动妇女共同的节日，并围绕"女性在'一带一路'建设新十年发展中的作用"话题展开热烈讨论。代表们表示：面对压力和挑战，女性自有坚强不屈的韧性，长袖善舞的独有魅力；面对机遇和希望，女性更有砥砺奋斗的意志，美艳曼妙的境界追求。

第四节　丝路青年参与 "一带一路" 新媒体和智库合作的新进展

一、短视频成为丝路青年交流交往的重要媒介

近年来，全球短视频发展迅猛，短视频平台成为覆盖面最广和影响力最大的新媒体及互联网商业新基建。《中国网络视听发展研究报告（2024）》显示，截至 2023 年末，中国网络视听用户规模达 10.74 亿，网民使用率为 98.3%，抖音月活跃用户规模达 7.61 亿，快手月活跃用户规模达 4.46 亿，微信视频号月活跃用户超过 8 亿。中央电视台推出的系列短视频节目"丝路画卷·青年说"，海外网推出的多期短视频纪录片"丝路青年说"，中国青年网推出的"一带一路"青年故事会系列专题短视频节目，邀请了一大批丝路青年讲述共建"一带一路"。另外，许多丝路青年创作的短视频作品以多元角度记录共建"一带一路"的一线工作、感人瞬间和难忘时刻，讲好青年一代民心相亲、交流互鉴、团结协作的丝路故事，在国内外视频及社交媒体平台推出后，引起海内外网友的关注与探讨。

2023 年 10 月，由中国外文局、河南省人民政府新闻办公室联合主办的第五届"第三只眼看中国"国际短视频大赛颁奖典礼系列活动在河南郑州举行，颁出年度单元"郑州奇妙游"、主题单元"行走河南·读懂中国"和"行至世界，发现中国""身在中国，记录你我""宜居城市，美丽乡

村""食见中国，吃遍全球"共 6 个单元的获奖作品。"第三只眼看中国"国际短视频大赛已连续举办五届，各国青年博主创作大量有思想、有温度、有品质的短视频作品，讲述鲜活、生动、多样化的中国故事，成为集外语短视频创作、年度大赛、主题赛、创享会、专题展映、合拍联盟等于一体的"第三方视角叙事"国际传播品牌。

2023 年 12 月，第三届"读懂中国·新青年看中国"中外短视频征集展播表彰典礼在广州举行。本届活动设置"我身边的全过程人民民主""如何理解中华文明""你在中国的奇妙时光""人与自然和谐共生""大湾区的美好生活"五个主竞赛单元，面向全球青年共征集到短视频作品 1568 部。经过专家评审委员会初筛、初评，评选出兼具艺术特色、学术品格、传播效能，并具有行业、地区、国别、风格代表性的获奖作品 59 部，入围作品 40 部。这些作品紧扣时代发展脉搏，以影像之力量展现可信、可爱、可敬的中国形象。"读懂中国·新青年看中国"中外短视频征集展播活动由中国国家创新与发展战略研究会、《国家地理》杂志社联合央视网·秧纪录、北京师范大学艺术与传媒学院、中国纪录片网、"纪录中国"栏目组共同组织实施。

2024 年 4 月，第二届"丝路正青春·风采看福建"外籍友人短视频征集大赛获奖名单公布。本届大赛由福建省人民政府外事办公室、福建省人民政府新闻办公室、中央广播电视总台国际在线共同主办。自 2023 年 7 月启动以来，来自英国、美国、德国、法国、俄罗斯、泰国、马来西亚、波兰、印度尼西亚、利比里亚、坦桑尼亚、菲律宾、柬埔寨、越南、摩洛哥等 20 多个国家的青年博主踊跃投稿，涵盖"创新创造""民生幸福""生态发展""丝路融通""文化赓续""乡村振兴"等多个主题内容。

2024 年 6 月，第一届"'青'连丝路"短视频创作征集活动发布评审结果。本次活动由中国公共关系协会、陕西省委宣传部指导，西安交通大学、中国教育电视协会、丝绸之路大学联盟联合主办，组织线上作品征集、线下颁奖论坛、全媒传播推广等系列活动，来自中国、美国、俄罗斯、哈萨克斯坦、巴拿马、澳大利亚、摩洛哥等 20 多个国家和地区的青年创作者积极参与，共提交超过 200 部高质量作品。

案例 2.17

第四届中国—东盟友好合作主题短视频大赛：拓展视听传播"朋友圈"①

2024 年 3 月，由中国驻东盟使团、缅甸常驻东盟使团、东盟秘书处、中国外文局、中国外交部亚洲司、中国国家广播电视总局国际合作司、广西壮族自治区人民政府新闻办公室联合主办的第四届中国—东盟友好合作主题短视频大赛颁奖典礼系列活动在广西举行，来自中国和东盟国家的主管部门代表、东盟国家驻华使节、主流媒体代表、青年代表等嘉宾出席活动。本届大赛以"心心相连·筑梦未来"为主题，共征集作品 2 万余件，配套开展大赛主题标识征集活动、中国—东盟短视频创作传播计划，相关话题在海内外新媒体平台展示量近 2500 万次，触达 600 余万东盟受众，各方携手为中国—东盟友好合作留声存影，深化中国—东盟"Z 世代"互学互鉴。

在中国—东盟短视频达人创享故事会上，主办方邀请柬埔寨巴戎电视台、广西日报社东盟报道部、中国中铁印尼雅万高铁项目经理部代表及中国、越南、印度尼西亚、菲律宾等国的青年短视频博主，围绕数字媒体技术赋能、企业形象国际传播和短视频创作经验等议题交流。越南作品《越南姑娘的诗词梦》获得唯一金奖，短视频讲述一名越南留学生前往中国成都追寻李白足迹、激励自己实现梦想的故事，展现越南留学生的中国诗词文化情结。

另外，来自中国、越南、柬埔寨、印度尼西亚和菲律宾的"Z 世代"短视频创作者赴南宁、钦州等地，开展"情系东盟·缘聚八桂"中国—东盟短视频达人广西采风活动，亲身体验广西多姿多彩的文化魅力和开放发展的壮美图景。

---

① 本案例数据和资料来源：冯辉：《拓展视听传播"朋友圈"繁荣世界文明"百花园"——第四届中国—东盟友好合作主题短视频大赛颁奖典礼系列活动侧记》，《广西日报》2024 年 3 月 29 日。

二、智库和研究机构为丝路青年学术研究和交流搭建舞台

智库作为公共外交的重要主体，在共建"一带一路"政策沟通、民心相通方面的作用日趋凸显，是推动"一带一路"高质量发展的重要力量。而共建"一带一路"的需求、努力与实践又推动各类智库的交流合作。在高质量共建"一带一路"新的金色十年开局之年，有关智库构建双边多边合作机制，积极培养青年学者，鼓励青年学者主持和参与联合研究、对话、论坛和学术成果出版。

2023 年 10 月，中国传媒大学和安徽师范大学联合主办的"人类命运共同体·国际智库论坛（2023）"在安徽芜湖举办，来自 15 个国家高校、智库和研究机构的主要负责人、知名专家、青年学者，围绕"人类命运共同体与'一带一路'"作主题发言。该论坛是中国传媒大学人类命运共同体研究院发起的国际高端学术活动。

2024 年 4 月，由中国国际发展知识中心举办的"一带一路"国家智库人才培养研修班在北京举行，来自阿富汗、克罗地亚、伊拉克、尼日利亚、塞尔维亚、斯里兰卡、乌兹别克斯坦、越南等 8 个共建国家的政府官员和青年智库学者参加。研修班以与各国研究和交流适合各自国情的发展理论和发展实践为主线，围绕中国式现代化、"一带一路"倡议、全球发展倡议等专题，研讨交流中国在减贫、工业化、基础设施、产业园区等领域的发展成就和经验。学员们表示，"一带一路"倡议从理念到实践内涵都十分丰富，回国后会继续深入研究阐释"一带一路"倡议，为本国更好参与"一带一路"国际合作提供参考。

2024 年 5 月，由当代中国与世界研究院和牛津大学新学院联合主办的国际青年互学互鉴中心启动仪式暨中英青年互学互鉴对话会在英国牛津大学举行。作为"国际青年领袖对话"项目① 框架下在海外成立的首个国

---

① "国际青年领袖对话"项目由当代中国与世界研究院和全球化智库共同发起，旨在为不同文明、不同国家、不同领域的国际青年搭建交流思想、互学互鉴、增进友谊的对话平台。2021 年 8 月，国家主席习近平给"国际青年领袖对话"项目外籍青年代表回信，对

际青年学术交流机制，中心旨在打造国际青年认识世界文明的"会客厅"，拓展国际青年开展联合研究的"朋友圈"，建设国际青年进行知识共享的"e 社区"，为推动全球发展汇聚青年合力。来自英国社会科学院、伦敦国王学院、金斯顿大学、北京外国语大学、敦煌研究院等中外专家学者围绕"互学互鉴：共赴更好的明天"深入对话。牛津大学新学院行政院长大卫·帕尔费曼认为，希望国际青年互学互鉴中心能为青年研究人员提供更多指导和帮助，成为两国青年各展所长的枢纽。伦敦国王学院中国研究院院长凯利·布朗表示，人类社会面临全球变暖、人工智能冲击、公共卫生等共同挑战，只有中外青年携手，才能寻求更好的解决方案。

　　2024 年 5 月，中俄智库高端论坛在莫斯科举办，主题是"'中国和俄罗斯：新时代合作'暨庆祝中俄建交 75 周年"，来自中俄两国政府、智库及相关机构的百余名代表，围绕国际格局变革背景下的中国和俄罗斯、共建"一带一路"与欧亚经济联盟对接、两国互联互通与科技创新合作等议题展开讨论。中俄智库高端论坛由中国社科院和俄罗斯国际事务委员会于 2018 年创立。

第五节　丝路青年深度参与"一带一路"民间交往面临的主要挑战和高质量发展建议

一、当前丝路青年参与"一带一路"民间交往面临的主要挑战

（一）文化差异和语言沟通障碍带来丝路青年人文交流结构性矛盾

"一带一路"共建国家风土人情各异，在文化和利益诉求等方面存在

他们积极到中国各地走访、深化对华了解表示赞赏，鼓励他们加强交流互鉴，为推动构建人类命运共同体贡献青春力量。2023 年 8 月，2023 "国际青年领袖对话"年度论坛在北京举行，以"全球发展与青年力量"为主题，来自近 30 个国家和地区的国际青年、专家学者、驻华使馆代表、国际组织代表、企业界和媒体界人士等参会，围绕跨文化交流、气候变化、城市可持续发展等话题进行分享沟通。

明显差异，与之相关的价值取向和情感取向也各有不同。相较于政治、经济、基础设施建设等较为成熟的合作领域，"一带一路"民间交往的实施方案、机制建设、评估体系等缺乏统一标准和规则体系，造成部分领域人文交流方式单一、缺乏针对性、特色不足和长效机制建设滞后，以及不同实施主体的协同机制需要加强。

语言作为一种交流工具，不仅能够传递信息，更是文化的载体，承载着一个民族的历史、传统和价值观。当前，"一带一路"共建国家共使用2400多种语言，汉语、英语、阿拉伯语、俄语等主要语言使用人口都在1亿以上。除汉语和英语外，共建国家还通行50多种官方语言，但各个国家开设的语言课程与现实需求存在较大缺口。尽管共建"一带一路"掀起"中文热"，但熟练掌握汉语和相应职业技能的丝路青年人才仍然不足。

（二）"一带一路"教育合作仍然面临体制障碍，教育分级脱钩风险加大

"一带一路"横跨欧洲、亚洲、非洲等多个大洲，涉及不同的国家、种族、宗教、文化和政体，共建国家经济发展水平、教育体制存在较大差异，使得合作各方在课程互认、学分互认、学历互认、资格互认等方面存在障碍。从参与共建"一带一路"的初衷看，不少国家主要从发展本国经济出发，并未将教育合作上升到示范性、引领性的民心相通的战略高度。"一带一路"倡议提出后，中国逐渐从教育资源输入国转向输出国，有关部门和地区亟须在教育资源配置与教育对外开放上尽快弥补短板。中国与共建国家教育合作还存在"冷热不均"问题，与发达国家、经济大国的教育合作较为频繁，与欠发达国家、人口小国的教育合作相对较少。来华留学也呈现结构性问题，本科生教育占比60%以上。

二、丝路青年深度参与"一带一路"民间交往的建议

（一）进一步构建各方同襄共举的青年人文交流大格局

建议共建国家从社会、家庭、青年等层面扩大全球文明倡议的共识，落实关于文明交流互鉴对开拓青年视野、增长本领的实践体认，鼓励丝路青年用开放包容的眼光看待共建国家的文明底蕴与文化理念，站在人类文

明发展进步的新高度上感受不同文明的共同理想，推动不同文明的交流互鉴，促进新时代丝路青年成为兼具家国情怀和全球视野的中坚力量。

中国共青团、青年组织、青年媒体应进一步发挥团结、凝聚、引领丝路青年发展的主力军作用，加强与共建国家青年主管部门、政治组织、社会组织的友好往来，推动在双多边合作机制中倡导青年优先发展理念，落实、扩大丝路青年议程及项目，积极筹建专业性、行业性的国际青年机构，努力提升中国青年组织、中国青年的国际话语权和影响力。

建议共建国家政府部门、青年组织、民间组织、院校、企业等建立协调机制，积极对接联合国 2030 年可持续发展议程、"青年、和平与安全"议程、非洲青年宪章等国际组织的有关文件和共建国家青年政策，共同落实第三届"一带一路"国际合作高峰论坛成果清单明确的涉及青年人文交流合作的具体措施，广泛邀请共建国家政产学研投媒各界青年精英互访互动，联动培育参与度高、影响力大、带动性强的"筑梦丝路"青年发展计划品牌项目和"小而美"项目。推动中国青年发展型城市营造丝路青年友好发展环境，打造丝路青年人文交流枢纽城市和国际青年人才高地。

积极开展共建国家国际志愿者服务交流合作，构建丝路青年志愿服务制度和工作体系，让青春在志愿服务的火热实践中绽放绚丽之花。持续扩大"凝聚女性力量，共建'一带一路'"系列活动的青年声音，促进共建国家间青年妇女交流合作。发挥示范性民间组织的枢纽作用，建议有关部门支持丝路青年论坛打造丝路青年对话交流、合作创业、政策沟通、民心相通的国际民间交往高端平台。

（二）进一步拓展丝路青年文化、旅游和体育合作

建议中国与共建国家互办的文化年、艺术节、交流周等重点活动中增加青年项目，在"一带一路"主题节会机制下创设青年品牌活动，广泛邀请丝路青年参展参会。推动丝绸之路国际剧院联盟、博物馆联盟、艺术节联盟、图书馆联盟、美术馆联盟、旅游城市联盟等吸纳相关青年组织，聘任符合条件的青年人才担任管理层，举办青年主题活动。赓续培养文化遗产保护领域的青年专业人才，推动青年专家参与古代文明研究、联合考古、古迹修复、博物馆交流、流失文物追索返还等领域的国际合作。扩大青年旅游往来规模，在中国与共建国家互办的旅游年、宣传月、推广周等重点活动中增加青年题材，联合打造具有丝绸之路特色、满足青年游客需求的国际精品旅游产品和线路，培养国际化的旅游业青年人才。

推动体育组织、专业机构申办、创办、举办、参加"一带一路"赛事活动，配套开展人文交流活动。广泛利用全球社交平台、海外华人资源、国际体育组织、国际赛事等载体平台，引导更多丝路青年认识、研习、参与中华优秀传统体育项目和赛事。推动共建国家因地制宜开展篮球、足球、汽车摩托车、马拉松、自行车、水上运动、户外挑战、航空运动、攀岩、电竞、滑雪、台球等丝路青年参与度高的体育赛事，联动发展体育产业和体育旅游。

把握数字时代丝路青年的文化背景、兴趣偏好、需求特征，充分利用数字技术整合、优化、联通人文交流资源、平台和项目，建立数据驱动的青年人文交流产品服务供给体系。加强知识产权保护，推动网络文学、短视频等国际合作，鼓励出版、影视、动漫、游戏等衍生品开发，建立优秀网络作品扶持"赛马"机制，引导更多丝路青年成为中华文化的学习者、传播者和创作者，共建网络空间命运共同体。

（三）进一步加强"一带一路"教育共同体建设

打造"一带一路"教育行动升级版。落实第三届"一带一路"国际合作高峰论坛重要成果，充分发挥中国驻外使领馆教育处组"桥头堡"优势，完善部际协调机制、部省协作联动机制，强化和落实教育双边多边合作机制。建立"一带一路"教育大数据共建共享机制，对教育资源配置实行动态管理，提高利用效率。加强中国与东盟、非洲、中东欧、拉美、阿拉伯地区等区域和次区域教育交流机制，促进汉语、中华文化在共建国家的教育普及。促进新疆、海南、青海、甘肃、宁夏、内蒙古等"一带一路"核心区域通过国际教育交流合作提升教育强省（区）建设。继续实施"丝绸之路"中国政府奖学金，扩大中国与共建国家双向留学规模，推动更多高校学历、学位、学分、课程、职业证书的互通互认，加强师生互访、人才联合培养、学科建设、课程开发等"小而美"领域合作，推广慕课、动画、游戏、短视频等丰富多彩的互动在线教育形式，做实"一带一路"高校合作联盟、教育联盟、专门教育机构,培养更多知华、友华、亲华的丝路青年人才。加强"一带一路"自然灾害防治和应急管理国际合作机制建设,培养相关专业青年官员和技能人才。

培养高素质语言人才。支持社会力量助力孔子学院和孔子课堂建设,加强国际汉语教师和教学志愿者队伍建设,推动将汉语教育融入共建国家终身教育体系,将"五通"交流合作融入汉语教育,满足丝路青年基于兴趣爱好、就业创业的中文学习需求。鼓励在中国学业有成的丝路青年留学生返乡开展中文教育,争做丝路人文交流使者。坚守中华文化立场,制作更多适合在新媒体平台传播、适应多层次学习需求的中文学习内容和中国语言文化资源,注重全球化、区域化、分众化表达,展现可信、可爱、可敬的中国形象,推进国际中文教育内容信息化、学习云端化、服务个性化,更好地服务数智时代的丝路青年中文学习者和爱好者。通过中外合作办学、境外办学等机制引入共建国家的语言教学资源,培养更多小语种人才。

(四)进一步推动丝路青年参与社交媒体和智库合作

支持共建国家青年记者深入"一带一路"进行一线调查和采访报道。引导丝路青年充分利用新媒体、社交媒体参与和传播"一带一路"人文交流项目。持续举办形式多样、聚焦中国题材、传播效能好的"一带一路"短视频赛事和展播活动,鼓励丝路青年讲好中国故事,传播中国声音。聘用对华友好、熟悉中华文化的短视频赛事获奖者、青年博主创作和传播共建"一带一路"的短视频、影视、动漫等作品,提升中华文化、共建"一带一路"的网络声量和青年群体接受度。

建议"一带一路"智库合作联盟、"一带一路"高校国际联盟、"一带一路"国际智库合作委员会等智库组织吸纳丝路青年智库参与,聘任符合条件的青年学者担任管理层,开展青年主题的智库研究、学术活动、人才培养和成果发布。推动共建国家智库、研究机构、青年组织、民间组织等联合开展"丝路青年学"研究,为丝路青年交流合作提供理论支撑、决策建议和工作指导,丰富共建"一带一路"的话语体系。建议在共建国家政府部门、公益组织、企业等资助的共建"一带一路"课题研究中,增加丝路青年主题。建议共建国家有关机构支持和参与丝路国际智库交流中心发起的"一带一路"青年发展型城市评价、丝路名城推介等智库项目。发挥青年学者调查研究效率高、时事敏感等优势，鼓励青年研究团队开展"一带一路"重大风险及突发事件预警研究和应对方案供给。支持青年学者在共建国家传统媒体、社交媒体、高峰论坛阐释高质量共建"一带一路"、人类命运共同体等中国方案，提升丝路青年对共建"一带一路"的认同度和支持度。

第三章

互利共赢：丝路青年参与中国支持高质量共建"一带一路"合作项目的新进展、面临的新挑战和高质量发展建议

国家主席习近平在第三届"一带一路"国际合作高峰论坛开幕式上的主旨演讲中指出："人类是相互依存的命运共同体……只有合作共赢才能办成事、办好事、办大事。"① 这既是共建"一带一路"成功的原因，又是未来高质量共建"一带一路"的可持续发展生命力所在。互利共赢是共建"一带一路"的重要保证，"一带一路"倡议由中国提出，由各个共建国家共同推进，中国既不单打独斗，包打天下，也不推诿卸责，各共建国家完全平等，以共商共建共享为原则，不同国家根据各自国情选择符合自身需求的合作项目。经过 11 年的践行，各共建国家在"一带一路"建设过程中平等合作，不仅推动自身的发展，为本国民众带来实实在在的获得感，也逐渐摸索出符合自身需求的发展道路，为全球发展开辟新的空间。

---

① 习近平：《建设开放包容、互联互通、共同发展的世界——在第三届"一带一路"国际合作高峰论坛开幕式上的主旨演讲》，人民出版社 2023 年版，第 5 页。

第一节　丝路青年参与标志性工程项目的新进展

一、中国青年建设者引领示范共建"一带一路"标志性工程建设

在高质量共建"一带一路"新的金色十年开局之年，一大批标志性工程继续落地生根，中国青年建设者步履坚定，勇于探索，实干争先，展现青年人建功立业勇担当的新风貌，设计、施工、建造多个"首个""首次"工程项目，擦亮中国企业的品牌形象，让中国的技术和经验成果惠及更多国家和人民，让当地青年享受到更好生活、拥有更多就业和发展的机会。以下梳理中国青年建设者在《第三届"一带一路"国际合作高峰论坛务实合作项目清单》部分标志性工程建设中的创新实践。

刚果（金）卡莫亚铜钴矿工程采取工程总承包（EPC）模式，由北方国际合作股份有限公司总承包，中国瑞林工程技术有限公司设计，中国十五冶金建设集团公司施工。一期工程竣工后获得中国化学工业境外优质工程、中国有色金属工业（部级）优质工程两项重量级荣誉，鼓舞了中国青年建设者扎根刚果（金）、创新示范工程的信心。目前正在实施的是二期工程中的硫化矿工程，属采、选、焙烧、湿法冶金联合工程。中国青年建设者借鉴同类项目的成熟经验，勘查现场气候环境和地质地貌，设计最佳的技术方案（双斜坡道开拓、中深孔阶段空场嗣后充填法开采深部硫化矿），双斜坡道开拓具有施工简便、工期短投产快、运输能力保障性高及运输成本低等优势，中深孔阶段空场嗣后充填法具有损失率小、回采效率高的优点，并组织绿色工程建设以保护当地脆弱的生态。

沙特阿拉伯萨勒曼国王国际综合港务设施项目由中国山东电力建设有限公司总承包，2024 年内将实现整体移交。项目建成后将主要从事船舶及钻井平台的制造、维护、修理工作，预计带动沙特经济增长 170 亿美元，创造 8 万个就业机会。由于作业面积大、涉及人员多、作业流程烦琐，山东电建公司组织青年骨干专班，自主研发智慧工地管理系统，工作

人员在信息中心控制室可随时调看和跟踪现场情况,一旦发现安全风险,即在工作群发出提示,通知现场安全员前往纠正。该系统得到业主沙特阿美公司的高度肯定,并推广到其所有重点工程。另外,大型船舶在干船坞里生产维修时,船底下方需要放置龙骨墩进行支撑,山东电建公司青年工程师提出了优化设计方案,即底部采用梯形混凝土墩,上部为钢制可调节高度支墩及顶部少量垫木,具有造型美观、高度可调、可用叉车快速倒运等优点,节约成本 3000 多万美元。

圭亚那德莫拉拉东海岸道路二期项目为既有公路升级扩容改造工程,全长 40.3 公里,沿线居住着圭亚那约 40% 的人口,项目建成后将极大改善路况,方便当地居民出行。"让圭亚那人民早日走在中国人修建的道路上"是两国建设者的共同期待,中铁一局圭亚那公司青年项目经理高泽亮组建工作团队,有条不紊地与业主工程部讨论施工方案、从圭亚那财政部申请物资设备进口免税函、从周边国家进口设备材料、完成临时用地征用审批、组织物资设备采购、落实施工管理人员抵达现场。施工道路是通往圭亚那首都乔治敦的唯一道路,日常车流量非常大,工程部要求每天早晚上下班高峰期不允许施工,加之当地热带雨林气候影响,造成工期极为紧张。中资企业青年团队将施工队伍分成两组轮班施工,细化安全管理,深夜、凌晨成为项目大干的黄金时间。为了更好融入当地,中资企业青年团队坚持大部分一线岗位本土化,一举改变圭亚那过去不少大型道路工程存在的工期延误、组织混乱、安全质量等问题,受到圭亚那总统穆罕默德·伊尔凡·阿里等政要和民众的广泛认可。

由北京建工集团设计、承建的特立尼达和多巴哥凤凰工业园项目于2024 年 1 月在特立尼达岛正式开园。凤凰工业园是"一带一路"倡议落地加勒比地区的首个合作项目,以及加勒比地区首个实现 5G 网络覆盖的综合性、智能化工业园,占地约 58 万平方米,已有 18 家企业签约入驻,其中包括 4 家中资企业。凤凰工业园建设期间,中方 7 名女性青年"娘子军"在各自擅长的领域发挥专长、拼搏担当,将一片荒芜之地转变成一座现代化的工业园。项目商务执行经理马兰针对移民局"门难进""程序慢"的特点,多次"上门踩点",研究程序,打通关节,顺利解决项目人员务工合法性难题。项目预算部部长曹霞主动向中外工程师学习，拓宽预算知识面，严格复核、控制报量，维护公司利益。特多分公司副经理王晓雨推动凤凰工业园项目合同的正式签署，成功取得免环评证书，主导土方分包、临时办公室建设分包等合同谈判。特多后援组负责人张宇参与策划组织 50 多场招商活动。项目库房管理负责人郭蓉泽建立物资信息台账，在物料管控上实现精细化管理。财务工作人员王姣龙、廖琰琰完成与特多当地税务系统的对接，推动财务管理规范化、信息化。

哈萨克斯坦巴库塔钨矿项目是全球在建的规模最大的钨矿，被列入中哈产能合作 56 个重点建设项目之一，是推动共建"一带一路"倡议同哈萨克斯坦"光明之路"新经济政策对接的关键举措。项目部中哈青年员工严格按照补位管理、材料报验、样板验收后、复验标高、轴线后施工等标准流程履行到位，加强成本管理，确保项目于 2024 年 6 月竣工投产。哈萨克斯坦人热情好客，重视交往，逢年过节和员工生日时，中方青年管理层都会安排聚会聚餐，赠送礼物，让哈方青年员工感到满满的幸福。项目竣工投产前，中资企业组织哈方实习生到中国江西铜业公司的生产一线学习理论和实践知识，为项目投产运营提前储备，并招聘哈方青年员工超过 300 人。中资企业还为当地学校捐款捐物，资助中小学生，捐赠机械农耕设备……一件件暖心的"中式赠礼"牵动着两国情谊，中资企业在属地各级政府及当地社区影响力不断增强，逐步建立稳定的营商环境和地企关系。

案例 3.1

集智攻关，中建八局青年团队展现央企责任担当和青春人文关怀①

从埃及开罗向东行驶约 50 公里，一栋栋高耸的大楼在扬起的黄沙中若隐若现，远远望去，仿佛海市蜃楼，这是中国建筑埃及分公司承建的埃及新行政首都中央商务区，最引人注目的则是

---

① 本案例数据和资料来源：中建八局（刘小莹、王鸿丽、齐贤刚、朱翔编写）。

被称为"非洲第一高楼"的标志塔,汇聚中建八局海外公司青年机电团队"聚沙成塔,高质量履约"的智慧与汗水。在此之前,这支青年团队还参与阿尔及利亚邮政总部、毛里求斯机场等多个标志性工程,凭借精湛的工艺和高质量的服务,推动中国建造走向世界,获评 2023 年中国国资委全国青年文明号荣誉称号。

项目管理提质增效

面对中国标准和国际标准存在较大差异的挑战,中建八局海外公司青年机电团队探索国别差异化管理思路,组建多个专业团队和劳模创新工作室,分别深入研究各种国际标准,学习当地法律法规,完善属地供应链,尊重文化差异,加强语言学习,很快熟悉海外建筑机电管理模式,并与中国建筑企业的成功经验融合,形成一批可推广复制的微创新成果。

为应对 CBD 项目机电工程复杂性特点,中建八局海外公司加大项目履约支持,成立机电部青年设计团队,每名青年工程师均有 7 年以上的国际承包商项目设计经验,负责供电、空调与通风、水暖、照明、智能化、安全等系统的攻坚型设计任务。通过克服重重困难,在项目施工过程中持续加强专业知识与技能的提升,提前实现高达 385.8 米的"非洲第一高楼"——标志塔外立面整体亮灯,在"非洲之巅"点亮最美中国红。

优化项目履约体系

中建八局海外公司青年机电团队的采购人员每月对自营项目进行采购风险评估,按季度维护整理机电供应商名录,持续做好机电材料数据库维护,总结形成各专业通用材料清单和价格指标,为相关投标报价和材料采购提供实时准确的参考。

通过参与埃及新首都 CBD 项目等标志性工程,中建八局海外公司青年机电团队全面掌握项目管理要求的设计、采购、系统集成、运营维保等核心技能,构建大客户、供应商、成本报价、属地化等资源库,成功打造一体化服务价值链,已具备独立开展海外市场营销和标志性工程运作的能力,成为行业的标杆性青春力量，赢得项目地业主和民众的广泛赞誉。

加速青年员工成长

基于多年的海外经验，中建八局海外公司制定符合当地实际的分级考核制度，在工程技术、商务履约、设计管理三个方向设置晋升通道，激发青年员工的工作热情和竞争意识。

中建八局海外公司将教育培训作为人才建设的首要任务，搭建海外青年大讲堂、专业微课堂、英语角等多元化学习平台，与埃及相关智库、高校开展跨文化管理、BIM 技术等课题研究，联动埃及艾因·夏姆斯大学开展技术交流会和项目实地观摩，系统化助力青年员工成长。值得关注的是，公司坚持"不配备专职英语翻译"的原则，要求中方员工必须掌握英语作为工作语言的能力，进而组建起一支懂技术、通语言、精管理的高质量国际化工程技术管理队伍。

构筑民心相通"幸福桥"

中建八局海外公司青年机电团队开通和运营脸书、推特等海外社交平台，制作有温度、有内涵、有情怀的中国企业"好故事"，组织大漠情深——中建埃及"我和我的中国朋友"征文活动，展现中国青年的责任担当，传播中埃友谊万古长青的典型案例。2024 年 3 月，中国建筑集团在埃及新首都 CBD 项目举办中资企业在埃形象片、《大漠情深》图书发布仪式暨"建证幸福·共创未来"开放日，正式发布这本收录了 60 篇中建埃及属地员工、相关合作伙伴与社会友好人士优秀作品的《大漠情深》。

中建八局海外公司成立"建证未来·蓝海益路"志愿者服务队，开展慈善开斋宴、清理海滩垃圾、社区环保服务、集体义务植树、爱心助学捐赠等公益活动，发布多语种的服务埃及可持续发展报告，获得埃及国家劳工部等高度赞誉，促进中埃两国民心相通和青年文化交流。

如今，在以中建八局海外公司青年机电团队为代表的中埃青年共同努力下，埃及新首都 CBD 项目正向着全面竣工交付冲刺，世界级的中央商务区、红海经济带、苏伊士运河经济带将在这里交汇。

二、丝路青年在共建 "一带一路" 标志性工程项目中成长成才

在不少共建 "一带一路" 的发展中国家中，很多丝路青年受限于本国经济发展滞后，就业机会不多，对体面的工作、幸福的生活充满渴望，却难有机会。随着共建 "一带一路" 标志性工程项目的推进，中资企业和中国青年团队为共建国家和丝路青年带来全新的发展机会，不少经过中资企业订单式培训合格的丝路青年进入中资企业项目公司及供应链就业创业，进行学习实践，提升个人收入的同时，成为当地卓越人才，逐渐带动更多丝路青年成长成才。

阿根廷 3Q 锂盐湖锂项目是中国紫金矿业集团于 2022 年从加拿大新锂公司全资收购，于 2023 年末完成一期项目建设。项目所在地菲安巴拉过去的主导产业是农业和手工业，缺乏消费和就业机会，人才流失严重。两年时间，项目公司建设了现代化的工厂、宿舍以及酿酒厂、屠宰场，优越的工作机会和收入吸引不少出去打工的当地青年返乡。目前，项目公司已聘用近千名当地青年，为周边的供货商、承包商带来大量的就业岗位。通过导入中资企业成熟的运营管理经验，当地青年雇员熟练掌握生产技术和管理技能，不少人晋升为班组长、主管和经理，"坚强、勇敢、自信" 成为阿根廷青年雇员的新形象。日常工作生活中，中国与阿根廷的青年员工一起踢足球，品尝中阿美食，为员工生日送上祝福和礼物，共同度过两国的传统节日，在项目公司感受家的温暖。中阿青年员工精心挑选树种，改进滴灌技术，在项目地的戈壁滩上完成 5.2 公里的防沙林建设，一举改变传统矿业公司污染环境的社会形象。进一步看，紫金矿业青年团队致力于打造绿色冶金标杆企业，将生态修复贯穿于矿产资源开发利用的全过程，将地勘、采矿、选矿、冶炼、环保全流程统筹研究设计与实施，使得在共建国家投资建设经营的矿山地质灾害治理率保持

在 100%。

拉合尔市轨道交通橙线是巴基斯坦第一条地铁，由中企承建，全线采用中国标准、中国技术、中国装备，由中国北方国际合作股份有限公司、广州地铁集团和巴基斯坦 DW 公司组成的联合体负责运营维护，是中巴经济走廊的早期收获项目之一。2023 年橙线地铁日均客流量比 2022 年上涨 80%，达到 25 万人次，高峰时可达 27 万人次。橙线项目的中巴青年员工联合编制 168 套全英文的运营维护规章和标准操作手册，在巴基斯坦知识产权组织注册，这套管理体系将复制到巴基斯坦未来新投建的城市轨道交通项目。经过中国专家的指导和培训，1000 多名当地青年员工成为巴基斯坦第一批现代轨道交通的专业人才，多名巴籍员工被评为"中巴经济走廊项目优秀巴方员工"。巴基斯坦青年奥卡沙·阿尼斯是列车司机队长，经过系统培训已能安全、准点、平稳地驾驶列车，处理列车运行中的各类故障，引导乘客文明乘车。阿尼斯的观点代表了巴方青年员工的心声，"我从中国同事那里学到很多东西，他们教了我所有关于列车操作的知识，我按照标准驾驶了 3 年地铁列车，没有任何操作失误。"

700 多年前，尼波罗国（今尼泊尔）优秀工艺师阿尼哥跨越喜马拉雅山将建筑"巧思"带到中国。如今，一大批中国援助的民生项目在尼泊尔遍地开花，当地人民亲切地称呼中国青年工程师为"来自喜马拉雅山脉另一面的友好使者"。苏璐是地道的尼泊尔姑娘，曾在尼泊尔外国语学院进修中文，能够熟练使用汉语、印度语和尼泊尔语。2015 年，苏璐进入中铁十四局工作，陆续参与尼泊尔国家武警学院、阿尼哥公路、帕托帕尼边检站等 8 个中国援建的民生项目，从项目翻译成长为一名商务经理，帮助同事学习中文和尼泊尔语，收获中方同事的友谊和爱情，多次被评为中铁十四局"优秀外籍员工"。苏璐说："我有幸和同事一起为共建'一带一路'贡献力量，见证中尼两国友谊的源远流长。"

案例 3.2

蒙内铁路：丝路青年奔驰在惠民之路、繁荣之路的"幸福列车"上①

2024 年 1 月，习近平主席复信北京交通大学肯尼亚留学生及校友代表，鼓励他们继续为中肯和中非友好事业发光发热。习近平主席指出，"蒙内铁路是中肯共建'一带一路'旗舰项目和成功典范。我高兴地看到，你们因这条'幸福路'与中国结缘，是中肯和中非友好合作的见证者、受益者，更是建设者和传播者。"习近平主席强调，"展望未来，'一带一路'的壮丽画卷和中肯全面战略合作伙伴关系的宏伟蓝图需要包括你们在内的更多有为青年来实现。希望你们学好专业知识，赓续传统友谊，投身两国合作，讲好中非友好故事，为推动构建高水平中非命运共同体作出更大贡献。"

此前，北京交通大学肯尼亚留学生及校友代表致信习近平主席，表示非常高兴来到中国学习铁路运营管理知识，希望当好肯中友好的桥梁，为提升两国友谊与合作、推动构建人类命运共同体贡献力量。

肯尼亚是中国在东非最大的贸易伙伴，中国是肯尼亚第一大贸易伙伴和第一大进口来源国，双方在基础设施建设和双边贸易等领域展开广泛深入合作，对肯尼亚的国家面貌和社会经济发展产生积极而深远的影响。习近平主席复信提到的蒙内铁路由中国企业承建，于 2017 年 5 月建成通车，连接东非第一大港蒙巴萨

---

① 本案例数据和资料来源：中国一带一路网：《惠民之路、繁荣之路——蒙内铁路运营七周年》，2024 年 6 月 21 日，见 https://www.yidaiyilu.gov.cn/p/03IJF1JB.html；高畅：《民心相通，志愿同行——记中交集团蒙内铁路"中肯民心相通"项目》，《中国青年》2023 年第 9 期；工人日报客户端：《在遥远非洲大陆，有一群中国"师父"和他们的肯尼亚"徒弟"——蒙内铁路上的异国师徒情》，2023 年 8 月 24 日，见 https://baijiahao.baidu.com/s?id=1775085418866121724。

和肯尼亚首都内罗毕，是肯尼亚独立以来建设的首条铁路，采用中国标准、技术、装备，由中资企业运营管理，是中肯共建“一带一路”的重要成果之一，也是东非铁路网北部走廊的重要组成部分。截至 2024 年 5 月，蒙内铁路安全运营 7 年，日均开行 6.4 列客运列车、15 列货运列车，累计发送旅客 1286 万人次、货物 3287 万吨，直接和间接创造超过 7.4 万个就业岗位。

授人以鱼，不如授人以渔。“师徒制”是蒙内铁路人才队伍建设的关键，中国青年“师父”手把手教授肯尼亚“徒弟”各项技术，保证铁路安全平稳运营。七年来，非洲之星铁路运营公司（蒙内铁路运营方）为落实保质保量转移中国铁路技术、完成铁路人才可持续储备等要求，在蒙内铁路 2800 多名当地员工中开展属地化工作。肯方青年员工在岗位上学习技能，在日复一日的磨砺中成长为铁路人才，实现自己的职业理想，更是与中方青年“师父”的朝夕相处中结下深厚友谊。

27 岁的康西莉娅是肯尼亚历史上第一批女火车司机中的一员，两次在乌胡鲁·肯雅塔总统的见证下驾驶旅客列车。如今，她已独立安全驾驶机车超过 14 万公里，成为肯尼亚家喻户晓的明星人物，优秀事迹及成长经历被收录于肯尼亚铁路博物馆，在蒙内铁路上实现个人梦想，用坚韧不拔的奋斗故事证明人生价值。

湖北青年何肖是蒙内铁路运营公司工电部的工务工程师，每周有 2—3 天要带着年轻的肯尼亚“徒弟”们执行轨道检修标准化流程，对他们进行技术指导，同时还要培养他们的安全意识。功夫不负有心人，他的“徒弟”奥利弗成长为一名检修班组负责人。奥利弗说：“我除了从中国‘师父’那里学习技术，还从他们身上学到勤奋、纪律、团队合作、节约等优良品质。我最喜欢的一个中文词是‘开玩笑’，每次你说什么，然后告诉中国同事‘开玩笑’，他们都会笑得特别开心。”

保罗曾在哈尔滨师范大学留学三年，中文流利且好学上进。

作为一名肯尼亚的"中国通",保罗成为肯尼亚和中国文化的"黏合剂",主要负责对接肯尼亚港务局和铁路局,和他们一起协同作业,确保集装箱和其他货物到港后第一时间装上标轨铁路,为客户提供安全高效的货物运输服务。中国青年工程师、保罗的工作搭档冯旭辉认为:"没有保罗,很多事情就干不了。"这是经验丰富的中国老员工对肯尼亚青年同事的中肯评价。

非洲之星铁路运营公司成立"蓝马甲"志愿者服务队,每逢周末及肯尼亚重大节假日等大客流时段,都能看到身穿"蓝马甲"的中肯青年志愿者往返于进站口和站台引导旅客上车,帮旅客提行李,为行动不便的旅客提供轮椅。在工作人员、志愿者们持之以恒的热情服务下,蒙内铁路被评为全球最值得体验的 13 条铁路旅行线路之一。肯尼亚总统鲁托评价,蒙内铁路这个伟大的设施将使客货运输更方便、更安全、更经济,最重要的是旅途令人愉快。

第二节 丝路青年参与"小而美"民生项目的新进展

习近平总书记在第三次"一带一路"建设座谈会上指出:"小而美的项目,是直接影响到民众的。今后要将小而美项目作为对外合作的优先事项,加强统筹谋划,发挥援外资金四两拨千斤作用,形成更多接地气、聚人心的项目。"[1] 在高质量共建"一带一路"新的金色十年开局之年,一个个"小而美""惠而实"的民生项目在共建国家持续落地,体现了中资企业的真情感和丝路青年的微创新,增进了共建国家的民生福祉,为当地民众带来了更多的获得感、幸福感和安全感。

---

[1] 《"开拓造福各国、惠及世界的'幸福路'"——习近平总书记谋划推动共建"一带一路"纪实》,《人民日报》2023 年 10 月 16 日。

相对于大型基建项目，"小而美"民生项目属于低敏感合作领域，也是同发达国家、国际组织三方合作的重要突破口，在气候变化、职业教育、农业技术、卫生医疗、人道主义援助等领域具有广泛的全球共识，并且参与主体更加多元，政府机构、跨国公司、社会组织、青年组织等都能参与。香港《南华早报》认为，"小而精""小而美"已成为"一带一路"的流行语。①

一、"筑梦丝路"青年发展计划开展的"小而美"民生项目新进展

作为"一带一路"青年领域的重点项目，"筑梦丝路"青年发展计划聚焦就业创业、文化交流、国际传播、志愿服务、教育培训、创新创业、生态环保、乡村振兴等领域，累计实施62个"小而美"项目，覆盖全球五大洲34个国家。

乌干达西部边境艾伯特湖区油田是该国首个商业石油项目，也是中国在乌干达最大的投资项目。中国海洋石油集团在推进项目建设的同时，开展捐资助学、创造就业、民生扶持等惠民工程，启动"碧海丹心·聚力丝路"中乌青年发展计划，实施"Train-the-Ttrainer"育才工程，与3000多名乌干达青年签订"点对点"培养协议，资助乌干达优秀学生到中国石油高校进修学习，为项目地青年普及性提供职业技能培训。受到资助的乌干达赴华留学生雷米表示："非常感谢中国海油公司为我提供实现梦想的舞台，我希望学成归来能为国家的石油发展贡献力量。"与此同时，中乌青年发展计划捐资修缮乌干达残障孤儿学校，资助修建十多公里跨崖公路，建设惠及13000多名居民的引水工程，建好56座安置房，开展10000余人次的社区义诊，每周邀请乌干达孔子学院教师为本地青年员工提供汉语培训。

"乌兹丝路"就业赋能计划由中国能源建设股份有限公司和中乌两国

---

① 《小而美项目增色"一带一路"工笔画》，《人民日报（海外版）》2024年8月22日。

高校联合实施，围绕能源电力、综合交通、国际商务、国际工程管理等方面，开展 20 余期培训课程，惠及 4000 余名乌兹别克斯坦青年学生和员工。同时，以中国能建在乌履约项目为基础，为塔什干国立交通大学优秀毕业生提供实习和就业机会，提供赴中国交流、研学和深造的机会。乌兹别克斯坦国家电视台等当地主流媒体多次报道该项目。

中伊青年发展计划由中国石油天然气集团联合当地的合作伙伴共同开展，旨在通过开展实习培训、员工直聘和文化交流活动，带动伊拉克青年就业，实现企业和员工的共同成长。截至 2023 年末，中国石油在伊拉克的项目公司本地化率达 80.4%，在作业区工作的伊拉克籍青年员工达 4600 余人，完成 4 批次共 417 名伊拉克实习生的培养，先后组织数十名伊拉克杰出青年员工赴中国考察。

中沙青年就业赋能计划由中国石油化工集团联合沙特合作伙伴共同实施，依托中国石化在沙特建成的海外首个培训中心，定向培养"管培生"，为外籍新就业青年员工提供普惠型技能培训，并按照高级技能和管理人才的标准，遴选优秀青年员工进行个性化培养，累计开展培训班 2000 多期，培训当地青年 10 余万人次，并有近 2 万名青年学员入职中国石化沙特项目公司。中国石化联合当地企业和高校共同实施"携手为美好生活加油"国际青年文化交流项目，依托中国石化中东研发中心，举办企业开放日活动，组织外籍青年员工和家属参观科技展厅和实验室，参与趣味实验，开展互动交流。

巴基斯坦电力青年就业赋能计划由中国电力技术装备有限公司巴基斯坦默拉输电公司联合当地高校和合作伙伴共同实施，已面向巴基斯坦大学生和青年开展技术培训 15000 多人次，遴选多名巴籍青年电力调度工程师、换流站运维工程师赴华参加高级培训，为巴基斯坦培养出一大批直流输电技术人才，多名巴籍员工荣获中国驻巴基斯坦大使馆颁发的"中巴经济走廊项目杰出巴基斯坦员工奖"。中巴青年创业计划依托中国电力建设集团投资运营的巴基斯坦卡西姆发电公司，深化导师带徒机制，选派巴籍青年到中国发电厂、大学学习。此外，中国电建与巴基斯坦总理青年事务办公室建立常态化联络机制，协同在巴中资企业提供 1000 个就业实习岗位，共同举办公众开放日、青年马拉松大赛、筑梦丝路——中国文化交流会、《习近平与大学生朋友们》读书会等特色活动。

水电是巴西的"名片"，水电装机容量占巴西全国发电装机容量的七成以上。目前，中国三峡集团巴西公司持续运营 11 座水电站、17 座风电场，建设 2 个新能源项目，业务遍布巴西 12 个州，总装机容量逾 830 万千瓦。中国水电"走出去"，不仅是工程建设和运营管理，还关乎社会责任与文化融合。中巴青年发展计划由中国三峡集团、巴西梅奥可持续发展研究所共同实施，持续开展中巴水电技术经验交流活动，覆盖近 500 名巴西青年工程师，为 150 余名巴西青年小微企业家与农户提供专业培训和孵化支持，受益家庭平均收入增长逾 200%，为 250 名巴西青年提供 300 小时线上商业课程，有效提升低收入青年就业能力。

中柬青年发展计划由中交集团和柬埔寨青年联合会共同实施，依托中国路桥工程有限公司建设运营的柬埔寨首条高速公路——金港高速公路，通过"导师带徒"、创业培训、联合办学等形式，为当地培养道路施工及管理的青年人才，项目建设高峰期全线聘用属地员工达 5000 人。2022 年10 月通车以来，通过"理论培训＋业务实操"模式快速孵化属地化人才，短时间内建立起柬埔寨第一支高速公路运营团队。中国路桥柬埔寨公司联合中国长安大学、柬埔寨洪森学院开展联合办学，为柬埔寨培训道路工程基建人才。

中智青年文化交流项目由中国铁建股份有限公司联合当地孔子学院共同实施。依托中国铁建在智利实施的 7 个在建项目，定期组织项目地青少年到孔子学院开展中国传统节日、中国音乐、棋牌竞技交流等文体活动，在项目公司和周边社区举办中国传统文化知识讲座，组织中外青年员工参与"家文化"系列活动，打造"'棕'横美洲""情暖中秋""乐在春节"3 个青年文化传播品牌，并邀请孔子学院学员到项目公司参观实习，开展"中文＋职业教育"项目，培养既懂汉语、又懂技术的青年人才，推动中国文化在智利青年群体中的属地化传播。

案例3.3

"寻找匈塞铁路最美青年项目":为匈塞铁路建设谱画同心圆,汇聚正能量①

匈塞铁路是一条连接匈牙利首都布达佩斯和塞尔维亚首都贝尔格莱德的交通大动脉,也是中国与中东欧国家共建"一带一路"的标志性项目,建成后不仅方便沿线民众出行,也有利于优化投资环境和扩大就业,促进沿线地区经济社会发展,对打造中欧贸易国际大通道具有重要意义。塞尔维亚总统武契奇认为,匈塞铁路是多国合作项目的成功范例。匈牙利总理欧尔班表示,匈中关系近年来保持良好发展,取得丰硕成果,中国企业的投资与合作,包括匈塞铁路建设,显著促进匈牙利经济社会发展。

匈塞铁路在塞尔维亚境内的贝尔格莱德至诺维萨德段开通运营两年多,单日最高旅客发送量超1.5万人次,累计运送旅客700多万人次,让塞尔维亚实现"高铁梦"。预计匈塞铁路塞尔维亚境内全线将于2024年末完工。

匈塞铁路匈牙利段的中国青年团队与匈方积极推进工程建设,加强"文化匈塞""绿色匈塞"建设,为当地青年提供数千个就业岗位,开展企业开放日、发布社会责任报告、组织中匈语言文化交流等活动。"寻找匈塞铁路最美青年"项目由中国中铁股份有限公司联合匈牙利政府、高校和当地企业共同实施,挖掘投身匈塞铁路建设的中匈两国青年的典型案例,每月在社交媒体平台发布《遇见匈塞》青年故事视频。

据本书编委会调研,由中国中铁匈塞铁路项目经理部、中铁九局、中铁电气化局和中铁上海局项目分部组成的青年建设团队

---

① 本案例数据和资料来源:新华社:《"通往幸福之路"——匈塞铁路将为地区发展带来巨大红利》,2024年5月7日,见https://www.gov.cn/yaowen/liebiao/202405/content_6949635.htm。

身影，频频在社交媒体和当地媒体亮相。从大河两岸到桥隧两端，每一处都有他们挥洒的汗水，脚踏泥泞，俯首躬行，争分夺秒，包保推进，给当地居民带来诗和远方，展示中国央企良好的海外形象。在视频中，观众还可看到中国公司的跨文化管理特色，中外方员工既是合作伙伴，亦是无话不谈的朋友。每逢节假日，项目驻地办公室、餐厅一片喜庆景象，两国青年员工一起张贴春联、福字，悬挂灯笼和中国结以及五彩气球，吃着饺子，冲散乡愁，其乐融融。

二、其他机构开展的"小而美"民生项目新进展

从事岩土、地基与基础工程施工的浙江岩土有限公司于 2006 年进军印尼市场，作为主力桩基单位迄今完成 300 多个工程项目。2023 年 9 月，浙江岩土有限公司在印尼中爪哇省投资兴建的大型管桩生产基地——IKB 工厂启动，为当地职业院校的 200 多名毕业生提供就业岗位，使用的原材料主要来自当地供应商，本土化率达 70%。这个"小而美"项目不仅帮助印尼加快基础设施建设，填补高品质管桩的市场空白，随之而来的中国优秀管理团队、先进的中国施工和生产技术也带动当地生产工艺和管理水平升级。

在孟加拉国首都达卡东南郊区的达舍尔甘地村，一片片池塘和河流形成密布水系，过去河里老是散发臭味，用河水洗澡身体会不舒服，如今孩子们在清澈的河水中嬉戏玩耍，这是达舍尔甘地污水处理厂建成运行后带来的变化。达舍尔甘地污水处理厂是由中国进出口银行提供融资，中国电建集团成都勘测设计研究院承担设计、总承包建设以及 1 年运维工作的"小而美"民生项目。中国青年工程师运用自主知识产权的"喷雾干化＋回转窑焚烧工艺"技术和设备，建成孟加拉国首座、南亚地区单体规模最大的污水处理厂。孟加拉国总理谢赫·哈西娜表示，该污水处理厂有效处理达卡多个地区的污水，使近 500 万城市居民受益。

　　2024 年 4 月，国家主席习近平在北京人民大会堂同来华进行国事访问的密克罗尼西亚联邦总统西米纳举行会谈。习近平主席提及，中国有关机构"送医上岛""送戏下海"等项目深受密联邦民众欢迎，双方可以开展更多类似项目。太平洋岛国医疗资源普遍缺乏，不少国家的医院、医护人员和医疗设备远不能满足当地人的诊疗需求。作为中国与太平洋岛国开展合作时间较早、人员往来较频繁的重要省份，广东持续开展"光明行""爱牙日""中医康复""泌尿外科微创手术"等主题的"送医上岛"项目，向密克罗尼西亚联邦、所罗门群岛、萨摩亚、汤加、瓦努阿图等岛国派出年富力强、技艺精湛的青年医疗团队，提供义诊和医疗服务，向当地医院赠送医疗设备，培养当地医生，面向当地民众普及医学常识。《所罗门群岛星报》对中国医生的无私奉献刊发社论："这是一种无法估量的援助，所国民众感谢中国。中国已经证明它是一个值得信赖的合作伙伴，真诚地帮助那些需要它帮助的人。"

　　2023 年 12 月，由中国河北建工集团负责设计、建造的水处理厂在萨尔瓦多伊洛潘戈湖开工。该项目总投资 4000 万美元，工期 3 年，建成后将惠及圣萨尔瓦多南部 7 个城区，改善超过 25 万人的饮用水供应。近年来，河北建工集团组建国际工程公司和海外青年团队，以工程承包、劳务合作为抓手参与海外工程建设。值得关注的是，河北建工国际工程公司强化"智慧团建"和"青年大学习"阵地建设，开展"弘扬五四精神·展现青春风采""青春心向党·建功新时代"系列主题团日活动，将导师带徒、团员服务队的示范引领作用贯穿于海外工程建设管理的各个环节，为团员想作为、有作为搭架子、树梯子，帮助他们实现"三年独当一面，五年撑起一摊"的奋斗目标，获评河北五四红旗团支部标兵、河北青年五四奖章集体等荣誉称号。

　　"走向阅读社会"是联合国教科文组织发出的呼吁。中国为有关国家援建图书馆，正是为了与这些国家青年共享知识，实现共同发展进步。2023 年 11 月启用的萨尔瓦多国家图书馆是中萨建交后首座交付的中国援建成套项目，设有传统图书阅览区、电影动漫区、3D 打印实验室、虚拟现实体验厅、机器人教室等多种功能分区，不仅能阅览书籍、查阅资料，还能观看演出、交流学术、娱乐休闲，成为该国首都圣萨尔瓦多市的新地标和热门打卡地。萨尔瓦多总统纳伊布·布克尔表示，中方援建的这座图书馆是"拉美最现代化的图书馆"，为青年教育发展创造优质环境。另外，中国援建的位于刚果共和国首都布拉柴维尔的恩古瓦比大学图书馆，配套设施先进，馆内设立的中国馆与孔子学院融为一体，是该国最大的中文培训基地，成为当地青年了解中国文化的重要窗口；坦桑尼亚达累斯萨拉姆大学图书馆是中国在非洲建设的规模最大、功能最全、现代化程度最高的图书馆，助力当地青年人才培养和高等教育事业发展；吉布提国家图书档案馆是中吉在中非合作论坛框架下的旗舰项目，吉布提总统盖莱认为，它将极大助力推广民族语言、传承民族记忆、提升民族自豪感。

案例 3.4

"健康快车"：中国青年眼科医生为共建"一带一路"
国家白内障患者带来光明与希望 ①

"健康快车"这座建在火车上的慈善眼科医院，是 1997 年香港回归祖国时香港各界送给内地的一份礼物。一列搭载着先进眼科医疗设备，由手术车、病房车、发电车、宿营车 4 节车厢编挂组成的火车，披着彩虹车身，车上由来自香港和内地的优秀眼科医护人员轮流提供服务，免费为内地贫困地区民众实施白内障手术。

共建"一带一路"启动以来，中国医疗队的实力和信誉同样得到共建国家的广泛认可，"健康快车"驶向"一带一路"。综合考虑列车因国内外铁轨宽度差异难以驶向国外和交通便捷性，"健康快车国际光明行"在延续"健康快车"精神的基础上，采取和

---

① 本案例数据和资料来源：新华网：《驶向光明与希望的"健康快车"》，2023 年 8 月 13 日，见 https://baijiahao.baidu.com/s?id=1774075826444790942；人民网：《"健康快车"驶入塔吉克斯坦》，2024 年 6 月 15 日，见 http://health.people.cn/n1/2024/0615/c14739-40257250.html；颜欢、邢雪：《"健康快车国际光明行"活动走进乌兹别克斯坦——"中国医生给我们带来了康复的希望"》，《人民日报》2023 年 8 月 14 日。

当地医院合作的方式，由 "健康快车" 项目的中国医疗队直接去往当地医院实施手术，仪器、设备则通过空运和陆运送到当地。

截至 2023 年末，"健康快车" 已为内地 28 个省份和斯里兰卡、缅甸、巴基斯坦、乌兹别克斯坦、吉尔吉斯斯坦、塔吉克斯坦等共建 "一带一路" 国家的 23 万多名白内障患者送去光明与希望，患者覆盖老人、青年，还有孩童和刚出生的婴儿。曾 7 次参与 "健康快车" 工作的中国香港青年眼科医生何俊浩深有感触，"做'健康快车'上的医生，虽然不涉及生死，却能让爱源远流长。"

"健康快车塔吉克斯坦光明行" 由上海合作组织睦邻友好合作委员会支持，中华健康快车基金会和健康快车香港基金共同出资，中国国家卫健委国际交流与合作中心牵头实施。这是落实习近平主席在上合组织成员国元首理事会第二十二次会议上所宣布有关举措的重要行动。项目由北京协和医院的青年眼科专家为当地白内障患者免费实施复明手术。中方还向塔方捐赠先进的眼科设备和耗材，并加强与塔方的学术和青年医护人员培训交流，助力塔吉克斯坦培养眼科医疗人才。

2023 年以来，北大人民医院医疗专家组成的 "健康快车国际光明行" 医疗队抵达乌兹别克斯坦，在布哈拉和撒马尔罕两座城市开展白内障复明医疗救治工作。其间，中乌防盲合作中心成立，为两国眼科学界交流合作搭建桥梁。中方专家的敬业勤恳得到乌方同事和患者的高度赞誉，青年护士高文婕时常在微信 "步数排行榜" 里名列第一，而她的活动范围不过是一间小小的手术室，曾经 8 个小时在手术间里走了 1.8 万步。不到 30 岁的费勒是乌兹别克斯坦眼科医学中心青年骨干，在中国专家的耐心指导下，完成第一台完整的白内障手术。撒马尔罕州卫生局局长朱曼尼约佐夫·达夫隆别克表示："我们的医疗机构都希望能与中方伙伴建立长期合作关系，期待双方的合作越来越深入。"

可以看到，"健康快车" 在提供优质医疗服务的同时，发展成为眼科培训基地，为服务过的地区留下一列列 "不走的健康快

车"：资助当地医院打造"眼科中心"，培训青年眼科医生，捐赠
白内障手术治疗设备，使当地医院能独立开展白内障手术。

第三节　职教出海：中外职业教育重点 合作项目的新进展

目前，中国已建成世界最大规模的职业教育，中国职业院校开设
1300 余个专业，基本覆盖国民经济各领域。在高质量共建"一带一路"
新的金色十年开局之年，随着国际产能合作、共建"一带一路"的深入实
施和越来越多中国企业"走出去"，中国有关机构通过开展中外合作办学
项目、开拓境外办学品牌、实施本土化师资培训、输出中国特色职业教育
标准、组建区域性职业教育国际化联盟、开展职业技能国际赛事等举措，
成功打造鲁班工坊、"中文+职业技能"、浙江"丝路学院"、江苏"郑和
学院"、山东"班·墨学院"、上海毕昇工坊等"职教出海"品牌。截至
2023 年末，中国共有 400 余所职业院校与共建国家办学机构开展合作办
学，其中在办高职高专中外合作办学机构和项目达 1000 多个。

针对"语言+技能"复合型师资不足，多语种、本土化教材和教学
资源缺乏等问题，中国教育部中外语言交流合作中心与中国职业院校合
作建设"中文+职业技能"基地，开展外派教师以及海外本土师资培养，
以及"中文+职业技能"系列教材和资源研发。截至 2023 年末，该中心
支持 41 所中国职业院校开发 57 个"中文+职业技能"教材，覆盖 50 余
个专业，陆续翻译成多个语种出版，培养"双师型"师资近千名。

2015 年末，中国有色金属工业协会依托全国有色金属职业教育教学
指导委员会，以中国有色矿业集团作为试点企业，在有色金属行业开展职
业教育"走出去"试点。截至 2023 年末，10 所试点职业院校共派出 90
多名教师赴赞比亚，为中国有色矿业集团赞比亚分公司 1500 多名赞方青
年员工开展 20 多个职业工种以及工业汉语的培训，赞比亚分公司的大部

分技术岗位已由当地青年员工操作，企业经营管理绩效明显提升。中国—赞比亚职业技术学院由中国有色矿业集团协同中国 10 家职业院校，于 2019 年在赞比亚独立开展学历教育的高等职业院校，2023 年 10 月迎来首届学生毕业。截至 2024 年 3 月，中国—赞比亚职业技术学院开设 10 个高职专业，分别由参与共建的 10 所中国职业院校以海外分院的形式承办；有 9 个专业以中国职业教育专业教学标准为基础，依据中国教育理念和教学模式，结合赞比亚实际研发制定，成为赞比亚相关专业国家教学标准。

进一步看，一些"走出去"企业数量多、规模大的中国行业组织正在有计划地、更大规模地推动"职教出海"。比如，中国机电商会、中国教育国际交流协会与新加坡中华总商会在 2024 国际产业合作大会（新加坡）上，联合倡议成立"职业技术教育国际产教融合共同体"，动员会员企业和职业院校在海外开展职业教育合作；中国有色金属工业人才中心与山东省教育厅、甘肃省教育厅合作，统筹中国 50 所高职院校与 10 个中资企业合作，在 14 个共建"一带一路"国家的 20 个中资企业项目地建立海外培训中心和校区，面向当地青年开展技术技能、安全生产、工业汉语等线上线下培训。

2023 年 12 月，江西应用技术职业学院成立巴基斯坦海外分校"中巴国土资源学院"，与巴基斯坦信德省职业教育与培训局、拉卡纳省立技术学院合作，首个合作办学专业为国土资源调查与管理专业，以学分互认为基础，采取"双校区办学，双学籍注册，毕业颁发双学历的'2+1'联合培养"的教学模式，旨在培养懂技术、善中文、会管理的国土资源领域专业人才。2024 年 3 月，江西应用技术职业学院巴基斯坦海外分校启动线上教学，首批巴基斯坦学生与江西应用技术职业学院国际中文教师齐聚云端，共同开启《汉语口语》第一课。

2024 年 3 月，南京工业职业技术大学与柬埔寨柬华理事总会合作共建的中国职业教育第一所海外应用技术大学——柬华应用科技大学首届本科生开学典礼在柬埔寨金边举行。学校采用 4+0、2+2、3+1 等教学模式，在柬埔寨开展本科学历教育，学生可同时获得中柬两国的学历和学位证书，授课语言主要为中文。华为技术柬埔寨有限公司、柬埔寨电网有限公司等企业为柬华应用科技大学提供实验实训设备支持。柬华应用科技大学和有关企业一起制定人才培养方案，邀请企业导师为学生授课，为企业培养急需的技术技能人才。

上海出版印刷高等专科学校的"毕昇工坊"项目以出版印刷技术为载体，向共建"一带一路"国家的高校、企业等提供先进的印刷包装技术、出版传媒技术，以及出版印刷领域的职业技能培训，积极传播中华出版印刷文化，促进中外人文交流。截至 2024 年 6 月，已在乌兹别克斯坦塔什干纺织与轻工学院、哈萨克斯坦阿拉木图印刷学院、波兰理工大学成立三个"毕昇工坊"海外办学基地，开展技能培训、产业信息服务、学术合作、人文交流等项目，服务中国和欧洲、中亚的印刷产能合作。

金砖国家技能发展与技术创新大赛 2016 年底由金砖国家工商理事会技能发展工作组（中方）提出并发起，"'一带一路'暨金砖国家技能发展国际联盟"为主要组织单位，其目标是为金砖国家建立人才选拔通道，提升人才培养能力，服务先进制造领域，促进金砖国家技能发展。2017 年，中国是金砖国家轮值主席国，金砖大赛成为金砖国家工商理事会中方理事会的重要成果和推动金砖国家间人文交流活动之一。2023 年金砖大赛包括俄罗斯赛区的 2023（俄罗斯）金砖国家数字技能大赛、2023（俄罗斯）金砖＋欧亚高科技公开赛，中国赛区国际赛的第七届焊接技术远程国际大赛、第十一届焊接技能国际大赛、第二届虚拟仿真焊接大赛、第十届焊接机器人编程、操作与维护国际大赛等。

案例 3.5

鲁班工坊：打造"一带一路"上的技术驿站 ①

在第三届"一带一路"国际合作高峰论坛上，"鲁班工坊"

---

① 本案例数据和资料来源：新华社：《"为未来，培养更强竞争力"——探访卢旺达"鲁班工坊"》，2024 年 4 月 25 日，见 http://www.xinhuanet.com/world/20240425/1f19dc9a217b4c80a515ba5128b403bf/c.html；汪伟、张雯婧：《哈萨克斯坦总统点赞鲁班工坊》，《天津日报》2024 年 2 月 28 日；赵一诺：《黑龙江省在俄罗斯建设的首个鲁班工坊揭牌》，《黑龙江日报》2024 年 2 月 21 日。

这个词多次为习近平主席所提及。鲁班工坊以中国家喻户晓的木匠大师和发明家鲁班的名字命名，是在中国教育部指导下、天津市原创并率先主导推动实施的职业教育国际品牌，以"小而美、见效快、惠民生"思路设计建设，采取学历教育与职业培训相结合的方式，中方教师并不直接给学生上课，而是用中国标准培训当地教师，再由当地教师教授学生。鲁班工坊的主要设备和技术通常由中国合作伙伴提供，课程也由中国方面根据当地机构的需求和建议来设计。

目前，鲁班工坊形成校际合作、校企合作、政府间合作等三类建设运营模式，实现产业、行业、企业、职业、专业"五业联动"，教随产出，校企同行，持续为"走出去"的中国企业在海外发展培养培训优秀青年人才，同时也带动中国企业和优质产能"走出去"。据本书编委会调研，截至2023年末，中国教育国际交流协会认定的鲁班工坊项目累计29个，中外合作开发50多个专业，累计为合作国培养学历学生9000余名，形成中职、高职、本科、研究生各学段全覆盖的国际职业教育体系；累计为合作国开展各级各类培训1.8万多人次，培养大量熟悉中国技术、了解中国工艺、认知中国产品的丝路青年技能人才；开发100余个职业教育国际标准，开展千余人次的海外教师研修项目。

2023年5月，习近平主席同来华出席中国—中亚峰会的哈萨克斯坦总统托卡耶夫会谈，提出要抓紧开设鲁班工坊，加强人文交流合作。托卡耶夫总统在接受中国媒体采访时表示，鲁班工坊就像一座桥梁，激励着哈中两国合作的深化，将在哈萨克斯坦积极打造鲁班工坊。中国—中亚峰会期间，在习近平主席和托卡耶夫总统共同见证下，天津市与哈萨克斯坦东哈萨克斯坦州签署共建鲁班工坊合作协议，标志着由天津职业大学与东哈萨克斯坦技术大学共同承建的哈萨克斯坦鲁班工坊项目全面启动。2023年12月，哈萨克斯坦鲁班工坊试运营，首期开设运输设备及技术专业，建有车辆维护、燃油汽车系统、新能源汽车、智能网联汽车四个实训区。天津职业大学为哈萨克斯坦鲁班工坊"量身定制"纯电动汽车运行理论、电动汽车设备、汽车发动机、汽车高级驾驶辅助技术、无人驾驶车辆组装技术等5门课程标准，并对15名东哈萨克斯坦技术大学教师进行专业化培训。2024年2月，托卡耶夫总统专程来到哈萨克斯坦鲁班工坊视察，为鲁班工坊点赞，特意用中文向天津职业大学致谢："非常感谢中国天津职业院校的付出，做得很好。希望这样的工坊在哈萨克斯坦越多越好。"

滨海边疆区是俄罗斯远东地区教育和科研中心，与中国黑龙江省水陆相连，有着沿边开放的地缘区位优势。2024年1月，由黑龙江农业工程职业学院与驻俄中资企业"组团出海"建立的俄罗斯鲁班工坊揭牌。这是黑龙江省在俄罗斯建设的首个鲁班工坊，围绕当地企业用人需求、农机技术应用、农业产能提升等方面开展俄罗斯青年人才培养，为中俄两国农业合作点燃新引擎。

案例 3.6

统一品牌：中国地方政府推动打造"职教出海"金名片 [①]

2016年，中国浙江省教育厅等部门发文提出建设"一带一路'丝路学院'"的部署。"丝路学院"为浙江省境外办学机构的统称，鼓励"百花齐放、百家争鸣"，不拘泥于办学内容和办学

---

① 本案例数据和资料来源：浙江一带一路网：《省教育厅等四部门联合发布文件推动"丝路学院"高质量发展》，2024年1月11日，见 https://zjydyl.zj.gov.cn/art/2024/1/11/art_1229691721_42076.html；苏雁：《扩大优质职教"国际朋友圈"阿联酋郑和学院（阿布扎比）正式揭牌》，《光明日报》2023年12月17日；新华社客户端：《跨越山海校企四方携手　郑和学院落地印尼三宝垄》，2023年12月22日，见 https://baijiahao.baidu.com/s?id=1785967452837778904。

形式，可涵盖人才培养、技能培训、国别研究、政策咨询、文化交流等。截至2023年末，浙江省已有30所高校在33个国家设立39所"丝路学院"，3所"丝路学院"入选中国首批鲁班工坊运营项目，1所"丝路学院"入选浙江省首批"小而美"境外项目，成为浙江教育服务共建"一带一路"的"金名片"。为规范提升"丝路学院"办学质量，2024年1月，浙江省教育厅、浙江省发展和改革委员会、浙江省商务厅和浙江省人民政府外事办公室联合印发《"一带一路'丝路学院'"高质量发展行动方案（2024—2027年)》，提出到2027年，在共建"一带一路"国家建立50所"丝路学院"，输出一批专业标准、课程标准，为共建国家培养一批了解中国企业标准、具备专业技能的高素质本土化人才。

"郑和学院"是中国江苏省教育厅打造的"职教出海"品牌，充分发挥"郑和"品牌价值，整合境内外办学资源，推动有条件的本省职业院校与企业携手"走出去"，打造"生源多样化＋载体多元化＋成效立体化＋人才培养长效化"的职教出海"新样本"。2023年12月，由扬州工业职业技术学院、江苏海事职业技术学院、中江国际人才发展有限公司和江苏海投公司合作共建的阿联酋郑和学院（阿布扎比）在中阿（联酋）产能合作示范园成立，这是在阿联酋落地的第一家"郑和学院"。同月，江苏经贸—印尼三宝垄郑和学院成立仪式在印尼三宝垄国立大学举行，各合作方共同制订国际化人才培养方案，共育熟悉中国技术、产品、标准和品牌的本土化"中文＋商贸"技能人才。

2023年10月，中国山东省教育厅、山东省委外办联合印发《关于实施职业教育海外"班·墨学院"建设计划的指导意见》，提出，充分发挥山东省作为"匠圣"鲁班、"中华科圣"墨子故里的传统文化优势，启动实施职业教育海外"班·墨学院"建设计划，以服务国际产业合作为主要任务，以"中文＋职业技能"为主要内容，政府统筹、行业牵线、校企"组团出海"，布局建设一批海外工程技术大学、职业技术学院和办学点，培养海外中资企业急需的本土青年技能人才和国际化人才。据本书编委会调研，淄博职业学院、中国建筑马来西亚分公司与马来西亚拉曼理工大学，山东理工职业学院、胜地（泰国）有限公司与泰国春武里技术学院，山东服装职业学院、山东岱银纺织服装集团与马来西亚拉曼理工大学，济南职业学院、山东栋梁科技设备有限公司与泰国全球工商管理技术学院等中外职业院校和中资企业陆续合作成立首批"班·墨学院"。

第四节　丝路青年深度参与中国支持高质量共建"一带一路"合作项目面临的主要挑战和高质量发展建议

一、当前丝路青年参与中国支持高质量共建"一带一路"合作项目面临的主要挑战

（一）共建"一带一路"国家内部挑战趋向复杂化

共建国家多属于发展中国家，工业化、城市化和产业发展水平较低，经济发展内生动力不足，导致其基础设施独立投资建设难以维系。同时，部分国家还面临政治生态脆弱、经济转型积重难返的双重难题，政府治理能力较低与投融资困难并存，导致本国形成结构性发展赤字。目前，基础设施建设项目约占共建"一带一路"合作项目投资总量的50%以上，但基础设施建设项目普遍面临投资金额高、建设周期长、短期回报收益率较低等挑战。在当前世界经济复苏疲软、国际金融货币体系不稳定的背景下，不少共建国家的基建投入缺口较大，影响相关项目的持续推进。

此外，部分共建国家内部还长期存在央地矛盾、民族宗教冲突、地方利益竞争、政治安全隐患增多等问题，影响其实施基础设施建设的稳定性。东南亚、中亚、南亚、中东、非洲、拉丁美洲是共建"一带一路"的重要区域，处于世界主要文明碰撞交汇之处，民族宗教多样，思想文化多

元，历史遗留问题与现实矛盾的冲突相互交织，地区国家之间的关系错综复杂。在全球地缘政治博弈形势下，部分共建国家内部呈现政治极化、贫富分化加剧、社会对立、民粹主义盛行等问题，直接影响其参与共建"一带一路"合作项目的政策稳定性和实施连续性。同时，一些共建国家宗教极端主义、民族分离主义和暴力恐怖主义沉渣泛起，地区安全局势进入恶性循环，也给共建"一带一路"合作项目带来安全风险。

（二）中国职业教育"走出去"仍面临一系列结构性矛盾

尽管中国职业教育"走出去"呈现蓬勃发展的良好势头，但在理念思路、管理模式、队伍建设、人才培养、文化交流等方面还存在薄弱环节。近年来中国各级政府虽然增加经费投入，改善办学条件，但不少中国职业院校面临底子薄、历史欠账多、投入不足、办学条件有限等发展难题，不同地区和不同行业之间还存在较大的资源差距。不少中国职业院校的专业教师总量、"双师型"教师比例、师生比等关键指标达标率需要进一步提升；办学主要依靠政府财政支持，且增长力度滞后于学生规模和学习需求的增长，社会力量参与的多元投入机制尚未形成；新一代信息技术加速演进、交替突破和科教融汇的迫切要求，对中国职业教育专业发展、资源建设、学校治理也提出新挑战。

二、丝路青年深度参与高质量共建"一带一路"合作项目的建议

（一）进一步支持丝路青年建设者深度参与高质量共建"一带一路"标志性工程

有关部门要加大力度促进双边、多边合作的标志性工程的落地实施，为中资企业海外青年团队提供政策咨询、风险提示、安全防范、应急管理等公共服务，及时发布标志性工程投资建设指南，降低中资企业运作风险。中国青年建设者在共建国家开展标志性工程建设时，要综合考虑共建国家的内部风险及其背后大国势力的干预，及时做好标志性工程的实施细则和应急预案，适时推进与项目所在国、发达国家在规划、建设、运营、管理、融资等方面的三方合作。

　　中资企业海外市场主体要鼓励中国青年团队在标志性工程建设中，推广、应用、普及中国建设标准，争取中国标准纳入项目所在国的国标体系，促进中国建造经验在共建国家复制和创造性转化，形成标志性工程带动下的大中小项目有序拓展和融通发展新格局。结合标志性工程的自然条件、标准、工期等综合情况和实际需求，推动中资企业及其在项目所在国的上下游企业积极应用技术领先、成本实惠的中国设备，鼓励丝路青年工程师实施适配项目的本土化技术改造，提升中国"硬核"科技的使用效能。支持中资企业和中国青年团队拓展与中外高校、职业院校、研究机构、供应链企业的深度对接合作，共建青年人才培训中心、技能人才订单式培训基地、建筑技术实验室、产业项目孵化中心，推动中资企业将标志性工程建设延伸的科创项目、服务项目、职教项目入驻中国与项目所在国共建的境外产业合作园区，实现属地化长期耕耘。

　　中资企业要建立配套的履职履责、绩效考核、思想教育和人文关怀体系，督促项目青年团队切实理解标志性工程对于高质量共建"一带一路"、中国与项目所在国和相关地区的双边及多边合作关系等重要意义，坚持人民至上，深刻认识到标志性工程是政治责任、民生工程和民心项目，要以"时时放心不下"的责任感和"处处如履薄冰"的工作状态"事事紧抓不放"。项目青年团队要增强法律素质和风险意识，遵守项目所在国的法律法规、政策文件、行业标准，依法合规经营，规范投资建设行为，尊重当地传统文化和习俗禁忌，加强求同存异的友好协商磋商，塑造良好的企业形象和团队形象。项目青年团队要积极履行社会责任，加强绿色建设能力，开展多元化、多层次的文化交流合作，组织和参与社会公益活动，消除隔阂，建立互信。

（二）进一步发挥丝路青年在"一带一路""小而美"民生项目建设运营中的核心作用

　　建议有关部门建立"一带一路""小而美"民生项目的类别、标准、考核、资助等政策体系，构建项目公示、进度、运营、移交等全周期信息披露机制，发布"小而美"民生项目典型案例，扩大项目的社会影响和外部约束机制。统筹推进标志性工程和"小而美"民生项目，推动中资企业与境内外供应商在承接标志性工程时，基于项目配套、履行社会责任、人才培养、公益互助等目标，策划和建设聚焦发展、改善民生、蕴含希望的"小而美"民生项目，为标志性工程建设创造良好环境。鼓励中国民营企业积极参与"微型"水电站、小型道路、数字基础设施等规模小、利润有保障的"小而美"民生项目，锻造独立开展"走出去"项目建设运营的核心能力。

中资企业要建立由青年员工为主导的"小而美"民生项目专班，发挥其年富力强、乐于奉献、创新能力强等优势，在项目名称、目标、任务等内容策划上重视因地制宜、绩效考核和特色化、针对性，构建具有品牌识别度和影响力的"带不走"的示范项目，想当地民众所想、急当地民众所急，接地气、聚人心，提升所在国、项目地居民的获得感、幸福感和满意度。平衡企业发展和社会责任，中资企业要将"小而美"民生项目建设成效纳入对标志性工程项目团队的绩效考核和青年人才培养体系，避免项目陷入形式主义和同质化困境。建议项目所在国的多家中资企业联合开展"小而美"民生项目，并建立协调机制，避免项目面向同类群体重复建设。

（三）以"教随产出"进一步深度推进"职教出海"，将中国职业教育打造为广受欢迎的国际公共产品

建议有关部门在规划对外经济援助项目、中资企业在承建标志性工程和国际产能合作、中国职业院校在境外办学中，依据专业与产业适配、人才与需求适应的原则，多立项国际职业教育合作项目，"组团出海"。建议中国教育主管部门加强统筹联动，统筹用好"职教出海"各类资源，在院校布局、办学规范、资产配置、教师待遇、资金投入等方面给予指导和支持，并加强办学监管，防范办学风险。推动中资企业将参与中外职业教育合作作为履行社会责任和属地化人才队伍建设的重要举措，纳入国际业务的绩效考核体系，安排职能部门、专门人员、专项资金予以高效实施。

推动中外职业教育合作的增量项目与"鲁班工坊""丝路学院""郑和学院""班·墨学院"等存量境外办学名片对接合作，联动中国地方政府、职业院校协作构建体现地域、产业、学科、专业、课程等特色的区域职教公共品牌，加快形成层次分明、优势互补的"职教出海"品牌体系。秉承

"企业走到哪里，教育服务就跟到哪里"的宗旨，引导中国职业院校根据技能类别、适用人群、地域特点、产业发展等因素，分批分类设计境外办学项目，搭建既受国际认可，又具自身特色的职业教育标准，开发适配合作国的教学资源、教学设备和数字实训平台，加大国际化师资培养力度，积极融入合作国的国民教育体系，形成可复制、可借鉴、可推广的海外技术技能人才培养模式，着力培养心心相印的"一带一路"青年建设者，扩大知华友华爱华群体，巩固基层民众"朋友圈"。

第四章

创新驱动：丝路青年参与"一带一路"国际科技合作的新进展、面临的新挑战和高质量发展建议

　　当前，全球科技创新发展进入新阶段，展现出新技术、新产业、新业态、新模式等新特征，创新要素更具开放性、流动性。中国支持高质量共建"一带一路"八项行动的第五项就是推动科技创新。同时，只有加强国际科技合作，加快技术转移和知识分享，共同培育全球发展新动能，才能为人类创造更加美好的未来。2023 年 11 月，国家主席习近平向首届"一带一路"科技交流大会致贺信，指出，"科技合作是共建'一带一路'合作的重要组成部分。中方将弘扬以和平合作、开放包容、互学互鉴、互利共赢为核心的丝路精神，深入实施'一带一路'科技创新行动计划，推进国际科技创新交流"①。随着全方位、多层次、广领域的国际科技合作新格局全面形成，中国已成为推动世界科技创新实践、深度参与全球科技治理的重要力量。进一步看，青年时期是"科学创造的最佳年龄区"，是科技创新重大成果突破的黄金阶段，在加快发展新质生产力的进程中至关重要。

---

① 《习近平向首届"一带一路"科技交流大会致贺信》，《人民日报》2023 年 11 月 7 日。

第一节　丝路青年参与科技人文交流的新进展

一、首届"一带一路"科技交流大会擘画丝路青年科技人文交流新十年

2023 年 11 月，由中国科技部、中国科学院、中国工程院、中国科协、重庆市人民政府和四川省人民政府共同主办，中国国家发展改革委作为支持单位的首届"一带一路"科技交流大会在重庆举行，重庆市委书记袁家军在开幕式上宣读习近平主席的贺信，中国国务院副总理丁薛祥、匈牙利国会副主席雅高布、世界工程组织联合会主席穆斯塔法·申胡在开幕式致辞，来自 80 余个国家和国际组织的 30 多名外方部级政府官员、300 多名外国嘉宾，以及 500 多名国内专家、学者、企业家等出席开幕式。大会首次建立面向共建"一带一路"的高能级国际科技交流合作机制。"一带一路"科技创新部长会议首次召开，为构建更加紧密的创新伙伴关系、共同推进创新丝绸之路建设凝聚强大共识。作为中国首个重要科技合作倡议，《国际科技合作倡议》面向全球发布。"一带一路"青年科学家论坛、"一带一路"国际大数据竞赛、"一带一路"青少年科技创新伙伴计划重庆行、未来医学创新合作论坛、开放创新促进发展中国家制造业高质量发展论坛、开放科学圆桌会议、产业变革与企业技术创新圆桌会议、信息时代科研范式变革圆桌会议等活动围绕青年科技人才成长、健康、可持续发展、开放创新等议题，为各方提供坦诚交流、分享智慧、凝聚共识、探讨合作的平台。

值得关注的是，本次大会承办地重庆，正加快打造丝路青年发展型"一带一路"科技创新合作区，加快引进国际优质科创资源，推动本市先进技术、优质产品和高技术服务走出国门。重庆与新加坡、匈牙利、坦桑尼亚、泰国等 60 多个共建国家的有关部门签订科技创新合作协议，重庆的有关高校、科研院所、企业与共建国家的创新主体开展联合研发、平台共建和人才培养等多层次的科技交流合作。比如，重庆大学、西南大学、重庆邮电大学、重庆市科学技术研究院、重庆市农科院等围绕智能科技、

生命科技、先进制造等重点领域，先后与国外科研机构实施国际科技合作项目 80 余项，累计投入超 5 亿元；重庆建设国家 "一带一路" 联合实验室 1 家、国家级国际科技合作基地 19 家、相关国际科技合作平台近 40 余家；先后引进比利时鲁汶大学、新加坡国立大学、乌克兰基辅理工大学、泰国皇家理工大学等国外知名高校来渝共建研发机构；重庆工商大学等单位承办发展中国家技术培训班 11 期，累计招收 40 余个共建国家青年学员超 300 名。

二、高质量共建 "一带一路" 新的金色十年开局之年的其他科技人文交流活动

2023 年 11 月，以 "解构创新·驱动未来" 为主题的 2023 国际青年可持续创新大会在深圳举行，汇聚全球近百位在可持续创新领域的优秀青年创作者，围绕可持续时尚、可持续交通、可持续生活方式、可持续意识形态以及可持续人居环境等领域进行研讨，提出创新解决方案。大会期间，举办国际青年可持续创新大展，包括 IF 设计奖 [①] 作品展、绿色产品奖作品展、国际优秀设计师工作室作品展、可持续创新材料展等。国际青年可持续创新智库同步成立，为地方政府、企业及机构提供研究、咨询服务。大会还启动国际青年可持续创新大赛。

为庆祝中国与乌拉圭建交 35 周年，落实中乌政府间科技合作混委会第四次会议共识，推动两国科技人员交流互动，在中国科技部国际合作司指导下，中国科学技术交流中心会同中国驻乌拉圭大使馆、乌拉圭教育文化部和乌拉圭驻华大使馆，于 2023 年 12 月在北京举办中国—乌拉圭青年科学家对话。会上，来自中国农业科学院作物科学研究所、中国热带农业科学院科技信息研究所、青岛大学、乌拉圭共和国大学、乌拉圭国家农业研究所、乌拉圭克莱门特生物研究所等多家中乌科研院所

---

① IF 设计奖是德国历史最悠久的工业设计机构——汉诺威工业设计论坛每年定期举办的设计奖项，创立于 1953 年，素有 "产品设计界的奥斯卡奖" 之称。

的青年科学家，围绕"农业"与"生物医药和纳米医药"两个议题展开对话交流，分享联合实验室、技术研究、学术交流、人员培养等方面合作情况及成果。

为推动中日韩创新资源对接，促进三国青年科技人员友好交流，深化科技创新务实合作，根据亚洲合作基金专项"中日韩青年创新创业及科技人文交流项目"的有关要求，在中国科技部支持下，由中国科学技术交流中心主办的 2024 中日韩青年创新合作对接赛于 2024 年 4 月在济南和北京举行。活动设置创业训练营、启动仪式、参访交流、项目对接等环节，共有数字经济、智能技术、生物技术与大健康三大领域共 28 个创新项目参与角逐，其中 18 个项目入选总决赛。

2024 年 4 月，由北京市人才工作局、中国日报社、北京海外学人中心、海淀区委人才工作领导小组联合主办的北京国际青年创新发展论坛举行。本届论坛作为 2024 中关村论坛 ① 年会平行论坛，以"凝聚青年力量 推动创新发展"为主题。论坛上，北京海外学人中心联合 43 家国内外机构启动以青年人才为服务主体的全球创新资源合作平台——联系北京·全球创新服务网络，与海淀区委人才工作领导小组共同打造全球创新服务网络建设示范区；与北京市公安局出入境管理局联合在京高校发布"留学北京＋"行动，为来华留学生实习、就业提供服务支持；首钢基金发起设立全球青年人才创新发展投资基金；北京大学区域与国别研究院联合北京海外学人中心发布《2024 全球青年科技创新发展报告》。

2024 年 6 月，中国外文局美洲传播中心（北京周报社）、香港辽宁社团总会、腾讯集团市场与公关部共同主办的 2024 年智见青年行举行。活动以"探索新质生产力"为主题，来自中国、美国、俄罗斯、德国、意大利、泰国、日本等 21 个国家和地区的青年代表，赴北京、沈阳、河北雄安新区交流访问，体验数字生活，促进中外青年人才和企业的交流合作，向世界讲好中国数字经济发展的故事，讲好中国式现代化的故事。参加活

---

① 中关村论坛以"创新与发展"为永久主题，由科技部、国家发展改革委、工信部、国务院国资委、中国科学院、中国工程院、中国科协、北京市政府主办，自 2007 年起，历经十余年发展，成为全球性、综合性、开放性的科技创新高端国际论坛。

动的青年代表多为在海外有影响力、自带传播渠道的青年企业家、科技人员、学者和海外媒体意见领袖。

2024 年 7 月，由中国科协青少年科技中心、陕西省科协主办的"一带一路"青少年科技人文交流活动（中非板块）举行。来自南非、津巴布韦和中国的 200 余名优秀师生代表相聚西安，聆听 2 场围绕中国航空航天科学技术发展和国宝大熊猫的科普报告会，参访 11 所高校博物馆、国家级重点实验室及科技文化场馆，参加 4 场科技实践活动，推进中非科技人文交流薪火相传。

2024 年 7 月，中国科协海智青年科技志愿服务夏令营在北京和深圳开营。活动致力于为海外青年科技人才提供了解中国、认识中国的机会，深化中外科技青年科技人才的友好交流，搭建增进友谊的桥梁。营员均是科学、技术、工程和数学领域的在校大学生、研究生和青年科技人员，陆续赴知名企业、高校和研究机构访问、交流，并深入城乡社区、科普场馆等地开展科技志愿服务，并体验一系列文化活动，进一步了解中华文明的悠久历史与丰富内涵。

2024 年 7 月，第 21 届京台青年科学家论坛在北京举行，两岸青年科技工作者围绕智慧农业、智慧气象、智慧医疗等助推新质生产力发展的领域，展开交流研讨。京台青年科学家论坛由海峡两岸有关单位携手合作，连续举办 21 届，上千名中国台湾青年学者和青年企业家来北京开展交流，在京单位近 50 个团组、600 余人次赴台湾交流，成为凝聚服务两岸科技工作者的重要学术交流平台。论坛建立京台青年科技工作者联席会议机制，推动两岸青年学者、企业家和科技人才的常态化、机制化交流。台湾中华青年企业家协会理事长表示，京台青年科学家论坛自首届成功举办以来，始终风雨无阻、年年传续，带动京台两地青年科学家交流。另外，中国科技部连续实施台湾青年科学家交流计划，资助台湾青年科研人员到大陆开展短期（不少于 3 个月）科技交流，资助额度为每人每月 1.5 万元人民币，2024 年项目优先资助领域为人工智能、医药健康、生态农业、食品安全、防灾减灾、材料科学。

案例 4.1

世界青年科学家峰会：强活力的青年英才聚会 ①

2024 年世界青年科学家峰会（以下简称"青科会"）由中国科协与浙江省人民政府联合举办，以"汇聚天下英才·共创美好未来"为主题，系列活动贯穿全年，在温州等中国多个城市和比利时布鲁塞尔举办，重点活动包括：青年创新创业与孵化、"一带一路"科技人文交流、科研环境与青年科技人才的激励评价和职业发展、国家战略科技人才培养等 16 个专题论坛，青年科学家自发组织的圆桌会、报告会、路演会、闭门会议，高校、科创平台、创新企业和青年科学家的创新成果展示交流，青年开放论坛、社交文体活动、参观考察、公众开放活动等青年科学家节，第二届可持续发展青年科学家奖、第十八届中国青年科技奖及特别奖、首届全球高被引青年科学家年度榜单等评选活动。

2019 年，国家主席习近平给首届青科会发来贺信，对青年科学家寄予厚望：科技的未来在青年。2021 年 8 月，温州和平国际医院的外籍青年医生代表联合致信习近平主席，习近平主席在回信中对外籍青年积极到中国各地走访、深化对华了解表示赞赏，鼓励他们加强交流互鉴，为推动构建人类命运共同体贡献青春力量。

联合国秘书长古特雷斯向 2020 年青科会全体参会代表致信。联合国助理秘书长、联合国秘书长青年特使、联合国人居署执行副署长、国际科学理事会主席等国际嘉宾出席历届青科会。2022 年青科会纳入联合国基础科学促进可持续发展国际年计划。2023 年青科会首次设置三场海外专场推介活动（美国纽约、比利时布鲁塞尔、阿联酋迪拜）。

五年来，青科会以"与海外科技人员交朋友""学术为媒、

---

① 本案例数据和资料来源：世界青年科学家峰会官方网站（https://www.wyss.org.cn/）。

扩大联系、建立信任"为出发点,助推全球人才蓄水池建设,与中国机电工程学会、国际电工委员会、世界工程组织联合会、西湖大学、温州大学、世界顶尖科学期刊 *Nature*、英国物理学会、之江实验室、美国科学促进会等科技战略力量合作,举办全球青年科技领袖圆桌会、女科学家论坛、菠萝科学奖、青年开放论坛等品牌活动,出版高水平学术专刊,发布高层次学术共识、决策建议和解决方案。美国、英国、法国、德国、韩国等 28 个欧美国家和 43 个共建"一带一路"国家的知名媒体纷纷报道,2023年青科会有关资讯的阅读量超 5.58 亿。

五年来,青科会积极推动科学家、企业家、创投家跨界融合,深化"学术交流—科技孵化—产业发展"创新闭环,开展大学生创业世界杯、院士与青年科学家地方赋能行、硬科技投融资大会、高层次人才对接会等一系列创新创业活动,不断强化与国家实验室、高水平研究型大学、国家级科研机构的合作,集聚国内外科技创新力量和优势资源,赋能各国产业转型,累计牵线引育高层次青年人才 1000 多名、牵线签约平台类成果 103 个和项目类成果 995 个。

案例 4.2

科技筑梦,文化交融:第八届"一带一路"青少年创客营与教师研讨活动 [1]

2024 年 7 月,中国科协、科技部和云南省人民政府共同主

---

[1] 本案例数据和资料来源:央视网:《第八届"一带一路"青少年创客营:在筑梦科学之旅中收获"真感知"》,2024 年 7 月 27 日,见 https://gongyi.cctv.com/2024/07/27/ARTIYf-glvaBW8mSWjZO3gotP240727.shtml;新华网:《多国青少年组团赴滇研学 感知科学魅力》,2024 年 7 月 24 日, 见 http://www.yn.xinhuanet.com/20240724/bad9a6e2f1834f20bb2caa86f-8f60c3c/c.html。

办的第八届"一带一路"青少年创客营与教师研讨活动线上线下同步举行。活动以"青春有梦·科技有我·世界同心"为主题，非洲科学院联盟、经济合作组织科学基金会、捷克科学技术学会联合会、泰国科技馆、柬埔寨教育部等国际、国别组织，以及近40个共建国家和地区的师生参与其中。

据本书编委会调研，自2017年起，"一带一路"青少年创客营已连续举办八届，累计吸引来自50余个国家、地区和国际组织的4000多万名青少年和科技教师参与，成为知华友华的外国专家、致力于培养共建国家青少年的科学家以及对创客营怀有深厚感情的青少年交流合作的重要平台。

该次活动设置生命演化的奇迹、草木寻梦、智引未来、星际穿越四场主题创客营。共建国家师生走访云南大学、昆明理工大学、昆明植物所、云南天文台等地。丝路青少年在科学家的带领下，通过走进高校校园、体验高校生活、导师面对面、参加科技实践等丰富多彩的活动，激发科学兴趣，开展课题研究，产生创客成果。创客营还特别设置"一带一路"虚拟科学中心，线上指导参加活动的丝路青少年开展创客设计和项目式研究，创作和展示具有一定研究价值和应用前景的作品。

创客营设置多项科技人文交流活动，助力丝路青少年共同感知中国发展速度、品味中国文化内涵。比如，科普研学——探秘生命起源之旅围绕"古生物进化史"主题，带领丝路青少年了解"寒武纪生命大爆发"的过程，体验化石修复等科创活动，探秘侏罗纪世界的奇妙；在非遗文化市集，师生现场参与陶瓷手作、大理白族扎染、木刻拓印、普洱茶及咖啡的冲泡品鉴等具有云南特色的非遗文化体验；"花田手作"活动组织丝路青少年参观云天化花卉基地，展现云南作为"世界花都"的花卉科技创新成果；"友谊之夜"活动组织丝路青少年观看特色节目和云南民族歌舞表演。

该次活动还发布《"一带一路"国际科学教育协同创新倡议》，支持学生科技社团发展，构筑"大手拉小手"国际交流平台。

第二节 共建"一带一路"联合实验室的新进展

在高质量共建"一带一路"新的金色十年开局之年，以联合实验室 / 研发中心为抓手，中国在"产—学—研"融合互动方面积极发挥引领及辐射作用，强化资源共享与优势互补，开展青年科技人才交流与培养，联合攻关解决共建国家在发展中面临的重大挑战和问题，有效提升共建国家的科技创新能力，并推动中国标准、技术和装备走出国门，增强中国科技"软实力"的国际影响。

一、中国科技部批准建设的"一带一路"联合实验室的新进展

中国科技部批准建设的"一带一路"联合实验室是中国对外科技合作的最高级别平台。

2013 年，南京农业大学与肯尼亚埃格顿大学联合建成全球首个以农业为特色的孔子学院。2016 年，由中国政府援建的中肯作物分子生物学联合实验室在埃格顿大学孔子学院揭牌，并在 3 年后成为科技部首批"一带一路"联合实验室之一。截至 2023 年 11 月，该实验室发展为东非地区最好的分子生物学实验室，配备世界一流的科研设备。依托联合实验室，南京农业大学和埃格顿大学合作举办农业技术培训班，联合培养研究生，为肯方和周边国家培养应用型和创新型青年农业人才。面向肯尼亚主要农作物和园艺作物重大产业难题，联合实验室建设粮用菜豆、高粱、小米、花生、木薯等非洲特色作物分子育种技术平台，有力促进肯尼亚农业发展。2022 年 10 月，联合实验室深度参与的中非农业发展与减贫示范村在肯尼亚纳库鲁郡马坦吉·提萨村挂牌，而后的一年多以来，联合实验室和南京农业大学专家对当地农民开展培训和指导，推广粮用菜豆新品种及当地急需的先进实用农业技术，助力示范村增产增收。

2024 年 3 月，港珠澳海洋产业发展论坛暨中国—东盟海水养殖产业发展论坛在珠海举行，这是中国—东盟海水养殖技术"一带一路"联合实

验室正式批准成立后举办的首次大会。该实验室以中山大学作为依托单位，联合中国海洋大学、中国水产科学研究院黄海水产研究所、上海海洋大学、马来亚大学等18家中外教育科研机构、企业和社会组织共建，实施中国—东盟海上合作基金"中国—东盟海水养殖技术联合研究与推广中心"项目，开展海水养殖鱼虾藻遗传育种、健康养殖、病害防控等技术联合研究，共建海水养殖种质资源库，联合开展人才培训、学术交流、技术示范、学术论坛等工作，促进区域科技、经济和贸易一体化建设和协同发展。

中国—乌兹别克斯坦新药"一带一路"联合实验室由中国科学院新疆理化技术研究所、上海药物研究所与乌兹别克斯坦科学院生物有机化学研究所、植物化学研究所等单位共建，聚焦中亚特色药用资源，开展新药研发全链条的互惠合作和青年人才培养，促进民族药技术转移和成果转化。联合实验室核心主体位于乌鲁木齐高新区的新疆生物医药创新创业园，并在乌兹别克斯坦建成科技合作实体，在塔吉克斯坦、哈萨克斯坦等中亚国家建成合作实验室，形成以乌兹别克斯坦为中心的中国优势医药成果在共建国家转移转化的示范性国际科技合作平台。

中国—中亚"一带一路"联合实验室集"科研、平台和人才"三位一体，依托西北大学考古学和地质学世界一流建设学科，以及乌兹别克斯坦科学院及民族大学、塔吉克斯坦民族大学、吉尔吉斯斯坦民族大学，形成以院士为带头人、归国中青年教授为主体、优秀青年博士为骨干的科研团队，以丝路沿线文化遗产与地质环境为研究对象，聚焦"地质构造—环境变迁—人类发展—文明传承"，在古代人类文化遗存的发掘保护、文明交流互鉴等方面取得系列创新研究成果，并获批中国国家文物局、教育部、陕西省政府授予的创新引智基地、文化遗产保护工程中心、人文社科重点科研基地、高校新型智库等学术平台。

中国—波兰测控技术"一带一路"联合实验室由华中科技大学和华沙理工大学合作共建，是湖北省唯一一家依托高校牵头建设的"一带一路"联合实验室，也是仪器仪表领域唯一的联合实验室，聚焦先进制造、医疗等领域的测控技术共性难题，每年发布课题申请公告，支持共建国家的微尺度温度成像、"碳表"与低碳技术、前沿医学影像技术、类脑计算与脑机智能、智慧能源控制与优化等特色前沿科学研究。另外，华中科技大学与意大利、俄罗斯、韩国、新加坡、马来西亚、印尼、缅甸、埃及等国高校科研院所共同承担多项战略性国际科技合作重点专项、政府间国际合作重点专项等，涵盖能源、移动通信、半导体材料、医学及生命科学等领域。

二、中国地方政府批准建设的"一带一路"联合实验室的新进展

天津市将中外联合研究中心①、海外研发中心②、海外技术推广中心③明确为市级"一带一路"联合实验室。2024年，天津按照每个项目不超过40万元的标准，资助相关科技合作项目，并优先支持在促进两国（或两地）相关领域创新资源对接协作、人才引进与国际化人才培养成效显著，以及涉及国家或天津对外合作机制和议题框架下的合作、与天津国际友城相关机构开展合作的联合实验室，重点支持智能科技、生命科技、低碳科技等领域产业技术的开放创新需求。

《陕西省"一带一路"联合实验室工作指引》明确，联合实验室具备对外开放窗口、对外研究基地、推动协同发展、人才交流培养、服务陕西高质量发展等五大功能，是陕西科技创新体系重要组成部分，计划到2025年，全省布局建设20家具有显著凝聚力和影响力的"一带一路"联合实验室。2023年12月，陕西省科技厅批复成立6家省级"一带一路"联合实验室。首家获批的是西安建筑科技大学陕西省绿色建筑"一带一路"

---

①　面向国际科技前沿、天津重大科技需求，与国外高水平科研机构、高校、企业等以合资、合作的方式在天津建设的中外联合研究中心。

②　立足天津及自身技术需求，在国（境）外独资新建、收购兼并，或与国（境）外相关机构以合资、合作的方式建设的海外研发中心。

③　立足天津及自身技术优势，在国（境）外独资新建、收购兼并，或与国（境）外相关机构以合资、合作的方式建设的海外技术推广中心。

联合实验室，由西安建筑科技大学与丝路国际建筑科技大学联盟成员高校（莫斯科国立建筑大学、乌兹别克斯坦撒马尔罕国立大学和吉尔吉斯斯坦奥什工业大学）及中国西北地区多家建筑企业共建，定位为建筑学科技术领先、人才聚集、示范引领的国际化创新平台。

2024 年，武汉出台《武汉市“一带一路”联合实验室建设实施方案（试行）》，支持该市高校院所、领军企业与共建国家高校等联合建设“一带一路”联合实验室，汇聚全球人才、技术等创新资源。联合实验室的申报条件主要包括：一是中方依托单位应为武汉地区具有独立法人资格的高校、科研院所和领军企业等，外方依托单位应为在国外注册的、具有独立法人资格的高等学校等；二是合作各方须签署相关协议、备忘录或合作意向书等，就共建联合实验室的目标、任务、实施方案、责任分工、投入产出、知识产权归属等达成明确约定；三是联合实验室应有明确的技术合作领域和方向，双方依托单位具备较好的建设基础和稳定的资金来源；四是联合实验室配备学术带头人、技术人员和管理人员，中高级职称或硕士以上学位人数占技术人员的比例不低于 40%；五是鼓励已纳入中外政府间科技创新合作框架或纳入双方政府间机制性会议讨论议题的相关合作，以及与武汉国际友城、签署过双边科技合作协议的国家或地区相关机构开展的合作。

2024 年 4 月，中国科学院西北生态环境资源研究院与伊朗德黑兰大学合作，依托甘肃省张掖市临泽农田生态系统国家野外科学观测研究站，共建中国—伊朗干旱区农业与生态联合实验室，在绿洲土壤改良、节水农业高产栽培、生态农业等方面开展合作研究。6 月，双方在德黑兰大学举行“中国—伊朗干旱区农业与生态联合实验室”“中国—伊朗国际技术转移专业服务机构”揭牌仪式，甘肃省分别与伊朗德黑兰大学、伊朗阿尔博尔斯省签订中国—伊朗国际技术转移合作意向书。

第三节 "一带一路" 技术转移转化中心建设的新进展

一、科技部支持建设的技术转移中心新进展

2016 年 6 月，中国科技部成立 "一带一路" 技术转移协作网络，通过科技伙伴计划助力建设共建国家的科技创新能力，带动区域经济可持续发展。截至 2023 年 12 月，中国科技部已支持建设 12 个技术转移中心。

表 4.1 中国科技部支持建设的 "一带一路" 技术转移中心

序号	名称	运营地	主要职能及简介
1	中国—上合组织技术转移中心	青岛	经习近平主席批复，在上合组织秘书处指导下，由中国科技部、外交部等部委支持下设立，铺建国际创新协作网络，创新双多边合作机制，推动创新资源集聚，服务科技成果转化，建设以上合组织成员国为基础的 "一带一路" 国际合作新平台
2	中国—蒙古国技术转移中心	呼和浩特	组织和推动双方科研机构、企事业单位、民间的科技交流合作，向蒙古国转移先进适用技术成果，举办中蒙科技会谈、会晤、论坛及展会；配合双方政府举办双边科技活动，协助蒙方青年到中国留学进修
3	中国—东盟技术转移中心	南宁	由中国科技部与广西壮族自治区人民政府共建，广西科技厅牵头建设和管理，提供中国—东盟技术转移对接渠道和技术供需信息，组织技术转移系列活动，提供咨询、评估、培训、产权交易、投融资、知识产权、法律、产业分析等配套服务
4	中国—匈牙利技术转移中心	重庆	为中匈两国企业及相关机构间开展科技人才、创新技术、产业资本等交流对接提供专业化配套服务，推动两国科技成果双向转移转化。前期侧重于引进匈牙利创新资源，如绿色低碳、农业、智能制造和软件信息等技术

续表

序号	名称	运营地	主要职能及简介
5	中国—南亚技术转移中心	昆明	由中国科技部和云南省人民政府共建，凝聚和培养一批专业化的技术转移机构和人才，组织企业对接交流洽谈、适用技术培训、先进技术示范，提供专业服务，构建技术转移协作网络
6	中国—阿拉伯技术转移中心	银川	由中国科技部、宁夏回族自治区人民政府共建，推进中阿技术转移海外双边中心建设，构建国际国内技术转移协作网络，打造中阿技术转移综合信息服务平台，组织技术转移培训与推介对接活动
7	中国—中亚科技合作中心	乌鲁木齐	打造集科技信息交流、战略研究、学术交流、新技术新产品展示、技术转移、创业孵化、科技培训、成果推广等"一站式"国际科技交流合作中心，为推进双边和多边的国际科技合作提供服务和管理保障
8	中国—中东欧国家技术转移中心	南京	搭建中国与中东欧国家创新资源高效对接的机制性平台，举办中国—中东欧国家技术合作交流大会，提供产业创新合作需求、技术转移对接渠道和中介服务，打造产业创新服务网络和载体平台
9	中国—拉美和加勒比国家技术转移中心	东莞	构建中国与拉美和加勒比国家技术转移协作网络，促进企业、科研机构、大学等围绕农业科技、生物多样性保护、清洁能源、青年科技人员交流等深化合作
10	中非创新合作中心	武汉	涵养一批非洲合作资源，培养一批创新创业人才，组织一批重点国合专项，打造一批国际科技合作基地
11	技术转移南南合作中心	北京	经中国科技部批准，由中国21世纪议程管理中心和联合国开发计划署共建，搭建技术转移平台和数据库，精准对接技术需求与供给，建设专业智库，建立"一带一路"沿线技术示范与推广枢纽，组织实施各国政府和国际组织委托的技术转移和发展中国家援助项目，开展知识分享、培训交流研讨会和技术示范等能力建设活动
12	"一带一路"环境技术交流与转移中心	深圳	通过政府为主导、企业为主体、产学研协同的运作方式，以服务先进环境技术交流转移、服务绿色"一带一路"建设为中心任务，推动区域信息共享、技术交流、产业合作

二、"一带一路"技术转移转化中心涉及丝路青年的新项目、新活动

作为落实上合组织撒马尔罕宣言关于"举办青年创新创业大赛"倡议的重要举措,第三届上合组织成员国青年创新创业大赛于 2023 年 10 月完成决赛。本次大赛由中国科学技术交流中心支持,上合组织秘书处指导,青岛市政府主办,中国—上合组织技术转移中心协办。来自中国、俄罗斯、哈萨克斯坦、乌兹别克斯坦、吉尔吉斯斯坦等 10 余个国家的 500 余名青年携 200 多个项目参与,覆盖新一代信息技术、生物医药、新材料三大领域 20 余个细分赛道,并发布上合组织框架下高校及科研院所百项技术成果及百项技术需求。近年来,中国—上合组织技术转移中心在海内外十余个城市设立协同中心,实现 30 多亿元的数字贸易服务以及 200 多亿元的技术合同登记,连续举办三届"上合组织成员国青年创新创业大赛""青年创新创业训练营",以及"脑科学"专题沙龙、创业"轻骑兵"融资服务等青年科技活动,有效促进上合组织成员国的青年科技合作与创新创业。

2016 年,中国—匈牙利技术转移中心成立,这是在中国共建"一带一路"倡议与匈牙利"向东开放"政策框架下搭建的中国与中东欧国家首个官方技术转移平台,重庆与匈牙利在科技创新领域签署的合作协议则是匈牙利创新与技术部首次与中国省级政府部门签订的区域性战略合作协议。2021 年中国—中东欧国家领导人峰会期间,中匈技术转移中心被列入"中匈共建'一带一路'优先合作项目清单"。2024 年 5 月,在习近平主席访问匈牙利期间,中匈技术转移中心纳入《中国—匈牙利共建"一带一路"第三轮重点合作项目和事项清单》。中心采取"政府搭建平台,专业机构服务"的工作方式,在重庆和布达佩斯分设办公室,与四川、云南、贵州、甘肃、山东、浙江、广西等 7 省、自治区相关科技服务机构签署共建协议,构建"一站、两库、三系统"①线上服务平台,初步形成以重庆为中心,面向匈牙利的国际

---

① "一站、两库、三系统":一个网站,项目和人才两个数据库,远程会议、在线翻译

科技合作区域协作网络。

为落实第 26 次中国—东盟领导人会议上发表的《共同推进实施中国—东盟科技创新提升计划的联合倡议》，第二届中国—东盟创新创业大赛于 2023 年 12 月启动。本次大赛由中国科技部、东盟秘书处共同主办，中国—东盟技术转移中心等承办，被列入中国—东盟人文交流年概念文件中，是交流年重要活动之一，共有 280 多个项目报名展开比拼。2024 年 5 月，来自中国、印尼、马来西亚、菲律宾等国家的 20 个优秀创新创业项目脱颖而出，决赛在印尼首都雅加达举行，最终分别评选出企业组和团队组的一、二、三等奖和 7 个创意之星。

阿拉伯国家是中国开展国际科技合作的重要伙伴，中国—阿拉伯技术转移中心相继在沙特、约旦等国共建 8 个双边技术转移中心，推动一批契合阿拉伯国家可持续发展需求的先进适用技术与装备在当地应用。阿曼《观点报》发表文章说，中阿技术转移中心、清洁能源合作中心以及干旱、荒漠化和土地退化国际研究中心等的相继成立，形成连接中阿数千家科研机构和创新企业的技术转移与合作网络。另外，在中阿博览会的框架之下，宁夏大学同多个阿拉伯国家展开技术合作，在阿联酋等国家建立 7 个示范基地，培训当地青年技术人员 2300 多人次。

2023 年 11 月，第二届中非青年创新创业大赛决赛在武汉举办。第二届大赛由中国科技部国际合作司、中国科学技术交流中心、湖北省科学技术厅共同主办，中非创新合作中心承办，以"科技创新助力中非伙伴合作可持续发展"为主题，聚焦数字经济和创新服务、循环经济和工业制造、大健康和现代农业三大领域。第二届大赛共征集到 144 个报名项目，经过初步筛选和审查，共有 69 个项目进入同济大学、中国石油大学（华东）、武汉科技大学分别举办的各领域初赛，三大领域各筛选出 5 个优秀项目晋级决赛。2024 年 6 月，以"科创中非，美好未来"为主题的第三届中非青年创新创业大赛启动。

和知识产权查询三个系统。

案例 4.3

中国科学院:"一带一路"技术转移转化中心和海外
科教中心促产学研国际合作 ①

中国科学院成立"一带一路"技术转移转化中心,围绕知识链、资本链、产业链"三链链接",实践创新各环节并行化、创新资源集成化和创新主体协同化的联动创新战略,在北京、上海、深圳、曼谷、旧金山硅谷等城市设立办事处,面向对象国家的经济社会重大需求,与企业、研究机构、高校、政府、金融、中介服务等机构,共建长期稳定的多元化创新集群和战略联盟。

例如,中国科学院相继在泰国、乌兹别克斯坦成立中国科学院曼谷创新合作中心和中国科学院中亚药物研发中心。前者极大带动中国与泰国在农业、生物技术等领域的务实合作,后者针对中亚特色药材完成 10 多项药效物质基础研究,发现 100 多种新型化合物。

中国科学院充分发扬自身集教学研究、教育和战略咨询于一体的综合优势,实施发展中国家科教合作拓展工程,在中亚、东南亚、南亚等地区创建 10 个集科学技术研究、专业人才培养、信息传播和科技成果落地于一体的海外科教中心。依托海外科教中心,中国科学院一方面成建制地向海外派出科研团队,充分利用全球优势资源、特色科技资源,实施重大科技创新任务。另一方面,聚焦海外科教中心所在国和地区的民生问题和共性挑战,在气候变化、粮食安全、生态环境和生物多样性保护、生命健康、防灾减灾等方面开展合作研究和技术示范,服务当地社会经济可持续发展,赢得广泛赞誉,有力提升中国科学院的国际科技

---

① 本案例数据和资料来源:何宏艳、赵宇亮等:《"一带一路"科技创新合作现状、挑战与发展方向》,《中国科学院院刊》2023 年第 9 期。

影响力。在海外科教中心的建设过程中，中国科学院与外交部、科技部、国家国际发展合作署等中国有关部委加强协作，探索建立援外和科技合作有机结合的新模式，帮助相关国家提升科研能力，培养青年科技人才。

第四节　丝路青年科技人员来华短期科研工作和互访交流的新进展

一、中国科技部资助的青年科学家计划的新进展

发展中国家杰出青年科学家来华工作计划（简称"国际杰青计划"）由中国科技部于 2013 年启动实施，是中国"科技伙伴计划"重要内容，旨在落实"一带一路"科技创新行动计划，为全球青年科技工作者成长发展、逐梦青春搭建平台，为参与国家通过科技创新合作解决经济社会发展难题、增进人民福祉提供可借鉴的中国经验和可信赖的中国伙伴，为推动构建互信互助、协作融通、共享共荣的创新共同体注入科技人文力量。国际杰青计划由中国科技部划拨专项经费，资助符合条件的国际杰出青年科学家、学者和研究人员来中国开展合作研究。截至 2023 年 10 月，国际杰青计划共吸引超过 40 个国家的青年科学家逾 700 人次到中国 20 多个省、自治区、直辖市的 200 余家单位工作学习，是参与国别最多、覆盖领域最广的中外科技人文交流机制。

中法杰出青年科研人员交流计划是在中法高级别人文交流机制框架下，由中国科技部与法国高等教育和科研部、法国欧洲和外交部根据 2017 年签署的意向声明共同实施的科技人文交流项目，旨在促进两国青年科研人员和科研机构间的交流合作，已支持近百名中法青年科研人员开展交流互访。为落实 2023 年 4 月 7 日发布的《中华人民共和国和法兰西共和国联合声明》，中法双方继续实施 2024 年度中法杰青计划，其中，中

方资助卫生健康、农业、人工智能、先进材料、环境（包括气候变化）、空间、粒子物理等 7 个领域共计 18 名中国优秀青年科研人员赴法开展科技交流合作，资助额度为每人 8 万元人民币。另外，中国科技部与法国欧洲和外交部共同设立并实施中法科研伙伴交流计划（法方称为中法休伯特·居里安合作计划"蔡元培科研课题计划"），每个项目由中法科研团队联合申报，并根据对等原则开展交流互访。

2024 年 6 月，中国科技部和韩国科学技术信息通信部在北京举行中韩政府间科技合作联委会第 15 次会议。会上，双方决定继续实施中国科学技术交流中心和韩国研究财团共同组织的"中韩青年科学家交流计划"项目，并在现有座谈会和论坛基础上举行"韩中 PLUS 学术大会"等活动，进一步促进两国科技与人文领域交流合作。中韩政府间科技合作联委会会议是根据 1992 年两国签署的科技合作协定而举行的协商机制，2019 年举行第 14 次会议后，此次会议时隔 4 年零 5 个月重启。韩方青年科学家向韩国研究财团提交申请后，与中方接收单位完成对接，即可来华工作交流。中国青年科学家在韩的工作生活费用则由韩国研究财团提供，资助标准为每人每月 250 万韩元。

根据《中华人民共和国科学技术部与新西兰商业、创新与就业部关于中新科学家交流计划的协议》，两国联合实施中国—新西兰科学家交流计划，每年分别选拔 10 名科学家赴对方国家的科研机构和大学从事短期研究访问工作，为期 4—6 周，执行机构为中国科学技术交流中心和新西兰皇家科学院。2023 年 10 月赴华的新方科学家一致表示，中国有世界一流的科研基础设施和高水平科研机构，感谢交流计划提供了了解中国并与中方科研机构建立互利合作关系的机会，希望两国继续扩展和深化科技合作。

日本与亚洲青少年科技交流计划由日本科技振兴机构全额资助，邀请亚洲各国及地区的青少年短期访问日本学校、科研院所、企业等机构，并与日本青少年、科学家、研究人员等开展科技交流活动。作为该项计划的主要内容之一，中日青少年科技交流计划面向中国大陆地区招募优秀高中生、大学生、青年科研人员等赴日开展科学技术交流、共同研究、科学技术研修等三类科技交流项目。与此对应，中国科技部推出中日青年科技人员交流计划，资助日本青年科技人员赴华交流，由日本科技振兴机构负责日方人员招募。

二、共建"一带一路"国家和地区青年科技人员来华短期科研工作和互访交流的新进展

2023 年 11 月，由中国驻俄罗斯大使馆、科技部国际合作司、湖北省科技厅（湖北省外国专家局）主办的俄罗斯青年科技专家"中国大使奖"获得者中国行（湖北）活动举办。17 名在先进制造、建筑建材、航空航天、生物医药等领域作出杰出贡献并获得"中国大使奖"的俄罗斯青年学者，与武汉、襄阳、黄石、东湖高新区等地方科技管理部门，武汉大学、华中科技大学、中国科学院武汉分院等高校院所，60 余家创新企业对接交流和参访调研。"中国大使奖"由中国驻俄罗斯大使馆与俄罗斯科学家与工程师联盟于 2020 年共同设立，旨在评选在相关科技领域作出杰出贡献的俄罗斯青年学者，激励其为新时代中俄科技创新合作作出更大贡献。获奖者由中国驻俄罗斯大使馆组织赴华参访，与中国科研机构、高校和创新企业进行技术交流，是中俄科技合作的亮点之一。

2024 年 2 月，中国科协启动实施"邀请外籍青年科技人员来华交流项目"，全年开展活动不少于 25 场次，承办主体为中国科协所属全国学会、协会、研究会，各省、自治区、直辖市、新疆生产建设兵团科协及副省级城市、计划单列市科协。项目聚焦能源、气候变化和绿色发展、生命健康、数字经济、新材料等全球发展倡议的重点领域，设置青年科技人员共同关注的话题，通过圆桌对话、研讨会、学术论坛、期刊交流等形式，邀请外籍青年科技人员来华交流。中国科协要求：每场次活动邀请外籍青年科技人员不少于 10 人，参观中国高校、科研院所或企业不少于 1次，文化体验活动不少于 1 次，并形成图文视频并茂的总结报告。

2024 年 7 月，第四届中国科学院—香港青年实习计划在中国科学院自动化研究所举行。该计划由中国科学院学部工作局、中国科学院国际合

作局港澳台事务办公室与香港特别行政区政府民政及青年事务局联合主办，旨在组织香港青年走进中国科学院、走近一线科学家，通过亲身参与科学研究、参访科研院所等方式，帮助香港青年启迪科学思维，拓宽科技视野，增长科学知识，提升科研水平。本次活动共设置"科研'1+1'""感受中国科学院""名家面对面""零距科学家""文化共传承""团队一家亲"等六大板块。中国科学院 7 家科研院所的 18 位导师和 20 名内地研究生与 20 名香港青年结成对子，在人工智能、新媒体技术、超导材料等多个研究方向开展科技交流与实践。

为促进广西与东盟国家科技合作，2017 年以来，广西壮族自治区科技厅在中国率先启动实施东盟杰青项目。2023 年 12 月，广西壮族自治区科技厅批复立项一批东盟杰出青年科学家来华入桂工作项目，支持广西相关高校、科研机构和企业引进东盟国家科研一线的青年创新人才来桂开展为期 6 个月或 12 个月的工作交流。2024 年，广西壮族自治区科技厅修订出台《东盟杰出青年科学家来华入桂工作项目实施指南》，根据接收单位的需求，岗位设置多样化，提供给东盟青年科学家申请。同时，支持广西各类创新主体通过在东盟国家设立的创新平台吸纳东盟籍青年科技人才入驻工作。在资金保障方面，为东盟杰青项目安排年度专项预算。组织保障方面，配备专业工作队伍，委托专业机构进行日常管理，加强对各接收单位的指导与培训。

海南省三亚市发挥科技、生态、环境等复合优势，引入一批丝路青年科学家开展南繁种业、深海科创等领域的合作研究。近年来，火龙果种植在巴基斯坦逐渐兴起，但受限于种质资源、种植技术、管理水平等因素，存在产量低、储存时间短等问题。在共建"一带一路"倡议和海南自由贸易港政策的推动下，巴基斯坦籍科研人员在三亚崖州湾科技城与中方科研人员共同攻关超级火龙果项目，解决保质期和适应气候变化等问题。海南大学南繁学院巴基斯坦籍博士后卡玛认为："我来三亚是因为这里具备完善的科研设施，可以进行很多研究工作。我想在完成研究后，回到我的国家，努力把这项技术推广给巴基斯坦人民。"

第五节　丝路青年深度参与"一带一路"国际科技合作面临的主要挑战和高质量发展建议

一、当前丝路青年参与"一带一路"国际科技合作面临的主要挑战

（一）部分西方国家坚持零和思维和冷战思维，以"脱钩断链""小院高墙""去风险"为借口，肢解国际科技合作

近年来，全球科技领域非传统安全挑战频发，"泛安全化""泛政治化"对全球科技创新发展造成不可忽视的负面影响。部分西方国家过度扩展"安全"概念，在半导体、量子技术、数字空间等领域采取各种收紧、限制措施。一些国家的企业凡是走在创新前列的，凡是在某一个方面的创新能力有可能实现超越的，往往受到来自美国"长臂管辖"的制裁。第二次世界大战以后形成的产业链、供应链联系和全球科技创新合作的格局被打破，迫使对方国家不得已采取措施维护非传统安全，导致国家间围绕安全而非科技创新的竞争升级和扩散。经济全球化时代，国家之间存在高度利益关系，过度扩展单边安全概念、追求单方面安全，导致政府对自发形成的社会经济活动进行介入，必然对利益相关方，尤其是对方国家带来损害。

（二）全球科技治理遭遇新挑战

近年来，尽管世界权力结构呈现多极化趋势，但还没有出现能够治理这种多极化世界的治理体系。在一些不符合新技术发展的旧制度开始动摇，而新的治理体系和新制度尚未确立的空白期，世界出现变局和乱局的可能性大大增加。联合国在推动各国凝聚共识、探讨安全风险和治理合作方面取得一定进展，但是面临着很多亟待解决的问题。例如，随着前沿技术、原创性技术、基础理论研究的创新，如何创新全球科技合作的规则？科技如何服务于整个人类，而不是固化一些国家的科技霸权？一国法律能不能作为制裁其他国家的工具，"长臂管辖"等一系列做法导致大部分国

家受到威胁的格局如何打破？如何对未来的经济形态、产业形态、城市形态、国家形态给予适当的定义，引导全球经济和人类社会朝着正确的方向发展？这些问题都亟待纳入全球治理的范畴。

（三）人工智能风险挑战与发展机遇并存

随着通用人工智能技术突破，人工智能的应用场景逐渐扩大，难以评估的风险也成倍增加。目前人工智能技术主要带来三类问题：一是信息安全问题，人工智能需要实时更新海量数据用于模型训练，部分企业、平台和青年技术人员缺乏科技伦理，存在数据泄露、越权使用等现象；二是虚假信息问题，一些青年创业者过度强调商业变现，人为投放不实消息或片面事实，导致人工智能模型产出虚假信息；三是数字鸿沟问题，人工智能具备高效的信息检索和整合能力，虽然为人们的工作和生活提供极大方便，但其产出的真实性和准确性并不牢靠，数据获取、信息甄别、自主决策能力强的青年使用者将更善于使用这项工具，加深与其他人群的数字鸿沟。

二、丝路青年深度参与"一带一路"国际科技合作的建议

（一）进一步支持中国青年在科技创新和国际科技合作中做表率、挑大梁、担重任

2020 年 9 月，习近平总书记在科学家座谈会上指出，"国际科技合作是大趋势。我们要更加主动地融入全球创新网络，在开放合作中提升自身科技创新能力"，要求"实施更加开放包容、互惠共享的国际科技合作战略"。[①]2021 年修订的《中华人民共和国科学技术进步法》将"国际科学技术合作"独立成章，凸显中国进一步推动国际科技合作、融入全球创新网络的决心。党的二十大报告也要求"扩大国际科技交流合作，加强国际化科研环境建设，形成具有全球竞争力的开放创新生态"[②]。在政策引导和

[①] 习近平：《在科学家座谈会上的讲话》，人民出版社 2020 年版，第 10 页。

[②] 《习近平著作选读》第一卷，人民出版社 2023 年版，第 29 页。

平台支撑下，规模宏大、本领过硬的高水平青年科技人才队伍保障了中国
高水平科技自立自强，为中国建设世界科技强国提供基础性、战略性支撑。

2024 年 6 月，习近平总书记在全国科技大会、国家科学技术奖励大
会、两院院士大会上的讲话中强调："要突出加强青年科技人才培养……
大力弘扬科学家精神，激励广大科研人员志存高远、爱国奉献、矢志创
新。"① 有关部门要进一步准确把握青年科技人才成长发展规律，不断创新
政策举措，健全人才评价体系，前移资源支持关口，有效加强培养激励，
前瞻性瞄准新质生产力发展方向，支持他们在数字经济、人工智能、电子
信息、量子计算、先进制造、航空航天等科技创新主战场挑大梁、当主
角、担重任，为他们施展才华"搭台架梯"，让他们创新创业有"用武之
地"。同时，完善青年科技人才落户、住房、就医、子女就学等全链条保
障和服务，为青年科技人才解决实际困难、排后顾之忧。

建议有关部门采取揭榜挂帅、赛马等新机制，采取特殊激励机制，引
导青年科学家主动承担起突破制约国家发展和安全的核心技术难题的责
任，聚焦"要不来、买不来、讨不来"的先进技术和核心产品，在原创引
领、问题导向、统筹布局的关键核心技术和重大科技工程项目攻关上展
现当代中国青年的积极作为，助力中国形成自主可控的技术体系和产业
生态。

（二）进一步推进青年科技人员的国际交流合作

落实"一带一路"科技创新行动计划的青年项目，在"一带一路"科
技交流大会等科技人文交流活动中扩展青年主题研讨会、圆桌会、路演
会、成果展示等项目。支持丝路青年科学家参与"一带一路"可持续发展
技术专项合作计划、空间信息科技专项合作计划、创新创业专项合作计
划、科技减贫专项合作计划等 4 项专项行动。推动在共建"一带一路"的
双边、多边合作中增设青年科技合作项目，支持丝路青年科学家在国际组
织担任职务，积极参与国际科技治理。

---

① 习近平：《在全国科技大会、国家科学技术奖励大会、两院院士大会上的讲话》，人
民出版社 2024 年版，第 10 页。

有关部门要适时出台配套政策和实施方案，营造"聚天下英才而用之"的良好氛围，在创新链、产业链、生态链交流合作中建立"内协同、外联合"的协作模式，共筑丝路青年能发声、做主角的全球科技创新合作网络。推动共建国家的联合实验室、技术转移中心、科技园区等平台载体，以及高校、科研院所、科技组织、科创企业等创新主体，扩大青年科技交流合作项目的数量和规模。

有关部门要完善优秀青年科技人才全链条培养体系，建立多主体、多渠道、多环节、多类型的经费资助机制，简化人才绿卡申报流程，鼓励国（境）外优秀青年科学家来华交流。中国有关接收单位要落实各国青年科学家来华短期工作的政策、待遇与合作项目，切实发挥试点和示范作用。中国与共建国家科技部门要加强协调，支持青年科技人员互访交流、学习培训和合作研究，促进其成为国际交往中的"科技使者"，在全球科技治理中讲好中国方案和中国故事。

通过加强共建国家之间科技标准、知识产权保护、监管体系的衔接，构建跨国别的监管科技网络，提升丝路青年的科技伦理素养，保障国际科技合作的安全性、可靠性、可控性、公平性。

第五章

设施联通：丝路青年参与构建"一带一路"立体互联互通网络的新进展、面临的新挑战和高质量发展建议

2023 年 10 月，国家主席习近平在第三届"一带一路"国际合作高峰论坛开幕式上发表主旨演讲，宣布中国支持高质量共建"一带一路"的八项行动，其中第一项就是"构建'一带一路'立体互联互通网络"。[①]这表明，互联互通仍是高质量共建"一带一路"新的金色十年的优先领域，而"立体"这个关键词意味着互联互通不限于海、陆、空三个维度，还包括网络数字联通、金融联通、卫星通信定位联通等多个领域。同时，基础设施"硬联通"也是本届论坛发布的主席声明的工作重点之一。共建"一带一路"首个十年的"硬联通"建设主打"逢山开路、遇水架桥"，未来的"硬联通"将更加聚焦"新通道"。中方将加快推进中欧班列高质量发展，参与跨里海国际运输走廊建设，办好中欧班列国际合作论坛，会同各方搭建以铁路、公路直达运输为支撑的亚欧大陆物流新通道；积极推进"丝路海运"港航贸一体化发展，加快陆海新通道、空中丝绸之路建设。

---

① 《习近平出席第三届"一带一路"国际合作高峰论坛开幕式并发表主旨演讲》，《人民日报》2023 年 10 月 19 日。

第一节   丝路青年参与中欧班列建设的新进展

在高质量共建 "一带一路" 新的金色十年开局之年，随着 "钢铁驼队" 线路图越织越密和越铺越广，"朋友圈" 扩展越来越大，中欧班列成长为亚欧陆路运输新干道，更多电子产品、家电、新能源汽车等 "中国制造" 以更快速度、更优价格到达欧洲的同时，许多新的物流、工业、商贸中心和产业园区随之涌现，为丝路青年带来愈加广阔的就业创业机遇。因为中欧班列的开行，德国杜伊斯堡港吸引上百家物流企业落户，创造 2 万多个青年就业机会；波兰马拉舍维奇口岸站业务量成倍增长，极大促进当地经济社会发展和青年就业；一些不靠海不沿边的沿线城市依托中欧班列，逐步发展成为对外开放新高地，为当地青年创造大量开放型经济的新岗位；义乌小商品通过中欧班列销往世界各地，黄山茶叶、永康五金等地方特色产品走出国门，为 "一带一路" 共建国家的民众和青年带去实实在在的获得感、幸福感，也为更多中国青年 "角逐" 海外市场打开便捷通途。

一、中国青年与中欧班列一起成长

2024 年 5 月，满载着电器百货、生活用品等 "湾区制造" 的粤港澳大湾区首趟 "共青团号" 中欧班列列车，从东莞石龙站驶出，一路向北，驶向俄罗斯莫斯科。"共青团号" 从石龙站的顺利开行，为共建 "一带一路" 贡献新的青春力量。在这个车务、机务、货运系统青年工程师占比 100% 的车站，充分体现中国铁路青年立足岗位、提质增效、奉献自我的新时代良好奋斗面貌。

新疆铁路霍尔果斯站的重点任务之一是把一列列不同去向的班列进行分解，然后根据相同目的进行重组，编成新的车列。目前，调车指导岗位主要由 "95 后" 青年担任。在霍尔果斯站每天中欧班列开行量从几年前的两三列增加到如今的四五十列，工作量迅速增加，青年调车指导跟着老员工边学边练，根据作业场地、现车分布等因素，着重分析每个点位、每钩活之间的关联性，琢磨提高作业效率的经验，尽可能优化每一批调车作业计划，以最短时间完成取送作业，确保中欧班列安全正点运行。在事业传承中，这些青年员工还经常主动做新入职员工的"跟班"，帮助他们熟悉业务。

与霍尔果斯站相似，哈尔滨铁路满洲里站的调车指导也是以青年员工为主，他们不断强化业务水平，围着老师傅们学经验，和专业干部学规章，每班要干 20 多钩活，调动 500 多辆车，工作非常忙碌。在保证安全的前提下，青年调车指导在日常工作中总结出"把 4 关"工作方法①，大大提高取送车作业效率。由于中欧班列运行时间长，比普通货物列车速度快，且区间不再重新解体编组，青年调车指导的检查工作必须"快、准、稳"，做到"检查一辆保一辆、检查一列保一列"，确保每趟班列都能够安全开行。特别是在检查故障车辆时，他们还要趴在车底下仔细查看，才能准确找到隐患进行处理。27 岁的调车长付国亮说："冬天寒风刺骨，夏天太阳暴晒，说句心里话，挺辛苦的，但是想到一列列中欧班列经过自己的手驰骋在万里铁道线，载着千家万户所需的民生物品，又觉得自己的工作很有价值、很自豪。"

毗邻哈萨克斯坦的阿拉山口是中欧班列西通道的重要节点。"90后"哈萨克族小伙叶尔兰·学源是新疆铁路阿拉山口站的一名俄语翻译，他的工作在业内被称为"译票"，这是国际联运进出口货物通关流程中的第一个环节。当拿到哈萨克斯坦铁路方传来的货物运单据后，叶尔兰需要将发货人、收货人、到站、品名等俄文信息翻译为中文，同时找到货运代理公司、货物品类等对应的印章，将它盖在俄文上，之后再录入铁路 95306 系统里。由于中欧班列的增开与阿拉山口站场线路扩能改建，叶尔兰的工作量不断增加，办公桌的印章增加到上百个，但数字技术应用也在帮助他减轻负担，以前票据都是随着火车带过来一张张翻译，现在通过数字口岸系统可以提前批量翻译，在哈方火车还没有到达时，只需 1 个人用 30 分钟

---

① "把 4 关"工作方法：把计划关，认真布置调车作业计划，让每个参与作业的人员心中有数；把进路关，在作业中认真执行调车联控和确认调车进路；把防溜关，加强作业中防溜措施的采取和作业前后防溜措施的检查；把速度关，在作业中严格控制速度，确保每钩车的连挂安全。此工作方法运用后，满洲里站调车作业的安全和效率均得到大幅提升。

就能完成翻译。叶尔兰说："虽然经我手翻译的只是小小的票据，但随着它们抵达全国各地，我的自豪感也越来越强。"

经历退役、再寻、重塑，2023 年 9 月，新型 HXD1C1927 "八一号"电力机车再度出发，担起传承红色基因、牵引合肥东站至乔司站间 422 公里的中欧中亚班列的重任。"八一号"机车班组现有成员 21 人，平均年龄 30.3 岁，其中共产党员 14 人、退伍军人 11 人。为练就精湛的机车操纵技术，班组成员做到"规章一口清，技能一手精"，对机车的电路、部件了然于胸。班组常态开展师带徒、老带新活动，帮助新职工快速练就过硬基本功。2023 年 11 月，班组接到淮河特大桥首次全面"体检"重载实验任务，两名青年职工连续 7 天吃住在机车里，通过计划表不断测算分析、汇报，按期完成重载实验；2023 年末，面对客货运增量、冰冻雨雪天气等急难险重问题，班组连夜编制应急管理资料，排摸风险隐患，班组青年员工累计支援其他线路货运、临客任务 193 趟。2023 年 9 月至 2024 年 7 月，"八一号"机车共承担 389 趟任务，货物通过阿拉山口、霍尔果斯等口岸运输，共计安全走行 18 余万公里。

乌鲁木齐国际陆港区是丝绸之路经济带核心区建设的标志性工程。作为中欧班列出境前最后一个及入境后首个编组站，这里商贸物流集聚，是连通亚欧两大经济圈的重要枢纽，也是中欧班列西通道距离中西亚和欧洲最近的物流枢纽。青年科研人员开发上线"丝路智港"港域万物互联平台，建立"感、联、算、枢、融"五位一体港域新基建体系，搭建"5G+MEC"新型港域物联专网和物联、数通"港域神经元系统"，实现"空天地、港产城"全息感知万物互联；利用"数字孪生"虚实映射港域全要素高精度还原，对接"场站超脑"提升数智化管控能力，为智能场站运营、智慧通关、多式联运、数字贸易和跨境供应链管理提供"一站式"数字化解决方案，实现运输组织优化、全程可视追溯、班列数据共享和"班列 +"功能拓展。

二、中欧班列为丝路青年成长成才提供新平台和新机遇

波兰青年胡萝卜 2008 年考上华中师范大学，就读国际贸易专业。大

学毕业后，他去了深圳一家物流公司工作。波兰老家的舅舅收到他通过这家物流公司寄送的中国品牌电动自行车，不少邻居都想买，他就又寄回去几辆，舅舅还在老家成立电动自行车俱乐部。这段经历让胡萝卜坚定创办物流公司的念头。此后他回到华中师范大学攻读完硕士学位，创办"好多货"物流公司，并入驻金银湖创新中心，周边是中欧班列（武汉）始发站以及众多的仓库、物流园区。最初创业时，公司只有胡萝卜一个人，客户都是在网上寻找，然后一家一家打电话联系，由于他的物流公司快捷安全，客户不断增加。如今，他的团队增至 10 余人，一部分负责市场，另一部分负责物流，中国客户主要以品牌服装、建筑材料、电子产品等生产商为主，"好多货"物流公司则将他们的产品运送到海外客户手中。

中欧班列穿梭亚欧大陆，给哈萨克斯坦带去物美质优的中国商品，也让当地青年搭上共建"一带一路"的顺风车，在商贸领域大展拳脚。2024年 3 月，位于阿拉木图市中心的"一唯一"超市开业，所售商品 100% 是中国货，这是 26 岁的哈萨克斯坦青年伟列阿塔·伊利那创办的该国最大的中国超市，日均客流量达数千人。商品种类丰富是这家超市成为当地网红超市的主要原因，消费者能"一站式"购买价格实惠的中国商品，满足衣食住行等通用消费需求。伟列阿塔·伊利那认为，通过中欧班列，我可以更快地收到货，只要货一到，有需要的客户就会买走，缩短买卖时间，超市一个月销售 24 个集装箱的中国商品。

案例 5.1

浙江义乌：打造"一带一路"国际青年融合发展枢纽城市 ①

浙江省金华市义乌市享有"世界超市"美誉，每年到义乌采

①　本案例数据和资料来源：中国青年报客户端：《浙江义乌打造"一带一路"国际青年融合发展枢纽城市》，2024 年 5 月 15 日，见 https://baijiahao.baidu.com/s?id=1799099080667469714；新华社：《心相近"中国梦和阿拉伯梦的完美结合"——习近平主席十年前称赞的约旦青年回访记》，2024 年 5 月 28 日，见 http://www.xinhuanet.com/politics/leaders/20240528/4a4204221e324a3387930e04cc352f3b/c.html。

购的境外客商超过 56 万人次，登记注册的各类外资主体超 8000 家，在他们当中，有很多是来义乌淘金创业、学习工作的 "洋青年"。比如，西班牙青年何树追随在义乌创业的江西女友的脚步，来到这片陌生的土地成家扎根，何树负责对接西班牙供应商，通过 "义新欧" 班列将红酒、火腿、香肠、奶酪、橄榄油等西班牙 "土特产" 进口到义乌，妻子则负责找中国代理商，把西班牙商品推介到中国更多地方，每年进出口货柜六七十个，贸易额达数百万美元。

约旦青年穆罕奈德开的阿拉伯餐厅位于紧邻义乌国际商贸城的稠州北路上，这里星罗棋布着上百家外国风味餐厅。夜幕降临，灯火璀璨，以中文、英文、阿拉伯文等写成的餐厅招牌琳琅满目，十分亮眼。在义乌，他实现当老板的心愿，餐厅生意越做越红火，与妻子养育两个孩子，还担任义乌市涉外纠纷人民调解委员会的外籍调解员，出资成立公益组织 "奈德之家"，参与文明城市建设、探望孤寡老人、帮助困难家庭等当地社会事务和公益活动。习近平主席在中阿合作论坛第六届部长级会议开幕式上，讲述了约旦青年穆罕奈德·沙拉比在中国成家立业、追逐梦想的故事。一时间，穆罕奈德在中国和约旦成为家喻户晓的人物。2023 年 11 月，中国和约旦签署关于共同推进 "一带一路" 建设的谅解备忘录。至此，中国同全部 22 个阿拉伯国家和阿拉伯国家联盟签署共建 "一带一路" 合作文件。

近两年来，义乌市大力推进青年发展型城市建设，坚持青年优先，持续擦亮 "青春义乌·众创之都" 的城市品牌，依托自贸区、跨境电商综试区、综保区等开放平台优势，以及 "义新欧" "义甬舟" 大通道、"一带一路" 节点城市等有利因素，推出大学生创业补贴等政策，打造国际青年实习就业创业基地，不断拓宽 "团银合作" 渠道，积极打造国际融合的 "一带一路" 青年发展枢纽城市，吸引全球青年集聚义乌，成就梦想。2024 年，共青团义乌市委推出青年企业家 "品牌出海" 计划，支持优秀青年企业家赴墨西哥、俄罗斯、韩国等国家参展抢订单、拓市场。

义乌市外事办举办"义路同行——全球青年创业培训计划"，为丝路青年创业搭建平台。比如，近30名在华求学的韩国青年第一次走进义乌就被这里创新创业的营商环境所震撼，从北京大学毕业的李昇宪有着丰富的创业经验，他已经迫不及待想在义乌开始第三次创业，依托中欧班列的物流大通道，策划实施跨境电商项目。

此外，义乌还积极打造国际青年融合场景，韩国风情街上土耳其烤肉与印度咖喱交相辉映，埃及果汁与尼泊尔奶茶触手可及，鸡鸣山社区、金城社区等国际融合社区里，"义乌国际文化艺术节""义乌国际马拉松"等活动层出不穷。

鸡鸣山社区作为国际青年发展型社区，在语言、文化、涉外服务等方面为丝路青年提供全方位支持，阿拉伯语、西班牙语等语言培训和书法、电商等公益培训在社区成为常态，从中秋赏月、写春联，到读诗词、唱婺剧、共吃"国际年夜饭"，各种非遗、民俗文化活动成为促进丝路青年文化交融、民心相通的"连心桥"。

第二节 丝路青年参与"丝路海运"港航贸一体化发展的新进展

在高质量共建"一带一路"新的金色十年开局之年，港口、航运企业的青年骨干积极推动"丝路海运""三个转变"促高质量发展：货品种类从以集装箱为主向以集装箱和大宗物资（粮、矿、油、气）并重为主转变，支点港口以中国集装箱枢纽港为核心向境内外集装箱、大宗物资枢纽港口为核心转变，服务理念从以提供海运服务促进贸易便利化向促进"一带一路"设施联通、贸易畅通提升供应链产业链韧性转变。

一、港口企业与丝路青年互促发展

2024 年 1 月，一项新的世界纪录诞生——青岛港自动化码头三期桥吊平均单机作业效率升至 60.2 自然箱 / 小时，这是这个全球领先、亚洲首个全自动化集装箱码头第 10 次刷新装卸效率世界纪录，而这些成果的背后是青年科技团队 100 多天封闭式开发、历经上千次失败突破 "卡脖子"技术。之前，中国没有自动化码头，相关核心技术一直被欧美国家垄断，且成本高昂，限制甚多。这支青年科技团队下定决心自主研发，在无经验、无资料、无外援的情况下，没日没夜地 "恶补"知识，夜以继日地钻研技术，从卸船、装船、提箱、送箱到设备交互、作业效率，统筹协调上百个生产要素，跨专业、跨学科实施项目攻关，做到每个环节 "问不倒、难不住、说得清"。

1861 年开埠、有着 160 多年历史的烟台港，是 "一带一路"倡议重点建设的 15 个中国沿海城市港口之一。2023 年，烟台港货物吞吐量首次跻身全球沿海港口前十。烟台港大力倡导 "改善即是创新，人人皆可创新、处处皆可创新"的理念，为青年发展提供平台，形成全员创新创效的工作机制，2020 年以来，青年职工取得专利 128 项、软件著作权 27 项，获科技奖 31 项。柳子玉劳模创新工作室由安检查危重点岗位高技能青年人才组成，编制中国第一套 "港口客运员"系列教材，"传帮带"培养知识型、技术型、创新型青年工匠。青年科技团队开发建成烟台港数字化管控平台、供应链综合服务平台、大宗液体散货智慧绿色示范港、商品车智慧绿色滚装示范港、大宗干散货智慧绿色示范港等重点项目，实现烟台港各生态链、各业务系统互联互通、开放共享、智慧服务。进一步看，烟台港是烟台市建设青年发展型城市的一个缩影，通过实施 "青鸟归来扬帆烟台"计划，开展 "青年人才服务周""青年人才与名企对谈"等活动，烟台正成为丝路青年就业创业优选的新兴城市。

中远海运港口比雷埃夫斯码头有限公司（以下简称 "PCT"）负责希

腊比雷埃夫斯港口投资运营。借助"一带一路"倡议的东风，PCT 不断
增加对港口投资，对码头基础设施改造升级，推动比港成为地中海地区领
先的集装箱大港。PCT 高度重视青年员工的能力发展和个人成长，为他
们提供大量培训和发展机会，推出教育资助金计划，为在职深造员工支付
50%—80% 的学费，有十余名希腊籍青年员工参与并陆续完成学业。PCT
工程部青年主管安东尼斯·阿佩吉斯对公司支持员工终身学习的做法非常
赞成，并在公司资助下攻读工商管理硕士学位，他认为："中国公司对比
港的投资实现共赢，一方面为当地提供更多就业岗位、促进当地经济发
展，另一方面比港优越的地理位置也为公司发展带来优势，无论是希腊还
是企业和员工都从中受益。"

从斯里兰卡首都科伦坡高处俯瞰，蔚蓝色海岸旁的金色沙滩上，一座
新城建设如火如荼，这是中斯共建"一带一路"的重点项目——科伦坡港
口城。2014 年 9 月，中国国家主席习近平与斯里兰卡时任总统马欣达·拉
贾帕克萨一道为港口城奠基揭幕、开工剪彩。项目由中国港湾工程有限公
司投资建设运营，于 2014 年 9 月破土动工，至今初具规模，信息技术、
离岸金融、航运物流、专业服务、数字教育、休闲旅游等产业方兴未艾，
被美国《福布斯》杂志评选为"影响未来的五座新城"之一。在项目开工
建设前，受全球变暖、海洋酸化、过度捕捞等因素影响，科伦坡附近海域
很难发现成规模的珊瑚群，中国青年工程师创新建设不规则且可相互咬合
的棱体"扭王字块"结构设计的防波堤，既削弱印度洋季风带来的海浪冲
击，也为海洋生物提供适宜的栖息环境。与此同时，项目着力推进员工属
地化，为当地供应商提供专业培训 4000 余人次，累计为当地创造直接和
间接青年就业岗位数万个，项目公司斯方员工占比达 86%。

事实上，中资企业在"一带一路"倡议的指引下，在加快港口基础设
施和区域国际物流大通道建设的同时，同步推进青年人才属地化，把这条
造福世界的幸福之路铺得更宽更远。莱基港是尼日利亚第一个配备集装箱
岸桥的现代化深水港，2023 年 4 月开始商业运营，至今为当地提供 3000
多个青年就业岗位，技术岗和管理岗均实现 90% 以上属地化。另外，尼
日利亚虽然老港众多，但多使用起重机作业，缺乏具有岸桥操作经验的港

机操作手，为此，中资企业随即从当地选拔 15 名青年骨干，由中国工程师进行为期 3 个月的集训，为尼日利亚培训出首批熟练操作岸桥的现代化港口青年产业工人。

案例 5.2

招商局港口：与丝路青年共筑蓝色梦想 ①

招商局港口集团现为全球领先的港口投资、开发和运营商，据招商局港口官网数据，截至 2023 年底，业务覆盖全球六大洲 26 个国家和地区的 51 个港口。2023 年，招商局港口完成集装箱总吞吐量 18019.5 万 TEU，同比增长 23.5%，其中香港及台湾地区共完成集装箱吞吐量 582.5 万 TEU，海外地区港口项目共完成集装箱吞吐量 3406.4 万 TEU；散杂货吞吐量完成 12.5 亿吨。

招商局港口的发展，见证了青年员工把青春融进企业的使命，在赓续百年辉煌事业的长河里默默奉献，以岗位建功献礼新时代，在创建青春之企业中奋力谱写新的篇章。比如，据中国共青团企业工作委员会微信公众号"青春央企"报道，辽港集团 90 后油库管理站技术员李云龙，刻苦钻研，精益求精，被同行誉为"计量金尺"，在全国交通运输行业水路危险货物运输员职业技能大赛中一举夺魁，荣获中国青年五四奖章、全国五一劳动奖章、全国技术能手、全国青年岗位能手等国家级荣誉；招商局港口组织青年员工在安全生产技术革新上频频发力，实施创新创效项目近千项；招商轮船以"青年安全生产示范岗"创建活动为抓手，组织各船队开展"五个一"活动，形成"一条船舶创建一个安全品牌"的安全生产青春防线。

据本书编委会调研，2024 年 6 月，第十二届招商局 C-Blue

---

① 本案例数据和资料来源：招商局港口官方网站（https://www.cmhk.com/main/ywfw/jt/gk/index.shtml）。

优才计划启航班在深圳、泉州、漳州三地举行，来自巴基斯坦、
老挝、俄罗斯、莫桑比克、巴勒斯坦、缅甸、津巴布韦等共建
"一带一路"国家的留学生参加。启航班采用室内授课、室外调
研相结合的模式，多形式、多维度开展学习交流，帮助青年学员
深入开展国际交通领域的研究和实践。同期，招商局港口与大连
海事大学、武汉理工大学、上海海事大学、香港中文大学（深
圳）、西南交通大学、长安大学等六所高校签署共建 C-Blue 启航
联盟合作协议，各方将共同为丝路青年发展搭建行业和文化交流
平台。

为积极响应"一带一路"倡议，2016 年 10 月，招商局港
口和招商局慈善基金会携手打造"C-Blue 共筑蓝色梦想"海外
公益品牌。招商局港口充分发挥其在港航领域完善的海外布局
优势，在这一品牌下推出"C-Blue 共筑蓝色梦想—21 世纪海
上丝绸之路优才计划"（以下简称 C-Blue 优才计划）。八年来，
C-Blue 优才计划作为面向各国港航业青年才俊构建的专业人才
交流和文化交流融合平台，已成功举办 12 期，体现招商局港口
"天涯若比邻"的企业使命和"励新自强、融合共赢"的核心价
值观。

二、航运企业和院校持续为丝路青年创造发展良机

中远海运船员上海分公司的王林是一名有着十余年丰富经验的青年船
长，指挥着一艘有着 9400 个箱位的大型集装箱船——"中远海运泰晤士
河"，运营远东到南美东的航线。如何团结和管理船员完成任务、保障航
行安全、保证货物顺利运到目的地，这些都是船长需要时刻思考的问题。
王林认为，船长是船舶的总指挥，船上大大小小的事情，全部要扛在肩
上。因此，"有问题，找船长"成为王林反复和船员们叮嘱的一句话。恶
劣天气是海运工作者面临的巨大挑战，王林要求自己和船员们娴熟掌握航

行技能和气象预测等技术，做好船舶一线和后方的密切配合。另外，每次在抵达海盗比较多的区域之前，王林都会组织防海盗演习，进行抵抗、撤离等流程的演练。

2023 郑和航海风云榜揭榜典礼上，23 岁的丁林娜是历年获奖者中最年轻的"杰出海员"。丁林娜毕业于武汉船舶职业技术学院轮机工程技术专业，服务于全球第三大集装箱航运公司法国达飞海运集团，是武汉船院首位登上远洋轮船的女船员，也是第一位在法国达飞海运任职三管轮的中国女性海员。三管轮是海员职务的一种，负责船舶机舱内设备的日常管理、维护、保养，一切要对机舱负责。如今的丁林娜，已经完成第一个三管轮合同期，对航海生活有了更深刻理解："回想当初选择这个专业时，身边有太多对于女海员的轻视与不屑，但我用行动证明，女生也能从事航海事业，也能成为一名优秀的海员。"

厦门自贸片区管委会等与华侨大学国家特色服务出口基地（语言服务）合作编制《国际邮轮船员职业中文教程》，在厦门海洋职业技术学院、厦门技师学院开展船员岗位技能、中式烹调等职业技能培训，构建"职业技能＋中文"全链条邮轮船员培训新模式。2024 年 7 月，在厦门历经 3 个多月的培训及考试，两名来自非洲国家贝宁的青年在厦门自贸片区国际航运中心顺利领取由当地海事部门签发的船员证书。这是首个共建"一带一路"国家人员在厦门学习国际邮轮船员职业技能、使用中文以中国学员的同等标准参加培训和考试，取得中国签发的船员证书的案例。

"育鲲"轮是大连海事大学的教学实习船，作为中国海事教育的友好使者，开展"海上丝路·和谐之旅"系列访问交流活动，应邀访问泰国、日本、印尼、柬埔寨等共建"一带一路"国家的海事院校，吸引数千名丝路青年留学生来到中国学习。在印尼最大的港口雅加达港参观完"育鲲"轮后，一位印尼高等航海学院学生兴奋地说："太棒了，设施齐全，令人印象深刻，期望有机会去大连海事大学学习。"塔吉克斯坦留学生李春红毕业于大连海事大学软件工程硕士专业，他说："我很感激中国给我的留学机会，很庆幸在享有国际盛誉的大连海事大学实现留学梦想，我要做中国文化的友好使者，将中国的故事讲给世界听、将中国的理念传递给更多人。"

案例 5.3

中远海运科技青年：奋楫数智蓝海 [①]

在数智化高速发展的新科技浪潮中，绿色低碳智能是传统航运企业面临的必答题。据本书编委会调研，建设世界一流航运科技企业是中远海运集团 2024 年提出的新愿景目标，新时代的中远海运科技青年以智能航运为引领，用数字化手段为散货运输破局贡献青年智慧，提供解决方案。

"年轻，就是要敢于走别人没走过的路，敢于破解别人破解不了的难题。"这是中远海运科技青年常常挂在嘴边的话。他们开发的"基于北斗的船舶调度与安全监控系统"突破北斗短消息容量有限、信息传输丢包等难题，成功应用在 100 余艘船舶，为寰宇大洋上的 40 万吨级巨轮指引着航向，荣获"2023 年交通行业设备管理与技术创新成果推选活动"一等奖；他们发明的"一种航线规划方法、装置及存储介质"，以大数据分析为基础，结合智能算法为航线规划提供新的解决方案，有效保障船舶航行安全，提高运输效率，获得国家发明专利；他们升级改造数字化生产经营管理 BMS 系统，推动生产经营提速增效，用 170 万行代码书写青春创新……

值得关注的是，面对传统纸质提单贸易过程中容易出现提单损毁、提单寄送错误、提单真伪验证、提单寄送费用昂贵且时效性差等问题，数字化电子提单成为国际贸易海运结算的重要突破点。2023 年，中远海运科技青年团队开发上线散货运输交易平台——"船货易"，实现散货水路货运业务相关单据的一键式生成和智能化流转，成功签发散货区块链电子提单，为船东、货

[①] 本案例数据和资料来源：梁诗枫：《奋楫数智蓝海，科技青年在行动！》，《中国远洋海运报》2024 年 4 月 19 日。

主、代理等客户提供透明便利的船货交易服务。为提升客户服务质量和体验，中远海运科技青年团队自主研发散货供应链服务系统，为客户提供全程可视、状态可监控的数智物流解决方案，货物在哪里，状态如何，点击手机 APP 就可查看。

第三节　丝路青年参与陆海新通道建设的新进展

陆海内外联动，东西双向互济。陆海新通道这条跨越山海的国际物流大通道、联结世界的经济大走廊，在广袤的世界版图上，正不断跑出加速度、澎湃新动能，战略意义愈加凸显。在这一开放大通道的建设中，不管是通道的承载地建设、还是奔腾不息的火车上，都充满了青春的脉动。

一、中国青年成为陆海新通道建设的主力军

陆海新通道从中国西南的重庆起笔，翻山越海，通达世界。重庆市团委发挥共青团政治功能和组织优势，实施共建西部陆海新通道青春建功行动，出台《共青团建功西部陆海新通道建设行动方案》，实施"青春建功·共建新通道计划"，在重庆市青年创新创业促进会设立重庆青年企业家西部陆海新通道专委会，通过定期举办专题培训、开展系列考察交流活动、联合发布专属金融产品等，选树一批投身陆海新通道建设的优秀青年企业家、创业青年代表。重庆两江海关组建"两江青年智慧服务专班"，找到"二手车出口集货难、周期长"的痛点，推动跨境班车运营商依托成渝跨境运输平台，发挥川渝各自货源组织、物流运输等优势，丰富运输线路，布局物流网点，简化出口流程，实现二手小型轿车通过跨境公路班车出口。

2024 年 4 月，重庆市江津区团委发布《西部陆海新通道主枢纽团工委（重庆江津）2024 年十大工作清单》，主要内容包括：召开陆海贸易新

通道产业畅融发展研讨会，开展西部陆海新通道三下乡专项行动，实施
"西部陆海新通道·青年创新创业在行动"计划，组织陆海新通道沿线地
区青少年研学活动，组建成渝地区双城经济圈西部陆海新通道青年专家智
库，在西部陆海新通道参建青年集体中开展立功竞赛行动，举行西部陆海
新通道青年风采大赛，实施西部计划志愿者建功西部陆海新通道人才交流
行动，开展西部陆海新通道助学行动，举办西部陆海新通道战略宣讲系列
活动。

案例 5.4

广西青年：青春建功，陆海驰骋①

2023 年 12 月，习近平总书记在广西考察时，结合平陆运河
沙盘听取西部陆海新通道骨干工程建设汇报，指出广西要主动作
为、发挥支点作用，加强信息化建设和应用，为推进高水平对外
开放、促进同东盟合作不断注入新动力。"释放'海'的潜力，
激发'江'的活力，做足'边'的文章"，在习近平总书记的指
引下，八桂青年们正向海而兴、向海图强。贺巴高速上，身着反
光衣的青春建匠正测量刚刚完成铺装的沥青路面温度；世纪工程
平陆运河船闸枢纽处，青年工程师正反复核验航道标高；钦州自
动化集装箱码头监控屏幕前，青年技术员有条不紊地向各系统下
达装卸指令……青春的身影在陆海新通道建设中频频涌动。

广西壮族自治区团委成立西部陆海新通道青年联盟，开展
"青创先锋"共建西部陆海新通道建功竞赛，运用扁平化模式直
接联系和发动 354 支参与新通道建设的一线青年集体，投身以平
陆运河、广西北部湾国际门户港、现代物流体系等为代表的通道
建设重点项目和领域。

---

① 本案例数据和资料来源：郑迪方：《广西共青团：青春建功 陆海驰骋》，《中国共青
团》2023 年第 23 期；中国新闻网：《世界最大跨径拱桥天峨龙滩特大桥建成通车》，2024 年
2 月 1 日，见 https://baijiahao.baidu.com/s?id=17896799863162565150。

中交四航局平陆运河枢纽项目青年突击队 35 岁以下青年占比 75%，在 "筑闸精神" 的鼓舞下，7 个月时间里开挖 1778 万立方米土石方，这个工作量一般需要 2 年才可完成，荣获广西公路铁路水运工程平安工地建设典型示范项目。

广西北部湾国际港务有限公司组建西部陆海新通道智慧港口青年突击队，以 "四个一流"（一流设施、一流技术、一流管理、一流服务）为标准，建成全球首个 U 型工艺自动化集装箱码头、中国首个海铁联运自动化集装箱码头，相比传统人工码头，设计作业效率提高 30%，堆场设备操作人员减少 90%。

2024 年 2 月，世界最大跨径拱桥广西天峨龙滩特大桥建成通车，实现广西县县通高速，增强广西与重庆的联系，加快陆海新通道建设。广西天峨龙滩特大桥由广西北部湾投资集团的建设团队承建。北投集团刷新拱桥纪录的 "秘诀" 之一，就是信任青年，敢于大胆起用青年承担大桥的关键性技术工作。根据不同施工需求，项目公司成立 5 支青年突击队，开展 14 项科研课题研究，集中解决重难点问题。

二、陆海新通道为丝路青年成长成才提供新平台

2019 年，中国铁路集团启动实施中老铁路青年友谊工程，通过众筹方式设立专项基金，支持中老铁路沿线青年组织开展创业培训、技能提升、文化交流、志愿服务等促进青年发展的项目，成立 "火车头" 中老铁路青年志愿服务队，服务沿线青年 12000 余人次，被写入两国《关于进一步深化中老命运共同体建设的联合声明》《中老命运共同体行动计划（2024—2028 年）》等双边文件。中国铁路昆明局集团团委负责人介绍，他们选拔出的参与中老铁路建设运营的精兵强将，都是综合素质非常高的青年业务骨干，为当地培养了一批铁路人才。五年多来，中国青年团队利用休息时间开设双语夜校、中国铁路讲堂，与老挝青年员工结成师徒，

"从零开始教"。截至 2024 年 6 月，中国铁路昆明局集团为老挝培养铁路人才 800 多名，间接带动商贸、旅游等周边行业增加就业岗位 10 万余个，中老铁路也成为两国青年交往的"连心桥"。老挝青年刘银能一直跟着中国青年"师父"学习列车驾驶技术，他的梦想是"有一天能和师父一起开着火车到昆明吃米线"。23 岁的老挝青年维拉赛如愿成为第一代老挝铁路人，他说："从中国老师身上我学到两样最宝贵的东西，一是勤劳，二是真诚。"

2023 年 12 月，"留学生看重庆"——来华留学生陆海新通道行主题活动在重庆启动。当月，来自印尼、马来西亚、孟加拉国等共建"一带一路"国家的留学生参观走访陆海新通道重庆无水港、内陆国际物流枢纽展示中心等地，切身感受和体验陆海新通道建设的新成就。2024 年 5 月，印尼、越南、蒙古国、老挝等国家的留学生走进重庆枢纽港产业园，先后调研小南垭铁路物流中心、国际物流枢纽展示中心，参与专题研讨会，沉浸式体验陆海新通道建设的新成果。

案例 5.5

马来西亚东海岸铁路：中马青年共筑示范路、样板路 [①]

2024 年是中国与马来西亚建交 50 周年暨"中马友好年"。2024 年 6 月，国务院总理李强同马来西亚总理安瓦尔共同出席马来西亚东海岸铁路项目鹅唛车站动工仪式。李强总理提出，马来西亚东海岸铁路是中马高质量共建"一带一路"的旗舰项目，相信在双方共同努力下，一定会把项目打造为优质高效、安全可

[①]　本案例数据和资料来源：新华社：《李强同马来西亚总理安瓦尔共同出席马来西亚东海岸铁路项目鹅唛车站动工仪式》，2024 年 6 月 19 日，见 http://www.xinhuanet.com/politics/leaders/20240619/0f9758a02dc04ab186a11134235f903f/c.html；新华社：《通讯：让青春在"一带一路"闪亮——记马东铁青年突击队》，2023 年 5 月 4 日，见 https://baijiahao.baidu.com/s?id=1764954705688466477；朱玉芳：《共塑民心相通青年品牌，汇聚"一带一路"有生力量——"筑梦丝路"青年发展计划综述》，《中国青年》2024 年第 4 期。

靠的精品工程，建设成为 "一带一路" 合作的示范路、样板路。安瓦尔表示，相信在马中双方共同努力下，借助 "中国速度" 和先进科技，东海岸铁路项目将只争朝夕、早日建成，为马来西亚注入强劲发展动力。

作为中马两国之间最大的经贸项目、中国企业在海外实施的最大单体工程、"一带一路" 沿线最大的交通基础设施项目，马来西亚东海岸铁路项目被视为连通马来西亚东西海岸的 "陆上桥梁"，线路全长 665 公里，建成后将带动马来西亚东海岸地区经济发展，极大改善沿线地区互联互通水平。同时，关丹港已成为马中关丹产业园发展的重要支撑。未来，随着东海岸铁路关丹站的开通，联动马来西亚最大港口、西海岸的巴生港，将进一步形成以现代化港口为核心、综合物流为纽带、"港—铁—园" 协同发展的联动模式，帮助园区产品辐射至中国、印度半岛及环太平洋地区等国际市场，创造马六甲海峡之外的另一条陆海黄金通道。

面对当地复杂的地理条件和丰沛降雨对工期影响，由 223 名中马两国员工组成的十支青年突击队（35 岁及以下占比 83.0%）活跃在项目每个关键工点，强化踏实、担当、高效的业务理念，制定攻坚克难事项的考核计划，挑头解决项目现场最困难的问题。同时，中交集团马东铁路项目部与广西柳州铁道职业技术学院合作，为项目建设、运营、维护以及本土化铁路人才培训提供服务支持。

面对理念不同、沟通不畅等跨文化管理问题，马东铁路项目部建立岗前培训、导师带徒、员工激励、职位晋升等属地员工一条龙职业发展路线。中国青年 "师父" 将工程技术、项目经验分享给马来西亚籍青年员工，鼓励他们积极适应项目环境和工作内容，掌握技术要领。项目部聘任当地青年骨干为属地管理员，保障属地员工的参与权和发言权。对此，马来西亚籍青年员工周国深有体会："马来西亚有句谚语叫'遇山一起爬，遇沟一起跨'，

相信在中马两国建设者共同努力下，马来西亚东海岸铁路项目会
在世界舞台上大放异彩，成为中马友谊的新见证。"

"马东铁路中马青年之声"是中交集团在马来西亚实施的青
年国际传播项目，在外籍青年员工中挖掘出"三兄弟"、印度裔
夫妻、文莱小姑娘、华人司机、巴基斯坦外劳工长等人物故事，
拍摄并制作《沼泽》《隧道》《桥梁》等专题片和《ECRL，让家
更近》《马东铁延续我的中国情》等文艺短片。其中，文莱小姑
娘的故事被纳入第三届"一带一路"国际合作高峰论坛民心相通
专题论坛舞台剧《筑梦丝路：一带繁花一路歌》。

第四节　丝路青年参与空中丝绸之路建设的新进展

在高质量共建"一带一路"新的金色十年开局之年，机场基建、民用
航空、电子商务、跨境物流等行业的丝路青年接续奋斗，飞越千山万水，
青春之花继续绽放在"空中丝绸之路"。2024年上半年，"空中丝绸之路"
旅客运输量占中国国际航空市场比重超过70%，较2019年同期提高10
个百分点以上。

一、丝路青年在标志性机场建设项目中担主力、作攻坚

2017年，中国航空工业集团提出空中丝绸之路的设想，聚焦航空基
础设施建设、航空网络建设、航空产品贸易三大领域，促进"一带一路"
共建国家航空领域合作，服务共建国家经济和民生发展。中国航空技术国
际工程公司聚焦基础设施建设，在非洲开展机场、航空维修设施、航空货
运设施、高速公路等多个项目建设。这些工程项目在劳务、技工、技术人
员、管理人员等岗位的非洲青年人才占比在九成以上。凡是当地能生产、
有销售、可租赁的原材料、半成品和机械设备，均从当地供应商采购和租

赁，带动大批非洲青年在航空基建供应链就业创业，让非洲青年梦想在"空中丝路"起飞。

2024 年 6 月，巴基斯坦总理夏巴兹·谢里夫对中国进行正式访问，双方发布的联合声明指出，瓜达尔港是地区互联互通的重要节点，对瓜达尔新国际机场即将竣工感到满意。新机场将于 2024 年内建成，和瓜达尔港海运线路、东湾快速路等共同组成海陆空现代化立体交通网络，推动巴基斯坦经济社会发展。中铁北京工程局第二届十大杰出青年杨龙章是项目总工程师，克服物资设备稀缺、生活条件差、水土不服、语言沟通不畅等重重困难，带领青年骨干将测量、试验、物资、后勤、营地建设、安全管控等工作迅速向前推进，并成立"杨龙章创新工作室"，以技术攻关解决项目建设问题。出征海外不忘守望相助，中国青年团队利用当地斋月、春节期间，向巴籍员工发放慰问品，向当地学校捐款捐物和装修教室。"中巴友谊万岁"是巴籍工人用不太熟练的中文向中国青年团队表达的祝福和谢意。

柬埔寨暹粒吴哥国际机场建设项目是中柬产能合作重点项目，由中国云南建投集团承建。面对暹粒机场建设规模大、工期紧、参建单位人员多、立体作业交叉复杂、协调管理难度大等问题，云南建投集团组建青年管理团队，坚持"一张网、一盘棋、一家人、一条心"的工作理念，倒排工期，挂图作战，统筹协调各参建单位协商共建、综合保障、错峰施工、穿插作业，实施"以日保周、以周保旬、以旬保月"和"5+2、白＋黑"三班连续作业，开展劳动竞赛、创先争优等青年员工大比武专项活动，保证优质、高效、绿色、安全、文明的项目目标。同时，通过中国老员工的手把手传授、点对点校验，项目还为当地培养 5000 多名青年管理人员、技术工人、劳务工人。柬埔寨籍青年工阿肯认为，我在云南建投有一批老师，参与项目建设不仅挣了钱，还学到过硬的技术。

孟加拉国达卡机场高架快速路项目由中国山东高速路桥国际公司主导投资建设运营，是该国首条高架快速路和优先发展的基础设施项目，全长 19.73 公里，贯穿主城区，商超、居民区、火车站遍布，人口密集，施工难度极大。项目公司组建平均年龄约 30 岁的青年突击队，以饱满的热情

协作克服困难，促进中国技术走出国门，自主研发的施工设备极大改善当
地作业环境，精湛的技术和踏实的态度赢得当地政府信任。项目约有 6.85
公里的施工路线要在已有的铁路线上方施工，火车每 15 分钟驶过，沿线
棚户遍布，复杂的情况给施工、拆迁、社群关系维护带来重重难度。青年
突击队员摸清沿线社区分布情况，多次前往当地政府交涉协调，顺利解决
征地拆迁问题。这段施工路线也被青年突击队称为"初心之路"，每批新
入职的青年突击队员第一次现场之行，都是重走这条路。青年突击队员还
化身文化使者，每逢中国传统节日，邀请属地员工一同包饺子、品汤圆
等，促进和睦相处的"心联通"。

二、航空港和大飞机制造企业成为丝路青年创新创业的新平台

郑州航空港是郑州—卢森堡"空中丝绸之路"的起点，2023 年以来，
深入实施人才强港战略，持续深化人才发展体制机制改革，制定出台"空
中丝路人才计划"和支持青年大学生就业创业"黄金十条"等人才政策，
聘任航空港区就业创业推荐官，组织青年大学生（项目）对接洽谈会，打
造"空中丝路引才行动"活动品牌，已然成为丝路青年施展才华、实现梦
想的一方热土。为做好毕业季青年大学生来港就业创业工作，郑州航空港
筹集 5000 套免租人才公寓，为来区就业创业的博士、硕士和全日制本科
毕业生，提供最长 3 年的免租人才公寓。

北京大兴国际机场是习近平主席特别关怀、亲自推动的北京首都重大
标志性工程，是习近平主席关于"中国人民一定能，中国一定行"重大论
断的发源地。近 2 年，大兴机场从"选、育、管、用、凝"五方面入手，
构建创新学习型组织，通过"三个面向""三个完善"① 搭建人才发展体系
和保障体系，把优秀青年人才的选拔任用和青年技术骨干的培养成才作为
一项战略性、持续性工作来抓，以加强培养为基础，以选准用好为根本，

---

① "三个面向"：面向全体员工突出"第一资源"，锻造"千人精兵"队伍；面向核心
员工突出"关键少数"，锻造"百人强将"队伍；面向青年员工突出"后继有人"，锻造"青
年人才"队伍。"三个完善"：完善选人用人机制，完善考核评价机制，完善正向激励机制。

以从严管理为保障，有计划地选派青年人才到基层一线、重点工程等进行锻炼，引导青年技术技能人才参加或组建重点实验室、大师工作室、创新团队和项目团队，努力建设一支理想信念坚定、素质能力突出、数量充足、结构合理的青年人才队伍，确保使用上有梯队、选择上有空间。

中国商飞上海飞机制造有限公司 C919 事业部主任李青是 2024 年中国青年五四奖章获得者，作为大飞机事业 "青年领军者"，坚守 "我的飞机我负责，我对飞机负全责" 的信念，扎根重大任务一线，带领 "千人装配团队" 打赢 C919 大型客机试飞取证、首架交付、商业首航三场 "攻坚战"。他带领团队建起严格的商用飞机装配质量管理体系，严控生产过程，保证飞机质量，顺利通过中国质量协会星级管理现场评审，荣获 "现场管理五星评价"。他创设 "产品安全日"，开发职工质量档案数字化管理系统，将人为质量故障率降至最低，消除质量问题重复发生的可能。目前，C919 全球订单达 1200 多架，规模化生产万众瞩目。李青认为，我们会继续在推进模块化制造、优化工艺技术、夯实质量管理等方面锤炼硬本领、探索新路径，全力以赴为大飞机规模化、系列化发展再立新功。

三、航空公司青年推动客货服务升级

中国东方航空公司努力打造 "一带一路" 上的 "航空超级承运人"，目前，已直接联通境外 86 个航点、覆盖全球 31 个国家和地区。借助天合联盟，东航的航线网络通达全球 166 个国家和地区的 1050 个目的地，并在全球设有 100 余个海内外分支机构。2023 年，东航全年飞行超 234 万小时，同比增长 108.3%；旅客运输量 1.16 亿人次，同比增长 173.4%。这背后，是海外业务发展和国际化管理掀起的青春浪潮：持续推进经理层任期制和契约化管理，以及股权激励、项目跟投、超额利润分享等多元化人才创新激励模式，创新 "党员—机长双培养""卓越航空工程师""客舱经理优 +" 等青年优秀人才培养模式，建设 "燕翼翔鹰" 人才梯队，进而培养一大批多层次复合型青年人才。另外，东航拥有境外青年雇员超过 1300 人，来自 36 个国家以及中国香港、中国台湾等地区，主要从事飞行

员、乘务员、市场销售、机场保障、客户服务、货运、行政和机务维修等工作。

2024 年是中国国际航空公司金凤乘务组被授予"时代楷模"荣誉称号十周年，也恰逢金凤乘务组成立 30 年。作为国航安全服务的金字招牌，一代又一代金凤组的青年乘务员坚持把追求一流航空服务品质当作重大任务，在奔赴客舱、建设国航、奉献民航的生动实践中，孕育形成以"牢记使命、爱岗敬业、真诚奉献"为核心内容的金凤精神。目前，金凤乘务组由 6 个班组、70 余人的青年团队组成，主要执行国际航班服务，把安全至上、乘客为先、专业热忱作为价值理念，确立"四个更字诀""三个永远"①的服务基调，创新推出以老带新导师制、与旅客沟通和乘务员之间互相沟通、亲和发现旅客所需等"金凤乘务组工作法"，不断升级空中服务标准，在共建"一带一路"中打造中国航空服务的新标杆。

第五节　丝路青年深度参与构建"一带一路"立体互联互通网络面临的主要挑战和高质量发展建议

一、当前丝路青年参与构建"一带一路"立体互联互通网络面临的主要挑战

（一）通道班列发展的不确定性持续增加

部分中欧班列和西部陆海新通道班列开行"散、乱、低"问题较为突出，内卷式市场竞争激烈，运输资源"过度紧张"与"低效浪费"并存，制约丝路青年参与通道物流的良性竞争和模式创新。例如，中欧班列以城市开行为主，境内外开行、到达城市之间形成超过 200 条直达线路，所有线路经由东中西三大通道及境外俄铁、哈铁等进入欧洲境内，四个边境口

---

① "四个更字诀"：在服务标准上更热情、更周到、更细致、更生动。"三个永远"：永远都坐前排，永远肩挑大梁，永远专注旅客的需求。

岸和欧洲境内主要换装口岸的作业能力处于超饱和状态，由此导致班列线路高度重叠和引发口岸拥堵。另外，部分中国中西部城市不具备产业支撑和货源保障，无法满足每列41个集装箱、每周1班或数班的常态化开行要求，出现空载或大量发运低值货物的问题。

中国部分地区的铁路等基础设施存在短板，港口设施和服务能力仍有不足，通道物流体系尚不完善，运行效率和规模效益偏低，多式联运"一单制"有待推广，数字化绿色化水平不高，通道与产业、贸易等融合发展亟须加强。

独联体、中东欧、东盟等国家铁路运输设施较为陈旧，口岸换装作业和通行能力不强，部分西欧国家设施更新进展缓慢。由于在铁路技术、管理等方面存在差异，欧洲段铁路运价高出中铁、俄铁、哈铁等近一倍。另外，一些共建国家出于对本国企业及就业、税收资源的保护，对过境的中欧班列收取较高运费。随着新冠疫情消退，海运的成本、网络等优势回归，加之近年来航空物流快速崛起及其对高技术、高附加值和高时效物流市场竞争优势，通道班列面临严峻的双重挤压态势。

（二）通道班列亟待提升协调机制和数字化水平

目前，虽然中欧班列、西部陆海新通道班列已经建立运输协调委员会等协调机制，在交流沟通方面发挥重要的机制性作用，但缺乏以市场为导向的城市之间、平台公司之间、中外企业之间的合作机制。由于国际铁路联运规则不统一，不少青年从业者限于资源、经验和知识储备不足，不熟悉境外铁路、货运、贸易等规则和市场，造成业务拓展碰壁。

信息化、数字化总体滞后，虽然近年来我国铁路部门建起95306国际联运信息平台，实现中俄等国别间国际联运运单信息的交换，但是中欧班列和西部陆海新通道班列的运行还未建立覆盖境外铁路及共建国家或城市的统一信息传递交换机制，部分共建国家海关、检验检疫等部门间的信息交互主要依靠纸质单据的交接，有关单证、文件处理还是手工操作及人工核对，耗时费力，效率不高，准确性低。

（三）地缘政治挑战与全球经济下行交织

地缘政治动荡使全球供应链进入风险系数直线上升的时代，红海危机、乌克兰危机、巴以冲突以及美国对中国进口商品加征关税等，各地紧张局势对运价、市场稳定性、原材料供应以及全球供应链造成深远而持久的影响。全球经济复苏不如预期，前端的外贸出口压力增大，运输货物正发生结构性变化，货物量增速下滑，消费类产品的出货量减少，汽车及零部件的出货量增多，加大中小型物流和货代公司获取订单难度，因而中欧班列、陆海新通道班列、丝路海运、空中丝路的数量规模高速增长期基本结束。另外，干旱、洪水或强风暴等极端天气事件随着气候变化而频发多发，给全球供应链带来严峻挑战。

二、丝路青年深度参与构建"一带一路"立体互联互通网络的建议

（一）进一步发挥丝路青年在陆上通道建设的主力军作用

推动中资企业海外项目公司的青年骨干参与中国与共建国家基础设施建设规划、技术标准体系的对接，提升通道建设政策落地适配度。推广青年突击队等组织形式，鼓励揭榜挂帅，支持丝路青年工程师在"打通断头路段，畅通瓶颈路段"上攻坚克难。加强边境站点、口岸、港口等青年人才队伍建设，发挥青年员工工作效率和数字素养的优势，提高口岸站场的集装箱列车接发及货物换装能力，提升通关便利化水平。推动中资企业在承建共建国家港口、进港铁路、机场、高速公路等通道基础设施时，建立中国青年骨干深度参与的传帮带、当地职业院校订单式人才培养等长效机制，提升属地化青年人才服务质效。

在中欧班列国际合作论坛、西部陆海新通道国际合作论坛等增设青年题材的专题活动，引导更多丝路青年关注和参与陆上通道建设。问计于青年，鼓励青年从业者在集货集运、分拨派送、舱单管理、安检、放行、分拣、仓储、包装、配送等通道物流关键环节机制创新和技术创新，并及时在线路和网络上推广好做法、好经验。支持青年科技团队开发跨平台共用的信息系统，加强现有的物流信息平台互联互通，增强中欧班列、陆海新通道、丝路海运网络、国际航空网络的接驳联系，构建国际多式联运

体系。

（二）进一步发挥丝路青年在共建国家海上互联互通的攻坚队作用

推动共建国家重要港口缔结友好港或姐妹港协议中增加青年人才选育内容，合作共建青年发展型航运中心。支持中国青年科技团队参与共建国家重点港口数字平台开发，合规合法推动国际航运物流信息互联共享，提升运输便利化水平。推广中国成熟的临港经济、陆港经济发展模式，鼓励丝路青年在"港口＋自贸区"就业创业。率先推动中国涉海、涉交通高校以引领智能航运发展为目标，以行业需求为导向，通过前瞻布局、创新驱动、学科交叉和产教融合，加快培养一批可赋能、可引领智能航运新业态发展的拔尖创新人才。以"职业技能＋中文"的职教出海人才培养模式，推动中国航运职业教育体系和职业资格认证在共建国家普及通用。

（三）进一步推动丝路青年参与共建"空中丝绸之路"高质量发展

支持丝路青年科技团队参与民航安全、绿色、智慧发展领域技术国际合作。推动在国际航空运输多双边领域合作中增加青年人才选育内容，探索丝路青年广泛参与的更高水平的航空开放。在郑州—卢森堡"空中丝绸之路"国际合作论坛等增设青年题材的专题活动，引导更多丝路青年共同建设更加高效的航空运输体系，打造更为紧密的经贸合作关系，形成多元互动的人文交流格局。发挥共建国家民航部门的"蓄水池"作用，在国际合作中培养锻炼青年人才，发挥技能竞赛在构建民航青年职工技能形成体系和畅通职业发展通道方面的积极作用。融通产教融合、校企合作、科教融汇和国际合作，加快培育具备创新意识、跨学科能力和数字化技能，掌握和引领民航业未来新产业、新模式、新技术等的新质青年人才。

（四）进一步推动丝路青年参与数字基础设施安全高效互通

鼓励丝路青年科技团队主导或者参与跨境陆缆和海底光缆建设，拓宽信息通道。提高数字包容性，采取多种政策措施和技术手段缩小各国之间及各国内部的数字鸿沟，大力推进移动互联网和数字工具在丝路青年中的普及。引导丝路青年为主要创业者和从业者的互联网公司、数字科技企业积极参与知识产权保护、个人隐私保护、跨境数据流动等方面的国际合作，共建网络空间命运共同体。鼓励丝路青年科学家参与深空探测、防灾减灾、环境保护、海洋和农业应用等领域科技创新和国际合作，共建"一带一路"空间信息走廊。

第六章
贸易畅通：丝路青年参与建设开放型世界经济的新进展、面临的新挑战和高质量发展建议

党的二十大报告提出："中国坚持对外开放的基本国策，坚定奉行互利共赢的开放战略，不断以中国新发展为世界提供新机遇，推动建设开放型世界经济，更好惠及各国人民。"①2023 年 10 月，国家主席习近平出席第三届"一带一路"国际合作高峰论坛开幕式并发表主旨演讲，宣布中国支持高质量共建"一带一路"的八项行动，其中第二项为"支持建设开放型世界经济"。② 习近平总书记关于推动建设开放型世界经济的系列重要论述直面经济全球化的突出问题和重大难题，宣示中国坚持对外开放的基本国策，坚定奉行互利共赢的开放战略，坚持经济全球化正确方向，增强国内国际两个市场两种资源联动效应，不断以中国新发展为世界提供新机遇，推动建设开放型世界经济。可以说，开放是中国式现代化的鲜明标识。从稳步扩大制度型开放，到深化外贸体制改革；从深化外商投资和对外投资管理体制改革，到优化区域开放布局⋯⋯2024 年 7 月，党的二十届三中全会作出了一系列部署，展现了新时代中国与世界合作共赢、共同发展的坚定决心。中国积极参与引领全球治理体系改革和建设的努力，也将推动全球治理体系朝着更加公正合理的方向发展，不断开拓人类文明新形态。

---

① 《习近平著作选读》第一卷，人民出版社 2023 年版，第 50 页。
② 《习近平出席第三届"一带一路"国际合作高峰论坛开幕式并发表主旨演讲》，《人民日报》2023 年 10 月 19 日。

第一节 丝路青年参与建设"丝路电商"合作
先行区建设的新进展

2023 年 10 月，国务院发布《关于在上海市创建"丝路电商"合作先行区方案的批复》，同意在上海市开展"丝路电商"合作先行区创建工作。批复指出，要"发挥上海在改革开放中的突破攻坚作用，鼓励先行先试，对接国际高标准经贸规则，探索体制机制创新，扩大电子商务领域对外开放，打造数字经济国际合作新高地，在服务共建'一带一路'高质量发展中发挥重要作用"[①]。

一、上海成为丝路青年在跨境电商创新创业的沃土

2023 年，上海跨境电商进出口超 2600 亿元，同比大幅增长超 42%。上海跨境电商进口来源地达 174 个，但出口国家和地区高达 226 个。在中国商务部对跨境电子商务综合试验区的考核评估中，上海跨境电商综试区连续两年被评为建设"成效明显"，位列全国第一档。作为中国首批开展跨境电子商务试点的城市，从中国第一个保税区，到第一个自贸试验区，再到第一个国家级进口贸易促进创新示范区，通过不断地制度创新探索，上海在跨境电商功能载体上形成相当成熟和良好的生态。

上海成立跨境电子商务公共服务有限公司（以下简称"跨境公服"），为进出口电商和支付、物流、仓储等企业提供数据交换服务，为海关、税务、外管等政府部门提供信息共享平台，实现"一次申报、一次查验、一次放行"。"丝路电商"合作先行区建设启动后，跨境公服组建青年攻坚专班，开发"丝路电商"跨境贸易监测中心和"丝路电商"跨境服务平台，实时监测上海和"丝路电商"合作伙伴国之间的跨境贸易动态，数字化赋

---

① 中国政府网:《国务院关于在上海市创建"丝路电商"合作先行区方案的批复》，2023 年 10 月 23 日，见 https://www.gov.cn/zhengce/zhengceku/202310/content_6911061.htm。

能政府的科学决策和智能监管,并为企业提供金融、法律、物流、财税等一站式综合服务。

口岸优势明显、金融服务丰富、物流配套完善,这是上海发展跨境电商的底气。上海港货物年吞吐量连续多年保持世界第一,浦东国际机场是全球前三、中国境内第一的国际航空货运枢纽。敦豪(DHL)、联合包裹(UPS)、联邦快递(FedEx)等龙头物流企业中国总部落户上海。支付宝、汇付天下等7家第三方支付机构获得跨境支付外汇牌照,占中国四成。9610(跨境贸易电子商务)、1210(保税跨境贸易电子商务)、9710(跨境电商B2B直接出口)、9810(跨境电子商务出口海外仓)等跨境电商新模式在上海均已落地,实现B2C的进出口、B2B的出口和海外仓出口模式全覆盖。

不少中国跨境电商企业都是打国外需求和国内供应商的信息差,操作门槛低,但附加值低,很容易被其他卖家复制,陷入价格战困境,但上海不是传统的制造、仓储、物流基地,且土地成本和运营成本相对较高,因而更加重视青年人才密集型聚集,发展自主品牌,重视原创商业模式,强化商品定价权和交易主导权,赢得国际声誉,体现"中国制造"核心价值,用高利润率承担展业成本,在竞争中脱颖而出。品牌卖家集聚又促进跨境电商平台落户,eBay、新蛋商贸、亚马逊等国际跨境电商平台中国总部落地上海,TEMU、抖音电商、得物、盒马等本土平台快速发展。

二、服务丝路青年成为上海建设"丝路电商"合作先行区的关键词

上海有关部门针对丝路青年参与丝路电商创新创业出台多项支持政策:上海市商务委员会出台的《关于在上海市创建"丝路电商"合作先行区的方案》提出,为电子商务领域各类用人单位引进集聚更多优秀人才提供政策支持和服务保障,构建政府、高校、社会、企业多方联动的电子商务人才培养体系;《浦东新区推进"丝路电商"合作先行区建设行动方案》明确青年发展型"丝路电商"合作先行区中心功能区的发展目标,到2025年,浦东新区将基本建成"丝路电商"综合服务体系,"丝路电商"

伙伴国国家馆及商品中心汇集，伙伴国国际智库交流及市场主体合作研修活动活跃，伙伴国贸易、投资、人文等推介活动频繁，具有国际竞争力的电商平台集聚，培育伙伴国电商贸易主体的园区载体各具特色，各类促进伙伴国共同发展的公共服务平台完善；上海虹桥商务区管委会印发的《虹桥国际中央商务区关于全力推进"丝路电商"合作先行区的三年行动方案（2023—2025 年）》，将"实施跨境电商国际人才培养计划"作为重点任务之一。

2023 年 11 月，第四届"11 直播月"进博电商消费日在上海虹桥品汇举办，通过特色直播、产品体验、线上线下联动等多种形式，组织电商平台、品牌企业、商圈、直播电商基地等推出 60 余项促消费活动。新西兰、亚美尼亚、智利、巴基斯坦等 4 个国别主题日活动①同期举行，四国青年创业者带来本地特产与中国经销商和消费者紧密互动。拼多多、抖音电商、美团、饿了么、叮咚买菜、淘天集团、盒马、唯品会、逸仙电商等中国青年创办的电商企业发布"进"享丝路好物、丝路美食精品荟等一批重点活动，带来线上线下相结合的沉浸式消费新体验。

2024 年 4 月，上海大学与上海自贸区外高桥保税区合作举办的"丝路电商"杯上海大学国际学生创新创业大赛启动，旨在激发国际学生的创新潜能和创业热情。5 月，初赛在上海大学第十一届国际文化节上举办。6 月，决赛在上海自贸区外高桥"全球汇"举办，来自阿富汗、斯里兰卡、尼泊尔、印尼、蒙古国、摩洛哥、泰国等共建"一带一路"国家的留学生现场路演自己的创业项目。外高桥保税区则为获奖者提供商品展示、共享办公位使用、专业推广活动参与、专业平台入驻、项目指导和人才推荐等丝路电商创业孵化服务。

2024 年 5 月，2024 上海"丝路云品"电商节举行，广泛动员重点电商平台、进出口企业、直播基地、商圈商场、丝路电商国家馆和共建"一带一路"国家贸易促进机构参与，推出 50 多项精彩纷呈的线上线下促消

---

① 国别主题日活动由一家企业牵头、一批企业参与，形成线上线下联动的活动矩阵，将更多共建国家的特色产品、餐饮美食、旅游专线、当地文化引入国内市场，让消费者不出国门便可享受"丝路云品"。

费活动，旨在不断丰富中国市场的"丝路云品"消费供给，为丝路青年搭建"丝路云品"商贸对接平台，该活动被中国商务部列为全国性网络促消费活动。云品非洲主题活动开展"非洲好物直播"，扩大非洲青年在跨境电商领域与上海的对话对接。智利、巴基斯坦、乌兹别克斯坦、意大利主题日活动携四国青年创业者，开展专场直播，举办伙伴国优质商品商贸对接活动，宣介伙伴国特色旅游和风土人情。青年科技团队开发的"丝路电商"金融综合服务站 e 工具包上线，涵盖跨境收付结算、跨境融资授信、安全管理、综合服务等功能，帮助跨境电商企业畅通支付渠道，扩大发展规模，保障业务安全。

2024 年 5 月，"丝路智汇·电商共赢——'丝路电商'智库论坛"在复旦大学举行。复旦大学、中国商务部国际贸易经济合作研究院、中国国际电子商务中心、中国服务外包研究中心、上海社会科学院、上海国际问题研究院、中央广播电视总台上海总站、哈萨克斯坦国立大学、乌兹别克斯坦发展战略中心、盒马产业研究院、京东研究院、上海数据研究院、拼多多等 30 家知名智库、高校、媒体及行业龙头企业联合发起成立"丝路电商"国际智库联盟，秘书处设在复旦大学。作为"丝路电商"合作先行区的重要国际合作平台，联盟首批推出论坛交流、课题研究、研修培训等方面的 36 项活动，旨在通过开展电子商务规则、产业对接、知识产权保护等研究，为电子商务规则标准等"软联通"、国际贸易发展、营造"丝路电商"发展环境等提供智力支撑。

三、上海青年发展型城市建设促丝路电商青年人才聚集

2022 年以来，"建设青年发展型城市"连续写入上海市政府工作报告等政策文件。上海全域推进青年发展型城市建设试点工作，构建形成"三四六"工作体系 ①，全力打造 56 个青年发展型试点街区，成为城市的

---

① "三四六"工作体系：城市、城区、街镇三个层面，街区、园区、社区、创新实验室四大场景，空间场景、工作机制、政策服务、活力创城、数字化平台、指标监测六大要素。

基本单元、青年发展的典型场景、创新赋能的集成空间；纵深实施青年创新、就业、安居、健康、婚恋"五大服务计划"，利用多样化街区场景落地政策、导入资源；通过创新创业青年 50 人论坛、SEA-Hi! 论坛、"多带一个朋友"系列活动、青年汇智团等平台，邀请青年共商共议城市建设，让城市实现"为青年人而建"和"与青年人共建"双联动。

"打造国际人才集聚地"是上海建设"丝路电商"合作先行区的重点任务之一。2023 年 12 月，由浦东新区商务委员会、保税区管理局等共同发起的"丝路电商"合作研修中心成立，整合各类优质培训研究交流资源，构建政府、高校、社会、企业多方联动的"政、产、学、研"跨境电子商务人才培养体系，实现产业链、教育链、人才链创新融合发展，为共建"一带一路"国家培育跨境电商和数字商务人才。

第二节　丝路青年参与自由贸易合作的新进展

在高质量共建"一带一路"新的金色十年开局之年，中国积极推动与自贸伙伴国共同提升货物贸易开放水平，推动更多产品纳入零关税清单，以负面清单方式推动服务贸易和投资的谈判，并且推动在电信、医疗、旅游等重点领域进一步扩大开放，积极纳入数字经济、绿色经济、知识产权、标准认证等领域高水平经贸规则，通过高水平对外开放与自贸伙伴实现互利共赢，为丝路青年参与自由贸易合作提供新机遇。

一、丝路青年参与自贸伙伴国贸易畅通的新进展

2024 年 8 月，"塞尔维亚青年中国行"活动启动，此次活动邀请 100 名塞尔维亚青年赴华进行短期文化交流，旨在让他们体验中国悠久历史文化和现代化成果，加强交流互动。同时，一大批中国科技品牌在塞尔维亚市场落地生根，茁壮成长，青年运营团队仅用两年时间就将荣耀手机做到塞尔维亚市场份额排名靠前的手机品牌；中国海信集团投资建设的塞尔维

亚瓦列沃冰箱厂于 2023 年 9 月正式投入运营,为当地提供上千个青年就业岗位。2023 年 11 月,塞尔维亚以主宾国身份参加第六届中国国际进口博览会,不少塞尔维亚青年亮相展台,将丰富多样的农副产品、食品等推介给中国消费者。越来越多塞尔维亚外贸青年通过各种交流平台,努力在中国市场寻找新的商机。

中国和马尔代夫是传统友好近邻,2024 年 1 月,国家主席习近平同来华访问的穆伊兹总统共同宣布将中马关系提升为全面战略合作伙伴关系,掀开两国关系新篇章。中国和马尔代夫签署自贸协定后,双边贸易快速增长,2023 年,中马双边贸易额 7.6 亿美元,同比增长 75.8%。中国对马出口商品主要为建材、机械设备、交通工具、通信设备、家具、箱包、纺织品等,从马尔代夫进口商品主要为水产品。经贸热促马尔代夫"中国热"不断升温,长安大学、湖南大众传媒职业技术学院与马尔代夫维拉学院合办该国首个汉语中心,旅游汉语培训班受到马尔代夫青年追捧;中马两国恢复直航,互免签证协定生效,中国驻马尔代夫大使馆在马高校设立"中国大使助学金",旅游、教育等人文交流稳步提速,赓续两国青年传统友谊。

2024 年 6 月,在中国—新西兰全面战略伙伴关系建立 10 周年之际,国务院总理李强访问新西兰,双方签署服务贸易、营商环境、农食产品输华、科技、专利审查、候鸟保护等领域双边合作文件。新西兰是第一个与中方签署共建"一带一路"合作文件、第一个与中国签署自贸协定升级版的西方发达国家,而中国连续多年成为新西兰最大贸易伙伴、最大出口市场和最大进口来源国。越来越多的两国外贸青年活跃在新西兰的奇异果、牛羊肉、乳制品等优质农业以及中国的橡胶、金属、建筑材料和轻工制品等制造业。除传统贸易领域外,两国青年在数字经济、绿色经济、新能源汽车、创意产业等经贸新领域拓展合作潜力。2024 年 7 月 1 日起,中国对新西兰试行免签政策,进一步便利两国青年往来和经贸合作。中新人文交流也愈加热络,2023 年,中国留学生占新西兰国际学生的 36%,新西兰来华留学生数较上一年度增加 43%;新西兰是首个全国性推广中文学习的西方国家,新西兰中文周等活动成为当地青年了解中华文化的重要窗口。

案例 6.1

《区域全面经济伙伴关系协定》生效一周年：为成员国青年创造更多创新创业平台和机会 [1]

2023 年 6 月 2 日，《区域全面经济伙伴关系协定》（RCEP）对 15 个成员国全面生效，世界上参与人口最多、经贸规模最大、最具发展潜力的自贸协定进入全面生效的新阶段。至 2024 年 6 月，RCEP 全面生效满一年，极大促进区域内原材料、产品、技术、人才、资本、信息和数据等生产要素的自由流动，推动形成更加繁荣的区域一体化大市场，促进成员国更大范围、更高水平、更深层次的开放合作。

2023 年，RCEP 区域内部贸易达 5.6 万亿美元，较协定正式生效前的 2021 年略有增长。域内产业链供应链合作愈发紧密，2023 年，RCEP 区域共吸引绿地投资 2341 亿美元，增长 29.8%，是 2021 年的 2.2 倍。2024 年前 5 个月，中国对 RCEP 其他成员国进出口达 5.11 万亿元，同比增长 4.5%，对 RCEP 其他成员国贸易占中国外贸比重超过 30%。

对企业而言，RCEP 最直接的利好体现在关税减让，货物贸易最终零关税产品数整体上将超过 90%。凭借海关签发的 RCEP 原产地证书，2023 年，中国企业在 RCEP 项下享惠进口 905.2 亿元，税款减让达 23.6 亿元，出口关税优惠政策有力提升企业竞争力，助企出海开拓市场。

据本书编委会调研，纵观 2023 年，RCEP 为成员国青年带来实实在在的发展机遇：签证便利、入境居留等人员便利度进一步提升；劳动密集型产业向东盟国家转移的过程中，基础设施、

---

[1] 本案例数据和资料来源：罗珊珊：《RCEP 全面生效以来，域内产业链供应链合作愈发紧密——区域贸易投资合作显著增长》，《人民日报》2024 年 7 月 3 日。

产业园区建设为中资企业及其国际业务青年团队带来更多项目机会；报关、国际采购、跨境电商、翻译、物流等行业业务量激增，产生大量的岗位需求和创业机会。

传统的国际贸易方式也在发生巨大变化。比如，不少传统贸易企业转型跨境电商，人才配置转向掌握小语种，兼顾法律、外贸技能的复合型人才，满足直接面对成员国消费者提供服务的岗位需求激增；外向型企业人才队伍加速年轻化，更强调青年员工应具备适应性更强、接受新事物更快、综合性更好的个人素养，产品研发、品牌营销、信息技术等关键岗位需要具备专业技能和进出口税务政策、检验检疫标准、物流、国际法务等关联知识。

二、自贸区（港）和高校为丝路青年参与贸易畅通建平台、服好务

建设海南自贸港，广大青年是生力军和突击队：在营商环境建设一线，海南省2000多家青年文明号单位全方位参与为企服务；在基层治理一线，100多万名青年志愿者常态化提供丰富多样的志愿服务；196个青年联盟、120个青年社会组织、3000多名青年成员，助力海南乡村振兴；在生态文明建设中，海南相关市县成立热带雨林国家公园青年志愿服务队，开展各类"雨林+"志愿服务活动……另外，海南省实施"青年（人才）筑梦驿站"项目，为来琼就业的青年人才提供临时免费住宿，以及就业指导、政策推送、培训交流、社会融入等公共服务。海南有关部门每年举办海南自贸港青年创新创业大赛，通过成长扶持、人才引进、大赛推荐等举措，吸引更多丝路青年来到海南、认知海南、读懂海南、爱上海南、扎根海南。海南出台《海南自由贸易港支持港澳青年来琼就业创业实施细则》，邀请港澳青年来琼考察、交流，并为港澳青年在琼创业就业提供住宿、指导、项目推介等协助。

厦门自贸区成立厦门市外国人才服务站自贸试验区分站、国际留学人

员创业就业基地，允许基地内被列入"国际留学生创业就业基地聘请外籍优秀毕业生企业白名单"的企业，直接聘用符合条件的优秀外籍应届留学生。2024 年 3 月，新版《中国（福建）自由贸易试验区厦门片区激励人才创新创业的若干措施》发布，根据企业引进培育顶尖及高层次人才、急需紧缺人才、高级职称专业技术人才和高技能人才、"飞地"人才等，给予引才育才奖励，并加大高层次创业人才项目落地扶持力度，推动优质人才和项目集聚。厦门自贸片区在福建省率先启动航空维修产业、集成电路产业职称改革试点工作，试行"便捷高效"的受理评审模式、"业绩加能力"的人才评价标准以及"市场化多元化"的人才评价机制，以人才集聚建成一站式航空维修基地和中国首个集成电路保税研发试点。另外，厦门自贸片区开展海峡两岸国际邮轮人才联合培养和就业、游艇驾驶培训和发证、高级船员补差培训和发证试点，为台湾青年提供"来大陆培训、取得大陆船员适任证书、由大陆船员外派公司派遣工作"的一条龙服务。

案例 6.2

青岛大学：构建面向上合组织成员国青年的"经贸 +"
产学研合作网络 ①

2021 年 9 月，国家主席习近平在上海合作组织成员国元首理事会第二十一次会议（杜尚别峰会）上宣布，中方将设立中国—上海合作组织经贸学院。2022 年 1 月，以青岛大学为实施主体，为上合组织国家合作"育才"，为多边经贸合作"搭台"的中国—上海合作组织经贸学院成立。

2 年多来，中国—上海合作组织经贸学院开办跨境电商、跨境供应链管理、数字贸易等专题培训班、扶贫培训班近 100 期，中外青年学员过万人。同时，青岛大学推动上合元素融入国际化

---

① 本案例数据和资料来源：王焕现：《青岛大学：鼎力托举上海合作组织经贸学院》，《神州学人》2023 年第 11 期；高毅哲：《怀进鹏出席第八届上海合作组织成员国教育部长会议 以数字化开创上合教育合作新局面》，《中国教育报》2024 年 4 月 22 日。

办学，设置"经贸+"学科集群，设立上合英俄双语创新实验班，在丝绸之路中国政府奖学金专设纺织科学与工程等学科人才培养项目，招收以上合组织国家为主、辐射"一带一路"共建国家的优秀留学生。

青岛大学与青岛海关共建上合经贸研究中心，编辑出版《上合经贸研究》，在中国海关总署网站等发布中国对上合组织成员国贸易指数。青岛大学联合青岛市司法局、众成清泰律师事务所、俄罗斯GRAD律师事务所等共建上合经贸法律服务研究院，打造涉外法治的高端学术平台、资政建言智库、人才培养基地和成果展示窗口。青岛大学与白俄罗斯国立大学共建上合组织国家文明协同发展研究中心，在理念传播、政策解读、民意通达等方面发挥智库作用。围绕科技、教育、医疗、生物等领域，青岛大学与俄罗斯联邦科学和高等教育部、俄罗斯国家技术转让协会、塔吉克斯坦国家科学院以及俄罗斯的多所高校开展产学研国际合作。

2024年4月，第八届上海合作组织成员国教育部长会议在俄罗斯莫斯科举行，中国教育部部长怀进鹏表示，中方愿与各成员国携手建成制度更加完备、内涵更加丰富、发展更加创新的"上合教育大家庭"。由此，中国—上海合作组织经贸学院将持续聚焦人员培训、人才培养、智库建设、交流合作等四大领域，示范引领上合教育合作。

第三节　丝路青年参与跨境服务贸易和数字贸易的新进展

在高质量共建"一带一路"新的金色十年开局之年，随着数智化技术不断向各行业深度渗透，以跨境电商为代表的数字贸易新业态成为知识密集型服务贸易的重要内容。据中国商务部数据，2024年1—5月，中国服务贸易继续快速增长，服务进出口总额30219.6亿元，同比增长16%，其中，知识密集型服务进出口 11898.9 亿元，同比增长 6%。

一、跨境电商成为中国青年创新创业的主战场

中国海关总署发布的数据显示，2024 年上半年，中国跨境电商进出口 1.22 万亿元，同比增长 10.5%，高于同期中国外贸整体增速 4.4 个百分点；中国海关每年监管的跨境电商、跨境邮件快件包裹量达 70 多亿件，海外食品、美妆、保健品"飞"入中国百姓家，中国产服装、鞋帽、日用品通达全球……跨境电商凭借线上交易、非接触式交货、交易链条短等优势，成为拉动中国外贸增长的新动能、全球贸易发展的"新势力"。

自 2014 年以来，跨境电商已连续 11 年被写入中国政府工作报告。党的十八大以来，中国相继推出一系列政策措施，包括设立 165 个跨境电商综合试验区，实现 31 个省区市全覆盖，完善拓展跨境电商零售进口正面清单，不断创新跨境电商通关监管……这些举措有力推动跨境电商蓬勃发展。目前，中国有进出口实绩的外贸企业达 64.5 万家、跨境电商主体超 12 万家，上千万中国外贸青年深入多地拓展市场、多轮谈判"砍"价钱、加强研发提"身价"、精耕细作树品牌，在跨境电商市场大展拳脚。

表 6.1　2023 年中国跨境电商进出口额前十城市

排名	城市	进出口额（亿元）	同比增速
1	深圳	3265	74%
2	上海	2600	42%
3	宁波	2302	15%
4	广州	2000	45%
5	佛山	1600	——
6	杭州	1400	16%
7	郑州	1250	6%
8	金华	1200	——
9	成都	1059	18%
10	东莞	907	11%

案例 6.3

深圳：城市对青年更友好，青年在跨境电商更有为 ①

深圳跨境电商的崛起，与其肥沃的产业土壤密不可分：一是供应链完善，深圳及周边汇聚大量电子、服装、家电等消费品制造商，跨境卖家采购较为便利；二是物流发达，深圳是世界第四大集装箱港口城市，紧邻香港，国际空运也较为方便；三是政府支持，深圳市政府为电商企业提供一系列优惠政策和服务；四是创新赋能，深圳汇聚大量青年科技人才和创新企业。

目前，丝路青年在深圳创办的跨境电商出口企业数量超过15万家，在阿里巴巴国际站、速卖通、Lazada、eBay 等平台上，有近一半的中国青年卖家来自深圳。在亚马逊平台，深圳的青年卖家数量占到中国卖家的三分之一。"踏实肯干，即使再小的单子，也会思考怎么去接，只要亏损合理，每天勤勤恳恳做客户开发，不做天上掉下大客户的白日梦"，这样的经营理念成为深圳跨境电商从业青年的共同信条。

作为全国知名的"青春之城"，深圳 14—35 岁青年常住人口达801.9 万人，占全市常住人口的 45.66%，常住人口平均年龄 32.5岁，构建青年发展型城市意义凸显。2024 年深圳市政府工作报告提出"加快建设青年发展型城市，让深圳永远朝气蓬勃、永葆无限活力"。近年来，深圳以打造青年发展型城市为契机，通过聚焦"友好"和"有为"两个方面，将青年发展工作纳入深圳经济社会发展工作全局，打造青年创新创业的多层次平台，建立面向青年的优质均衡公共服务体系，满足青年多样化、多层次的发展需求，努力实现"深圳对青年更友好，青年在深圳更有为"的城市愿景。

---

① 本案例数据和资料来源：严圣禾：《城市对青年更友好，青年在城市更有为——广东深圳先行示范打造青年发展型城市》，《光明日报》2024 年 2 月 6 日。

二、外贸新青年奔赴数字贸易新蓝海

跨境贸易的竞争法则是"七分靠选品，三分靠运营"。早期外贸青年靠着勤劳辛苦，跑展会，出国找代理商。这样的市场运作方式在数字时代因为低效而行不通，越来越多的外贸新青年选择利用数字工具，研究动态市场数据来实施精准的市场策略，在跨境贸易中少犯错误、多拿订单。比如，浙江台州的工量刃具具有雄厚的制造基础，长期以来靠生产规模和批发模式获得规模收益，但利润率不高。台州外贸青年通过市场调查发现，由于很多北美用户喜欢自己动手操作，普通家庭对工量刃具的需求很大，因而将北美市场拓展从经销商制转向个性化的跨境电商，向北美家庭用户推送广告视频，引入社交媒体流量，钻头、铣刀、车刀、刀柄等数百款产品很快进入北美市场。

第二届全球数字贸易博览会期间举办的"人间天堂·数贸之夜"活动上，福布斯中国研究院发布"2023 数字贸易潜力人物 Top10"榜单，不乏年轻企业和年轻创业者。青年技术专家创办的浙江强脑科技有限公司，专注于智能假肢、智能康复、电子消费品等领域，是中国首家脑机接口领域独角兽企业。青年金融科技创业者徐杭创办的杭州姆珉网络科技有限公司，主要为跨境电商和外贸企业提供安全合规、多元高效的跨境资金结算和相关综合服务。青年物流科技创业者高学亨创办的飞协博国际货运代理（上海）有限公司，利用具有自主知识产权的全球贸易操作系统，为企业提供一站式出口货运代理服务，打破信息不透明、依靠运价差为主要盈利来源的传统国际货代模式。青年人工智能专家蒋韬创办的同盾科技有限公司，在中国香港、新加坡、印尼、马来西亚、阿联酋等地设立分支机构，专注于决策智能先进技术研发应用，致力于帮助政企客户防范风险、提升决策效率。

2023 年 11 月，阿里巴巴国际站数字外贸真牛奖颁奖活动在杭州举行，参赛选手中，90 后占比超过 38%，相比往年大幅提升，其中 20 岁出头的 95 后占比达 14%。佛山市顺德区杰苧家具有限公司总经理黄凯从不懂英语、不懂业务、没有渠道，到把网店做到行业前三，月均销售额 300 万元，

99 年出生的他只用了半年。黄凯的制胜之道在于玩转数据。黄凯团队在阿里巴巴国际站后台自建数据库,把所有供应链和产品标签化、数据化录入,"训练"国际站上的 AI 生意助手更懂团队的需求,快速发布产品,让业务员报价时长从一两天缩短到五分钟以内。郑州力美奇游乐设备有限公司总经理王雪娇是一名 90 后,为跨境直播专门开了一个 4 万平方米的游乐场,让业务员在真实场景里展示产品,客户会把他们的直播录下来,分享给同行和同事,发到海外社交媒体,让大家一起来看中国人做生意的方式,从而带来免费的关注度和成交量,如今,王雪娇的游乐设备年出口额超 3 亿元。

浙江国贸数字科技有限公司以线上"麒麟云"平台 + 线下孵化园区"麒麟阁"的服务方式,构建全球开店、孵化培育、数字营销、人才支撑、供应链服务、经营合规等六大支撑体系,为丝路青年在跨境电商创业提供一站式、全覆盖、标准化综合服务,助力中国品牌扬帆出海。针对一些初涉数字贸易的企业面临的人才缺口难题,该公司开展校企合作,把实战型课程提前植入到课堂中去,让学生走出校门时就有一定的实操能力,进入企业后能快速开展业务。

案例 6.4

第二届全球数字贸易博览会:拓展丝路青年全球贸易新空间 [1]

国家主席习近平在第三届"一带一路"国际合作高峰论坛上宣布,中方将每年举办"全球数字贸易博览会",充分展现了中方愿与各国一道建设开放型世界经济,促进全球数字贸易繁荣发展的坚定决心。全球数字贸易博览会是中国政府批准的唯一以数字贸易为主题的国家级、国际性专业展会。国家主席习近平在多个重要国际会议介绍数贸会,并向第二届数贸会致贺信。

---

[1]　本案例数据和资料来源:央广网:《"数字贸易　商通全球",第二届全球数字贸易博览会在杭州开幕》,2023 年 11 月 24 日,见 https://baijiahao.baidu.com/s?id=1783404602665392028;宋婧:《引领数字贸易新风向——2023 全球数字贸易创新大赛侧记》,《中国电子报》2023 年 11 月 23 日。

第二届全球数字贸易博览会以"数字贸易·商通全球"为主题，于 2023 年 11 月在杭州举行，105 名国际政要及外交官员、68 个国际组织及境外商协会参会，63 个国家（地区）参会参展，汇聚 800 多家数字贸易企业，包含 50 多家世界 500 强企业、50 多家全球及中国数字贸易百强企业。

以数据为关键生产要素、数字服务为核心，数字订购与交付为主要特征，青年为主要创新创业就业群体的数字贸易，是当前国际经贸规则竞争的前沿。第二届数贸会举办丝路电商国际合作、中国—中亚数字贸易促进司局级会见等 10 多场主题活动，发布《中国数字贸易发展报告》等专业报告、行业标准 120 余项，评选发布福布斯 2023 全球数字贸易企业 TOP100、赛迪 2023 中国数字贸易企业百强榜和 100 个数字贸易示范案例；数字贸易龙头企业发起中国首个数字贸易联盟，成立中国首个数字贸易智库。

第二届数贸会举办全球数字贸易创新大赛，签约落地 113 个项目、总投资超 1300 亿元，启动中国数贸港建设，打造全球数字贸易中心，现场意向采购订单超千亿人民币，首发首秀首展"数字新品"超 500 项，首次实现阿里、百度、华为、腾讯、网易、蚂蚁、科大讯飞、360 等头部企业大模型齐展，全方位帮助丝路青年参与全球贸易。2023 全球数字贸易创新大赛为数贸会首次举办，设置"人工智能元宇宙""区块链 Web3.0"两大赛道，吸引近 200 家优秀企业及项目团队参与。参赛项目涉及跨境电商、金融交易、智能穿戴、文娱教育、物流交通等热门领域，其中，既有已完成规模落地的成熟项目，也有刚刚取得技术突破的新生力量，更有扎根行业场景的赋能者。参赛企业中，年营收过亿元企业有 12 家，年利润逾千万企业有 14 家，主营业务涉及人工智能大模型、元宇宙、虚拟数字人、人形机器人等领域的相关企业有 76 家，代表了全球数字贸易企业的先进示范力量。参赛企业普遍由青年企业家领衔，青年研发人员平均占比达 60%，平均研发投入占比超过 55%。

案例 6.5

青年创造数字未来:"一带一路"人文交流活动搭建 丝路青年参与数字贸易新平台 ①

2023年10月,2023年世界青年发展论坛青年数字发展主题论坛在北京举行,国际组织驻华机构代表、数字领域学者、企业家代表等青年领导人热烈交流研讨,高度赞赏中国在数字经济发展和应用数字技术赋能青年发展等方面所取得的成就,300余名中外青年通过线上线下方式参加论坛,就如何推动全球青年共同应对数字经济的机遇和挑战等议题展开讨论。主题论坛发布世界青年发展论坛秘书处和国际劳工组织主办的世界青年发展论坛青年数字领袖研修计划,为各国青年数字成长提供资源、支持和机会,推动各国青年加强数字领域的发展合作。

进一步看,世界青年发展论坛青年数字领袖研修交流计划的重点项目包括:搭建数字社群,推动中外青年共享共赢;打造创新实验平台,推广孵化优质数字项目;建立传播矩阵,传播数字青年声音。2024年7月,2024世界青年发展论坛青年数字领袖研修交流营在广州开营,来自中国、美国、德国、印度、埃及、阿根廷等19个国家的青年代表参加,开展专题培训、项目路演、参访体验等系列活动。

2023年11月,2023世界互联网大会乌镇峰会青年与数字未来论坛举行,首批入选世界互联网大会"全球青年领军者计划"

---

① 本案例数据和资料来源:中国青年报客户端:《2023年世界青年发展论坛青年数字发展主题论坛在京举办》,2023年10月31日,见 https://baijiahao.baidu.com/s?id=1781283753258776170;中国青年报客户端:《2024世界青年发展论坛青年数字领袖研修交流营在广州开营》,2024年7月16日,见 https://baijiahao.baidu.com/s?id=1804740598233307283;中国日报网:《数字时代全球青年责任论坛在北京举办　聚焦技术创新与可持续发展》,2024年7月14日,见 https://gd.chinadaily.com.cn/a/202407/14/WS6693b7f6a3107cd55d26b38f.html。

的优秀青年亮相论坛，通过主题演讲、跨代对话等形式，围绕互联网技术、产业与治理发出青年之声。世界互联网大会国际组织以乌镇峰会十年为契机，创设"全球青年领军者计划"这一常态化品牌活动，在全球范围内定期遴选互联网优秀青年，紧跟互联网技术、产业、治理等前沿趋势，围绕"学、会、话、研"持续开展青年系列活动，搭建青年互学互鉴的国际交流合作平台。世界互联网大会"全球青年领军者计划"于2023年8月首次启动招募以来，收到全球近60个国家和地区的优秀青年报名，互联网领域重要国际组织、全球互联网领军企业以及知名学者也积极推荐人选。

2024年7月，全球共享发展行动论坛第二届高级别会议在北京举办。本次会议以"推动可持续发展：持续行动　共创未来"为主题，吸引来自160多个国家和国际组织的高级别代表出席。数字时代的全球青年责任论坛是本次会议的分论坛之一，由香港科技大学（广州）和北京青年企业家协会共同举办，旨在深入探讨青年在数字经济时代所面临的责任和挑战，共同探索推动数字平等和实现共同发展的有效路径。

第四节　丝路青年深度参与建设开放型世界经济面临的主要挑战和高质量发展建议

一、当前丝路青年参与建设开放型世界经济面临的主要挑战

（一）外贸市场"市场难测"叠加"市场难做"

在全球经济继续放缓、贸易保护主义和地缘冲突不断加剧、外溢风险显著上升的背景下，全球贸易或将持续下降，共建"一带一路"国家外贸企业面临市场缩减、竞争加剧、物流成本上升、贸易壁垒升高、供应链不

稳定等困难和风险，稳订单、拿新单、拓市场是企业最紧迫的任务。

同时，共建"一带一路"国家中既包括少数发达国家，也包括最不发达国家和大量发展中国家，这种差异性为建立统一的贸易协调机制带来难度。部分共建国家关税壁垒与非关税壁垒较高，海关清关效率较低，过境管理透明度不高，通关手续烦琐，为贸易自由化、便利化带来挑战。中国对部分共建国家贸易顺差不断扩大，产业存在一定的同质竞争，易引起贸易摩擦。中国与共建国家的贸易多以遵从世界贸易组织多边贸易规则、双边贸易协定为主，但不少共建国家尚未正式加入世界贸易组织，中国仅与少数共建国家签署自贸协定，导致共建国家间的国际贸易规则体系有待进一步加强。地区冲突、政权更迭、文化鸿沟、宗教冲突、种族歧视、经济差异等，使得部分共建国家和地区尚未建立稳定的经贸发展环境，其市场风险处于较高水平。

（二）丝路电商发展面临同质竞争与合规挑战

各国贸易政策频繁变动，如欧盟的《通用数据保护条例》（GDPR）、美国的关税调整，要求跨境电商企业具备高度的政策敏感性和快速适应能力。增值税（VAT）、关税等税务合规成为跨境交易的重大考量，企业需精确计算成本，避免合规风险。随着越来越多的平台、品牌以及卖家加入跨境电商赛道中，如何避免同质化竞争，建立差异化竞争优势成为关键，这对于专业度、产品力、品牌力和创新力相对不足的丝路青年从业者而言挑战尤甚。

中国与部分共建"一带一路"国家开展跨境电商合作的时间较短，集中在货物贸易，服务贸易相对较少，双边和多边协调机制有待健全。共建国家在经济发展水平、产业政策、法律法规、风俗习惯等方面存在显著差异，电商发展水平不一，对电商发展的利益诉求分歧大，导致现阶段各国在电商规则、规制、标准等领域的开放程度差异大，跨境贸易监管和规则标准互认存在困难。

（三）数字贸易面临系列挑战

各国对于数据主权和安全的保护意识不断加强，而跨境协调机制建设相对滞后导致跨境数据流动受到限制。由于国际上尚未形成统一的数据流动规则和标准，导致供应链数据、原产地证书等基本贸易数据在不少共建国家仍不能实现互联、互通、互用，而且各国围绕电子商务在跨境交付、个人隐私保护、跨境数据流动、消费者权益保护等领域的国际规则体系仍存在较大争议。网络攻击、数据泄露、知识产权侵犯等事件频发，给企业和个人带来严重损失。此外，网络犯罪跨国性、隐蔽性强的特点也使得打击网络安全犯罪面临巨大挑战。部分共建国家知识产权保护法律不完善，导致知识产权侵权行为难以有效遏制。跨国知识产权纠纷涉及多个国家法律制度，解决难度加大。

二、丝路青年深度参与建设开放型世界经济的建议

（一）进一步推动丝路青年合力共建"丝路电商"合作先行区

优化营商环境，落实扶持政策，支持丝路青年创办的电子商务企业和专业服务企业在上海集聚，推动跨境电子商务平台赋能小微企业发展，持续举办"丝路电商"小微企业供应链对接活动。支持中国电商平台、规上跨境电商企业完善仓储、物流、支付、数据等全球基础设施布局，统筹推进业务运营、技术服务、属地化青年人才队伍建设和青年创业者合作网络搭建。完善"丝路电商"跨境服务体系，为丝路青年创业者提供跨境金融、法律仲裁、知识产权保护、财务咨询、跨境物流等公共服务。推动丝路青年依托"丝路云品"公共品牌开展模式创新和技术创新，将更多共建国家优质产品引入中国市场，支持电子商务企业将中国老字号、网络新消费品牌推向共建国家市场。在跨境电商企业孵化、专业人才培养中增加绿色运营权重，提升绿色创新水平。

完善和落实电子商务领域人才政策，为丝路青年从事丝路电商就业创业提供政策支持和服务保障。推动高校、职业院校电子商务相关专业开设"丝路电商"方向的学历教育和职业教育，扩大共建国家电子商务专业的留学生规模，将"丝路电商"合作研修中心建成多方联动的青年人才港，帮助共建国家完善电子商务学科体系、专业体系和课程体系，培育一批跨境电商和数字商务人才。开展电子商务模式创新和最佳实践案例国际交流共享，吸引更多丝路青年关注和参与丝路电商。

（二）进一步提高贸易自由化便利化水平

推动在中国与共建国家商签的自由贸易协定、双多边文件中增设外贸青年人才培养、外贸青年创新创业等内容，在双多边自贸高级别会议中增设青年专题，为丝路青年鼓劲发声。搭建以提升外贸青年就业创业能力为核心的双边和多边公共服务平台，为区域内青年公务员、企业家、创业者、从业者等利用自贸规则提供指导和培训。推进国际贸易"单一窗口"互联互通和"经认证的经营者"国际互认，支持符合条件的小微外贸企业在共建国家享受通关便利，为外贸青年提供出入境和停居留便利。搭建海外仓综合服务平台，培育一批在信息化建设、智能化发展、多元化服务、本地化经营方面特色鲜明的代表性海外仓，为外贸企业提供信息发布、供需对接、数据归集等服务，为监管部门提供贸易完整性验证数字化支撑，提升企业办理相关业务便利性。促进内外贸法律法规、监管体制、经营资质、质量标准、检验检疫、认证认可等衔接，推进同线同标同质，推动外贸青年拓展内贸业务。建设青年发展型自贸试验区（自由贸易港），更好地服务丝路青年参与贸易畅通。

（三）进一步因地制宜创新发展数字贸易

落实"全球数据安全倡议"，促进丝路青年广泛参与的数据跨境流动国际合作，在市场准入、市场主体监管、数据跨境流动、数字产品和服务市场开放、隐私与个人信息保护、知识产权保护、数据安全等核心领域加强协作，构建青年参与型全球数字治理体系。在全球数字贸易博览会、全球数字经济大会、世界互联网大会乌镇峰会等国际展会上，举办青年主题活动，促进丝路青年与数字贸易、数字经济产业链供应链的对话交流。

推动外贸青年企业家、创业者在贸易开发、贸易撮合、贸易执行、贸易服务和经营管理等全链条全环节数字化转型。促进数字科技与旅游、建筑、运输等服务贸易融合发展，数字贸易与优质消费品、高端工业品、高附加值农产品和绿色低碳产品等货物贸易融合发展。在国家数字服务出口基地、数字贸易示范区等平台载体考核中增加"青年发展"指标，在服务外包、软件信息、数字文化、数字金融、数字通信、数字技术等领域示范性释放青年创造力，打造具有国际竞争力的数字产业集群。

第七章

可持续发展：丝路青年参与促进"一带一路"绿色发展的新进展、面临的新挑战和高质量发展建议

　　绿色是生命之色，是活力之色，也是人与自然和谐共生之色。习近平总书记强调，要"让绿色切实成为共建'一带一路'的底色"①。顺应全球绿色、低碳、可持续发展的总体趋势，中国作为全球生态文明建设的重要参与者、贡献者和引领者，推进绿色丝绸之路建设，与全球发展倡议等重要倡议一起，为共建国家落实联合国 2030 年可持续发展议程、共谋绿色低碳发展提供经验、路径和方案，为全球环境与气候治理不断贡献力量。"促进绿色发展"是中国支持高质量共建"一带一路"的八项行动之一，聚焦绿色交通、绿色能源和绿色金融领域的深度合作，夯实"一带一路"绿色发展的硬基础、硬保障和硬支撑，将"一带一路"共建为各美其美、美美与共的绿色合作平台，为构建人与自然生命共同体和构建清洁美丽的世界增添强大信心、注入强大动力。

第一节　丝路青年参与"一带一路"绿色基建合作的新进展

　　在高质量共建"一带一路"新的金色十年开局之年，秉持"绿水青山就是金山银山"的理念，中资企业继续投资建设"大而优""精而专""小

---

　　① 《习近平谈治国理政》第四卷，外文出版社 2022 年版，第 494 页。

而美"绿色基建项目,支持环境改善、应对气候变化和资源节约高效利用的经济活动,推动中国绿色技术、标准、装备和管理"走出去";丝路青年建造者广泛开展绿色技术研发推广应用,降低基建碳排放和能耗,积极向全球传递绿色、减碳、韧性为鲜明特色的绿色发展的青年信心和担当。

中铁二局二公司尼泊尔KK公路项目被尼泊尔财政部和亚洲开发银行授予"最佳环境保护监控团队"荣誉称号。尼泊尔KK公路项目为既有道路改造项目,由于中国和尼泊尔的相关环保要求存在差异,为此,中方项目部青年工程师做了大量工作,与当地政府、监理机构共同编制施工环境评估报告,制定环境保护、水土污染防治及文物保护制度,成立专门的环保管理小组,聘请尼泊尔籍青年工程师参与环保管理。正是因为这些细致准备,项目自开工以来,多次接受尼泊尔各级政府和环保部门检查,均获得好评。

中国—巴新友谊学校·布图卡学园项目位于巴布亚新几内亚首都莫尔兹比港,是中国与巴新友谊的见证、巴新现代化教育的缩影。项目由深圳市政府代表中国在巴新投资援建,由中建集团下属的中建科工公司采用绿色装配式智能建筑设计和绿色施工技术总承包,解决当地3000多名中小学生上学难问题。为应对高温多雨气候,中国青年工程师设计被动式节能系统,室内外空气循环系统结合大屋顶、底层架空等当地传统建筑文化设计,节电20%以上。为实现绿色"降本增益",项目还采用中建科工青年科技团队自主研发的"GS-Building"钢结构装配式建筑体系,以降低粉尘、有害气体等的排放,并节约建筑耗材。项目公司还为当地青年提供就业岗位和建筑、电气、水暖等方面的职业培训,为当地发展带来为之计久远的中国智慧。

埃塞俄比亚首都亚的斯亚贝巴河岸绿色发展项目是中国第一个对外援建公园类项目,由中交一公局集团承建,集景观、建筑、市政、道路、水利、园林于一体。至今,项目青年团队建成非洲功能最多、面积最大的城市综合广场——谢格尔公园友谊广场,采用无害化低影响石方爆破技术,避免高噪声、高扬尘、高振动等影响,将中国温室培育技术和树木移植标准引入埃塞俄比亚,大型珍贵苗木全冠移植,成活率达100%,采用中国先进的风积沙防渗毯进行湖底封闭，有效解决人工湖渗漏水问题，同时有利于人工湖微生态环境的形成。岸边水草丰美，湖内鱼类成群，有近百种鸟类栖居于此，埃塞俄比亚总理阿比多次向国内外推介这一"美丽工程"。谢格尔公园及周边配套设施向公众开放后，很快成为当地最受欢迎的旅游目的地。

受限于地理条件，马尔代夫首都大马累地区的生活垃圾必须先通过垃圾转运站进行收集，再船运至垃圾岛进行焚烧和填埋处理，但原有的垃圾转运站场地狭小、功能单一，不具备集装箱运输等现代化转运能力。马尔代夫马累岛和维利马累岛垃圾转运站项目是马尔代夫环保部重要的民生工程，由亚洲开发银行和马尔代夫财政部出资，中建八局承建。马尔代夫雨季漫长且降雨量大，施工环境恶劣，高盐高湿，高温高辐射，资源匮乏，劳动力组织困难，项目部中国青年工程师迎难而上，在主砌体交接部位采用硅酮胶密封，确保砌体完成后不开裂、不渗水；所有建筑屋面结构中采用防水外加剂，提升混凝土品质和综合性能；钢结构防腐防锈采用氟碳喷涂，厚度达到 C5-M 英标最高标准；采用结构架空，减少昂贵回填，增加业主使用空间；引入中国生产的双层隔音玻璃，解决转运站运行时产生的巨大噪音问题。

红海公用基础设施项目位于沙特西部的塔布克省，是沙特"2030 愿景"中的一项重点工程，也是世界上第一个融合多能源互补整合的大型商业化公用设施项目。该项目由中国电力建设集团承建，包括光伏、风电、储能、内燃机发电、电网、海水淡化、供水管网、废水处理、污水管网、固体废物处理、通讯和区域制冷等模块。沙漠地区使用光伏发电的好处是日照充足，缺点是风沙大，沙尘会影响光电转换效率，中国青年科技团队开发的自动清扫机器人可以定期清理掉光伏板上的沙尘，只需打开手机应用程序，点击启动，机器人就开始工作。在海岛间的输电网络建设中，中国青年科技团队开发的海底自动机器人下水作业，采取严格的环境保护措施，最大程度减少对海洋生物的影响。中国青年工程师建设由两片芦苇丛和一片莎草地组成的人工湿地（生物"污水处理厂"），生活污水经过预处理后，先经第一片芦苇丛滤去大颗粒杂质，然后泵入第二片芦苇丛，待重金属等物质被吸附，最后在重力作用下进入莎草地，再次过滤后流入蓄水池。

肯尼亚第二大河阿西河与斯瓦克河的交汇地区属于半干旱地区，当地居民主要靠从河流取水、雨季用水罐收集雨水、从水务公司的流动水车买水三种方式获取水资源，取水耗时、费力、价格昂贵。中国能建葛洲坝集团承建的斯瓦克大坝项目是肯尼亚当前单体在建的、集大坝、供水、灌溉、发电于一体的最大的综合水利枢纽项目。项目开工后，为当地带来2000 多个青年就业岗位，肯尼亚籍员工已占 90% 以上。青年挖掘机操作员维多利亚认为："我对这项工作充满激情，这是我梦寐以求的工作。来自中国和肯尼亚的同事总是赞扬我的工作，说我是一名坚强的女性，我是最棒的。"与此同时，项目周边乡镇因为当地居民就业改善而增加商业活动，改善了贫困问题。项目部青年团队还为当地建成学校、医院、水井、药房等多个"小而美"的民生项目。

案例 7.1

上合示范区：丝路青年参与共建绿色城市建设发展试验区 ①

2024 年 7 月 4 日，上海合作组织成员国元首理事会第二十四次会议在哈萨克斯坦阿斯塔纳市举行。成员国领导人签署并发表《上海合作组织成员国元首理事会阿斯塔纳宣言》，宣言中称："成员国认为宣布中华人民共和国青岛市为 2024 年至 2025 年上合组织旅游和文化之都有利于挖掘本地区旅游合作潜力，进一步加强文化合作"。当日，国家主席习近平在"上海合作组织+"阿斯塔纳峰会上发表重要讲话时指出，在本组织旅游和文化之都青岛主办绿色发展论坛、妇女论坛，欢迎各方积极参与。

同月，由上海合作组织睦邻友好合作委员会、中国生态环境

---

① 本案例数据和资料来源：李晓哲、陈亚梅、张昌威：《绿色发展，上合相约》，《半岛都市报》2024 年 7 月 7 日；新华社：《上海合作组织国家绿色发展论坛在青岛开幕》，2024 年 7 月 8 日，见 https://www.gov.cn/yaowen/tupian/202407/content_6962007.htm。

部、山东省人民政府、上海合作组织秘书处联合主办的上海合作组织国家绿色发展论坛在青岛举办。这是 2024 年中国接任上海合作组织轮值主席国后举办的第一个大型活动,也是上合组织国家间首个以绿色发展为主题的高级别活动,国家主席习近平向论坛发来贺信。来自上合组织成员国、观察员国、对话伙伴和上合组织秘书处等的代表与会,围绕"携手绿色发展,推动人与自然和谐共生"主题进行深入讨论并达成广泛共识。

进一步看,2018 年 6 月,国家主席习近平在上海合作组织成员国元首理事会第十八次会议上宣布,中国政府支持在青岛建设中国—上海合作组织地方经贸合作示范区。2019 年 7 月,中国共产党中央深改委第九次会议审议通过《中国—上海合作组织地方经贸合作示范区建设总体方案》。

近年来,上合示范区建立绿色生态园区长效发展机制,编制《绿色园区总体规划》《绿色园区建设指标体系》,围绕空间布局、建筑、能源、交通、生态绿地、科技创新等要素,制定碳中和建设规划和运营路径图,进而实施《绿色生态城区创建实施方案》。

目前,上合示范区正全面推进上合国际城、空港新城、枢纽港新城、卡奥斯新城、板桥新城"五大新城"建设,聚力提升国际物流、现代贸易、双向投资合作、商旅文交流发展"四个中心"和上合组织经贸学院建设质效,举办上合组织成员国青年创新创业大赛、上合组织青年创业国际孵化器项目推介会、中国·山东(青岛)海归创新创业峰会、"上合组织青年创业交流基地"青年创业实训营、中国青岛留学人员创新创业大赛、活力上合·中国(青岛)国际菁英创新创业大赛、"邂逅上合·美丽青岛"来华留学生社会实践活动等项目,通过"创模式、筹资源、优环境、搭平台、抓项目、育品牌"的绿色低碳高质量发展,让丝路青年"愿意来、留得住、发展好"。

第二节　丝路青年参与"一带一路"绿色能源合作的新进展

在高质量共建"一带一路"新的金色十年开局之年，中资企业青年团队继续对接共建国家的长远发展规划和愿景，依托各国资源禀赋，充分发挥在可再生能源、节能环保、清洁生产等领域优势，运用中国技术、产品、经验等，推动绿色能源合作蓬勃发展。

乌干达是世界人均电力消费最低的国家之一，全国只有 15% 左右的人口使用国家电网电力。乌干达最大水电站——卡鲁玛水电站由中国进出口银行参与融资、中国水利水电建设集团承建，设计总装机容量 600 兆瓦，2024 年初全部机组并网发电，乌干达全国电力装机总量增加近 50%，每年节约原煤 131 万吨，减少二氧化碳排放 348 万吨，电价降低 17.5%。乌干达总统穆塞韦尼表示："卡鲁玛水电站极大提升乌干达发电能力，加快工业化步伐，进而吸引更多外国投资者。"水电站地处平原，若采用中高坝地上发电厂房的传统形式，水电站所占区域及大坝储水后淹没区会对当地生态环境造成不可逆的破坏，出于保护生态环境的考虑，中国青年工程师采取"地下厂房 + 长尾水隧洞"的建设方案。由于水电站紧邻动植物资源丰富的穆奇森瀑布国家森林公园，中国青年工程师充分考虑对环境敏感区的保护，地面大坝采用低坝设计，缩短水电站储水后新增河道淹没长度，设计专门的生态鱼道以保证鱼类生长繁殖，减少对坝区动植物的影响。同时，项目部通过专业技能培训、师徒结对子、劳动竞赛等方式培养当地青年技能人才，属地化员工占比达 85% 以上，高峰期签约当地青年工人近 6000 人，累计雇用乌干达籍员工 1.5 万余名。

锡尔河 1500 兆瓦燃气联合循环电站是乌兹别克斯坦近年以独立电站模式开发的首个大型燃气发电项目，设计装机容量约占乌兹别克斯坦国内电力装机总量的 8%，由中建五局参与建设。为保障高效稳定的电力输出，项目青年技术团队采用目前世界上燃烧温度最高、单体功率最大、效率最高的 9H 级燃气轮机，全力做好不同系统间的接口工作，以燃机为中心积极推动各辅助系统的深化设计和设备生产制造，实现项目水处理系统、天然气增压系统等设计参数均居世界前列。锡尔河州是乌兹别克斯坦重要农业产地，为保护项目所在地的灌溉用水和饮用水源，项目青年技术团队设计"废水零排放"方案，采用膜式反渗透装置附加强制蒸发池技术，每年直接减少约200万吨的废水排放，避免对周边土壤和水源造成污染。2023年11月，电站1号燃机正式进入商业运行，乌兹别克斯坦总统米尔济约耶夫出席投产仪式时表示，中国企业高效推进项目履约建设，极大缓解当地电力短缺困境，对提高当地人民生活条件、推动经济社会发展具有重要意义。

波黑伊沃维克风电项目是中国—中东欧国家领导人峰会成果清单首个落地的新能源项目、波黑首个以外商特许经营方式投资建设的能源项目，建成后将成为波黑最大的新能源发电项目。2024年7月，波黑国家电网公司验收委员会在完成对伊沃维克风电项目升压站现场检查及相关技术文件的严格审查后正式签发决议，一致同意伊沃维克风电项目通过技术验收，这标志着伊沃维克项目向实现并网发电目标迈出一大步。项目由中国电建集团成都勘测设计研究院青年团队负责从工程设计、设备采购、风机安装、电气安装到调试和试运行的全流程，直至项目移交。项目青年团队应用符合欧盟要求的中国先进风电技术，"中国制造"设备占比超90%。项目所在地还是波黑野马群的栖息地，项目青年团队与当地野马保护协会合作保护栖息地，改善野马生活环境。

越南拥有丰富的光照资源，越南政府大力支持太阳能发电，中国光伏产业具有领先优势，中越双方合作可以促进当地经济社会"因绿而兴"。2023年12月，在赴河内对越南进行国事访问之际，中共中央总书记、国家主席习近平在越南《人民报》发表题为《构建具有战略意义的中越命运共同体 开启携手迈向现代化的新篇章》的署名文章，提到，"中国企业在越南建成海外最大的光伏产业集群，投资建设的光伏和风能电站为越南的能源转型发展作出积极贡献"①。天合光能股份有限公司自2014年开始

---

① 《习近平在越南媒体发表署名文章 构建具有战略意义的中越命运共同体 开启携手迈向现代化的新篇章》，《人民日报》2023年12月12日。

布局越南，至今已在当地建成两家生产光伏零部件和模块的工厂，直接参与投资多个越南光伏发电项目，成为越南最大的太阳能电池板制造商之一。越南中山光伏电站坐落于越南庆和省，天合光能项目青年团队 5 次克服台风登陆等不利因素，在高温高湿的环境下，创新采用旋转支架、双面双玻组件、组串式逆变器等技术，不断优化发电效率，每年可生产 6.74 万兆瓦时的清洁电力，减少约 5.3 万吨二氧化碳排放。项目建设高峰期，聘用当地青年员工约 1000 人，投运后员工属地化率达 96%。同时，项目极大改善当地农村基础设施，便利村民农作物运输，带动乡村旅游发展，为每户村民年均增收 693 万越南盾（1 元人民币约合 3416 越南盾），带来约 207.9 亿越南盾的税收。

澜湄区域电网互联互通项目由南方电网投资建设运营，初步形成区域内电力余缺互济格局，"以（电）网带（电）源"降低区域内电力资源的开发强度，为绿色电网建设提供低碳转型创新方案。澜湄国家水电出力特性与中国受入省相似，中国青年工程师创新"丰枯置换"电力互济模式，将用电负荷特性与水电出力特性匹配程度高、对清洁电力需求大的粤港澳大湾区纳入调剂范围，通过更大范围的丰、枯水期"电量置换"，实现清洁能源优化配置。南方电网发起成立澜湄区域电力技术标准促进会，项目建设采用难度更大的中国绿色电网标准，最大限度保护澜湄区域生态环境。

案例 7.2

克罗地亚塞尼风电项目：丝路青年共筑中欧绿色能源合作样板工程 [①]

　　在第三届"一带一路"国际合作高峰论坛民心相通专题论坛上，由中国北方国际合作股份有限公司投资、建设和运营的克罗

[①] 本案例数据和资料来源：蔡淳：《建设绿色能源合作样板工程——记北方国际塞尼风电项目》，《经济日报》2024 年 4 月 5 日；中国日报网：《克罗地亚塞尼风电项目成为"一带一路"绿色能源合作典范》，2023 年 10 月 20 日，见 https://baijiahao.baidu.com/s?id=1780279071451418320；刘仲华：《克罗地亚塞尼风电项目——欧盟与中国绿色能源合作的样板工程》，《人民日报》2024 年 1 月 23 日。

地亚塞尼风电项目,以音乐舞台剧的方式,向参加的各国政要嘉宾、民间组织和媒体代表分享。作为克罗地亚最大规模的新能源发电项目,塞尼风电项目年平均发电超 3000 小时,贡献约 5.3 亿千瓦时绿色电力,可减少二氧化碳排放约 46 万吨。截至 2023 年底,塞尼风电项目历史累计总发电量达 8.76 亿千瓦时。克罗地亚总理普连科维奇赞誉,塞尼风电项目为本国清洁能源生产、绿色转型提供重要助力,更是欧盟与中国绿色能源合作的样板工程。

作为山地风电项目,塞尼风电项目的中国青年管理团队始终将生态保护作为重中之重,在施工过程中严格遵循当地及欧盟环境保护法规,像呵护自己家园一样呵护当地生态环境。"发现野生动物出没要自觉加以保护;在动物交配、产羔、孵卵的季节,尽量减少人为活动惊扰;如发现受伤、病残、饥饿、受困、迷途的野生动物,应及时报告有关部门进行救助。"这段看似出自动物保护组织工作手册的文字,却是塞尼风电项目施工指南着重强调的行为准则。

塞尼项目青年管理团队与本地企业深度合作,先后有 50 多家当地分包商、供应商和服务商参与项目建设,涵盖设备供货、大件运输、土建施工、风机吊装、动态调试和并网测试等全流程,增强了克罗地亚企业及其青年员工在欧洲市场的竞争力。施工高峰期,每天超过 360 名当地青年工程技术人员在项目现场作业。项目正式运营后,里耶卡电气技术学院等当地工科院校还组织师生到现场交流学习。北方国际青年科技团队研发的叶片举升装置不仅圆满完成运输巨型风机的任务,且相较于租用欧洲设备,为项目节省成本约 280 万美元。当地合作伙伴对中国设备的优越性能赞不绝口,在巴尔干地区其他风电项目正积极推广使用。

海外项目如何克服文化差异,是中资企业"走出去"面临的普遍难题。对塞尼项目而言,中国与欧洲风电项目建设模式不同，克罗地亚本地公司对中国设备不熟悉，人员语言沟通障碍、企业管理制度差异等，都对项目的成本和工期有巨大影响。为解决文化差异带来的矛盾，塞尼项目中国青年团队积极参加社会公益活动和社区特色活动，增进对当地风俗习惯和人文风情的了解，用行动争取当地民众、政府、克罗地亚籍员工对企业的肯定，进而在价值观念、思维方式、行为习惯等方面达成共识。

第三节 丝路青年参与"一带一路"绿色交通合作的新进展

"一带一路"建设过程中涉及的长距离线性交通工程较多，与沿线地区生态环境敏感区交叠，交通基础设施对自然景观和生态系统产生的诸如环境污染、生物阻隔、外来物种入侵等影响不容忽视。在高质量共建"一带一路"新的金色十年开局之年，中资企业青年团队继续强化交通基础设施建设领域的高质量合作，满足共建国家人民"道路通，百业兴"的期待。同时，积极推动绿色低碳交通技术与经验分享，帮助共建国家加强交通减排能力建设，让绿色交通成果更好惠及各国人民。

一、丝路青年积极参与绿色交通基础设施建设

孟加拉国由于人口密集、水网密布、经济落后等原因，成为全球交通最落后的国家之一。2023 年 10 月，由中国路桥工程有限公司承建的南亚地区首条水下隧道——孟加拉国卡纳普里河底隧道项目正式通车。项目部青年建造团队充分考虑外围公共安全及地理位置和地势特点，选择在原地面的基础上吹填加固，并配套建设污水处理设施，有效处理项目产生的生活污水。项目部设立由青年工程师领衔的绿色混凝土实验室，通过数据分析、仪器检测，精密调整主体结构使用的混凝土配比，提高混凝土安全使

用寿命，减少混凝土浪费和二次污染。项目部青年团队引进中交集团自主研发的节能高效环境友好型设备——泥水平衡式盾构机进行施工，自动化程度高、一次成洞、不受气候影响，在加快施工进度的同时，减少施工对环境的扰动。

由中国交通建设集团承建的加纳特码新集装箱码头项目，可以提高特码港货物吞吐量，巩固特码港作为西非大港的优势地位，为加纳及周边国家经贸发展注入新动力。加纳靠近几内亚湾，是海龟的重要栖息地。项目建设期间，为保护当地海龟的繁殖，中方青年团队在施工区布置气体、粉尘微粒、噪声等环境监测仪器，设立 30 余个监测点，实现施工全过程的环境管控。在施工区域附近的沙滩上，中国青年团队仿造海龟孵化环境，配套建造新的海龟孕育中心，完成 1.7 万只海龟的集中孵化。小海龟孵化后，中方青年志愿者还在当地另选一处海滩，由专家评估后将其统一放生。

波哥大地铁一号线项目是哥伦比亚第一个轨道交通项目和规模最大的市政民生项目，由西安市轨道交通集团与中国港湾工程有限公司组成的联合体承建和运营，包含 16 个车站建设及 30 列地铁车辆采购，采用无人值守的全自动驾驶系统，预计 2028 年投入运营。中国交建青年团队在努力为波哥大数百万人口带来现代化交通系统的同时，移植、治疗各类珍稀树木，监控、救援、转移、就地保护各类珍稀动物。西安铁路职业技术学院与西安市轨道交通集团共同创立"双师型"职业教育模式，共同负责项目公司哥伦比亚籍青年员工的在职培训。

2024 年 4 月，秘鲁钱凯港项目码头主体结构施工完成。钱凯港位于秘鲁首都利马附近，属于天然深水港，由中国港湾—中交四航局联合体承建，是中国远洋海运集团在南美首个控股绿地项目，是"一带一路"倡议在拉美的标志性项目和中国企业在秘鲁实施的第一个大型交通基础设施项目，预计于 2024 年建成多用途码头、集装箱码头等基建设施。2024 年内建成后将成为南太平洋沿岸重要交通枢纽和物流中心，全面促进中秘经贸交流和地区经济社会发展。中资企业青年团队将"让海水更清、天空更蓝、动物更亲、钱凯更美"设定为钱凯港项目的建设目标。由于施工现场紧邻一处天然湿地，为保护湿地环境及生物多样性，项目青年团队围绕世界湿地日、世界地球日等开展主题活动，和当地市政厅、海事局、社区等合作对周边湿地环境进行维护，设置环保标志、标牌，邀请当地民众及青年了解、学习和保护湿地生态，取得显著成效。

案例7.3

塞内加尔：绿色交通项目助力"走向迈向新兴的道路"①

塞内加尔是联合国公布的最不发达国家之一，多数人口从事农业生产。在高质量共建"一带一路"新的金色十年开局之年，中资企业青年团队负责的达喀尔快速公交系统、达喀尔市政交通疏导项目等多个"振兴塞内加尔计划"框架下的塞重点工程竣工、落地，为这个西非国家加速发展注入动力。

2023年11月，由中国国家开发银行和塞内加尔政府共同出资，中交一公局、中国河南国际合作集团和塞内加尔合作伙伴共同承建的塞内加尔达喀尔市政交通疏导项目开工。塞内加尔总理阿马杜·巴在开工典礼致辞中表示，项目将大力改善首都达喀尔的交通状况，对推动塞内加尔经济发展起到积极作用。数月来，项目青年建造团队对全长62公里狭窄拥堵路段进行整修、拓宽，采用绿色建材，减少施工对环境的干扰，新建3座高架立交桥、10座人行天桥。

中交集团还运营塞内加尔的TT和AMT高速公路及方久尼大桥，项目部青年团队建立以中国标准为内核、符合当地实际的运营管理体系，开发自主知识产权的高速公路运营监控系统，成为塞内加尔高速公路运营里程最长的服务商，为塞国培养一批高

---

① 本案例数据和资料来源：林家全：《中企承建BRT项目主线贯通　达喀尔迎来绿色公共交通》，《经济日报》2024年1月4日；新华社：《中企承建塞内加尔达喀尔市政交通疏导项目举行开工典礼》，2023年11月26日，见http://www.xinhuanet.com/silk-road/2023-11-26/c_1129994507.htm。

速公路运营管理青年人才，属地化率达 97%，获得中交集团青年文明号称号。

达喀尔是塞内加尔的政治、经济、文化中心。随着当地经济发展和城市化进程加快，达喀尔交通拥堵和空气污染情况日益严重。2023 年 12 月，由中国路桥工程有限公司承建的塞内加尔第一条城市快速公交线路——达喀尔快速公交系统项目主线贯通。该项目是塞内加尔在《巴黎气候协定》承诺框架下实施的首个助力减排的交通运输项目，获得全球绿色气候基金融资支持，运营的电动公交车由中国中车集团提供，所有车站和车辆维保基地均配有光伏发电设施，为电动公交车续航提供坚实保障。项目部中国青年管理团队重视车站周边绿化建设，施工中设置防护网保护沿线绿植，并实施"补偿性造林计划"，对因施工移除树木进行登记，每移除 1 棵树，后期补种 2 棵新树。为应对当地雨季洪涝，项目部青年建造团队改造达喀尔地下 17.5 公里的排污管道，新建 40 公里排水管网。

二、丝路青年积极参与公共交通运营低碳环保转型

亚吉铁路是非洲首条跨国电气化铁路，也是落实共建"一带一路"倡议和中非合作论坛约翰内斯堡峰会"十大合作计划"的早期收获，被称作埃塞俄比亚的"运输生命线"。2018 年亚吉铁路进入商业运营，中方企业向业主提供六年的铁路运营维护服务，并对当地员工开展系统培训和"传帮带"。2024 年 1 月，埃塞俄比亚—吉布提标准轨距铁路公司全面接手亚吉铁路运营，中、埃、吉三国员工用青春和汗水浇灌的亚吉铁路这朵繁荣之花持续绽放。中方团队在亚吉铁路沿线建设 6 个理论培训点和 4 个实践培训点，邀请西南交通大学、北京交通大学等中国院校专家现场培训，派送当地青年骨干赴中国培训，累计完成培训认证当地青年员工近 3000 人，完成本地化能力建设。34 岁的内比尤·麦拉库是亚吉铁路运营机构的老

员工，从人力资源助理成长为人力资源主管，负责 3000 多名埃塞籍员工的管理和福利发放等工作，他对亚吉铁路带来的变化充满感慨："从清理垃圾、平整土地、协助当地百姓搬迁开始，到现在优美的环境、完善的基础设施，一大早，不少旅客排队准备进站，当地青年在车站广场外迎着朝阳跑步健身。"

作为尼日利亚经济中心和西非地区第一大城市，拉各斯拥有超过 2000 万人口，但是公共交通缺失和公路体系不完善，极大削弱民众幸福感，更限制城市进一步发展。2024 年 2 月，中国土木工程集团承建的尼日利亚拉各斯轻轨红线项目一期通车，这是中资企业青年团队自主设计、建造、施工、运营的电气化城市轨道交通项目，与当地既有公交总站、拉伊铁路车站交会，有效缓解拉各斯中心城区交通压力。此前，拉各斯轻轨蓝线一期项目通车运营，成为西非首条电气化轻轨，将原本 1 小时的通勤时间缩短到 20 分钟。一红一蓝，两条轻轨，干净明亮的空调列车让更多尼日利亚青年享受安全便捷的绿色出行。

2024 年 1—2 月，卡塔尔亚洲杯期间，一辆辆五彩斑斓、满载各参赛球队或球迷的新能源大巴车不时驶过，这支中国"绿色军团"继 2022 年卡塔尔世界杯之后再次成为国际大赛的"主角"。目前，中国客车在卡塔尔公交车市场的占有率超过 80%，而在新能源客车领域，中国企业更是成为卡塔尔唯一的供应商。针对卡塔尔温度高、风沙大的环境特点，中国新能源汽车厂商青年科技团队专门开发和优化适配车型，空调设计采用智能温控算法，车辆动力电池采用独立、高效的液冷系统，不仅保证车辆续航能力更长，而且提高电池安全性和使用寿命。同时，适配车型还配备泥沙防护结构，提升电机对坑洼、砂石路面的适应性。因而各国球迷对于中国新能源客车的普遍印象是舒适、安静和快速。中资企业将中国新能源汽车的成熟技术、供应链服务能力和商业模式带到卡塔尔，建立本地化运营体系，实施校企合作、人才交流项目，为卡塔尔培养新能源青年技术人才，实现由单一的产品出口向产品、技术、人才与管理体系共同输出的产业布局升级。

三、新能源汽车成为丝路青年就业和创新的黄金赛道

截至 2023 年末,中国新能源汽车产销量连续九年位居全球第一。2024 年 6 月,中国新能源汽车渗透率突破 50%。2024 年 1—6 月,中国新能源汽车产销分别完成 492.9 万辆和 494.4 万辆,同比分别增长 30.1% 和 32%,市场占有率达 35.2%,预计全年销量有望达到 1150 万辆。

宁德时代、比亚迪、中创新航、国轩高科等中国动力电池企业在技术、质量、销量等方面全球领先。SNE Research 发布的 2023 年动力电池装机量排行榜前十名中,中国企业占据六席。随着人工智能、激光雷达、毫米波雷达、高精地图等关键技术的突破,中国车企在自动驾驶技术领域也有显著进展,推出具备 L2 级 [①] 甚至更高级别自动驾驶功能的车型,能够在特定场景下实现自动跟车、自动变道、自动泊车等功能。中国车企通过技术创新、供应链优化以及规模化生产等手段,不断降低成本,提升市场竞争力。中国新能源汽车的新品推出周期缩短至 1.6 年,上市时间比非中国品牌提前 2—3 年。

丝路青年与新能源汽车"双向"奔赴。中国汽车产业从落后到跟跑,再到新能源等部分领域正在实现并跑及领跑,是一代代青年坚持不懈创造的汽车梦。新能源汽车行业作为资金、人才、技术创新高度聚集的黄金赛道,成为越来越多丝路青年实现职业梦想的理想平台。

目前,比亚迪新能源汽车遍布 88 个国家和地区的超 400 个城市。2024 年上半年,比亚迪累计出口 20.34 万辆汽车,同比增长 173.8%。2023 年,比亚迪推出全新品牌年轻化 IP——"河蚌青年",传递品牌与青年群体"不畏浮沉、扎根向下、坚定自我、孕育珠华"的河蚌精神。比亚迪 2023 年应届毕业生招聘总人数高达 3.18 万人,其中,硕博人员占比 61.3%,并通过"明日之星·百日蜕变应届生训练营",以高管引路、大

---

① L2 级自动驾驶:在系统所规定的运行条件下,车辆本身能够控制汽车的转向和加减速运动,拥有 ICC 集成式巡航辅助功能(即同时具备自适应巡航控制和车道保持辅助功能)。

咖分享、师徒辅导、线上学习、文化活动、岗位实践等为方式，较快成长为比亚迪的中坚力量。秉承"技术为王、创新为本"的发展理念，比亚迪全球累计申请专利超 4 万项、授权专利超 2.8 万项。在这样一个追求创新无止境的"技术王国"，比亚迪始终坚持"造物先造人"的核心理念，搭建多层次学习型组织，构建"人才长期主义"培养机制，为企业发展提供源源不断的人才力量。

奇瑞控股集团在全球建立六大研发基地、10 个海外工厂、1500 余家经销商和服务网点，海外汽车年产能达 20 万辆。2023 年，奇瑞以 71.65 万辆的出口量成为中国出口量最大的单一汽车品牌，出口全球 80 多个国家和地区，其中包括 40 多个共建"一带一路"国家。近年来，奇瑞新能源汽车公司与青年英才共同完成品牌焕新、产品升维和技术迭代的重任，建成国家级博士后科研工作站，与清华大学、合肥工业大学、中机第一设计研究院等著名高校、科研院所合作，完善师徒"传帮带"机制，大力培养技能型、知识型、复合型青年人才。奇瑞控股集团连续举办八届"全球制造技能大赛"，成为唯一一家组织全球技能大赛的中国车企，众多"冲王""焊王""枪王""装调王"等青年技能人才脱颖而出。2023 年，青年学习品牌"奇瑞新能源团员青年公开课"启动，根据青年员工的需求和业务发展举办系列精品课程。奇瑞新能源公司成立多个青年突击队，以"利刃尖兵·目标必达"为口号，攻克项目难题，保障新车型及时推出。公司团委组织品牌故事大赛、青年创意大赛、"最美青工"评选等系列活动，成立羽毛球协会、篮球协会、乒乓球协会、田径运动协会等体育社团，激发青年员工潜能，展现青年员工风采。

作为最早"走出去"的中国车企之一，北汽集团在全球 37 个国家建立 180 个销售和服务网点，主要业务增量来自共建"一带一路"国家，其中新能源汽车占了很大比例。北汽新能源将青年人才培养作为战略性工作来抓，与知名高校联合开展人才培养项目，成立青年领军人才命名的创新工作室，推行"揭榜挂帅"机制，创建创客中心，开设线上技术讨论平台，鼓励青年员工承担更多创新任务。搭建矩阵式团队架构，由外方专家团队与中方青年研发团队混合组成项目攻坚队，外国专家负责项目识别和诊断，提供解决方案，指导中方青年研发团队聚焦关键环节突破。另外，北汽新能源还鼓励青年员工内部创业，上马自主经营项目，由公司进行投资，推动知识、技术、方案变现。

第四节　丝路青年参与促进"一带一路"绿色发展面临的主要挑战和高质量发展建议

一、当前丝路青年参与促进"一带一路"绿色发展面临的主要挑战

（一）全球生态环境面临严峻挑战

近年来，人类赖以生存的地球正面临气候变化、生物多样性丧失和污染废物三重危机。2024年以来，暴雨、热浪和干旱等极端天气气候事件在全球多地频发，对人类可持续发展带来严峻挑战。联合国政府间气候变化专门委员会第六次评估报告指出，最近50年全球变暖正以过去2000年以来前所未有的速度发生。持续变暖加剧气候系统的不稳定性，导致极端天气气候事件增多、增强，且影响范围更大。随着各国社会经济发展，各种自然资源的约束日益明显，加之各种自然资源全球分布不均衡，因资源争夺造成的社会动荡正在加剧。一些国家对自然资源的过度开发利用，水、土壤、空气、噪声等污染恶化，给人类健康和可持续发展带来巨大风险，导致生物栖息地的破坏或改变，以及生物种群数量的下降。

（二）全球环境治理和绿色发展尚未形成广泛共识及清晰路径

事实上，各国政府早已认识到生态环境问题对人类带来的不利影响，并为此不懈努力，但是全球环境治理是一项复杂的系统工程，需要各国通力合作。各国基于自身利益和发展阶段，在环境治理上往往有不同的优先级和立场，使得全球性的环境协议或措施难以在短时间内形成广泛共识和有效执行。作为经济社会活动的主体，丝路青年是全球环境治理的主要责任者和参与者，但涉及青年的环境治理国际合作总体不足。全球环境治理

需要大量资金投入，但资金筹措渠道单一，主要依靠各国政府的承诺，或者跨国协议中的资金安排，而市场投资的力量还远远不够。

二、丝路青年深度参与促进"一带一路"绿色发展的建议

（一）进一步推动丝路青年参与绿色发展国际合作

推动共建国家青年主管部门、行业协会、公益机构、智库等参与"一带一路"绿色发展国际联盟，共建丝路青年广泛参与绿色发展国际合作的政策对话和沟通平台、环境知识和信息平台、绿色技术交流与转让平台。在应对气候变化国际合作项目中明确青年责任，增设青年项目，建立丝路青年广泛参与、公平合理、合作共赢的全球气候治理体系。推动青年社会组织设立绿色发展专业机构，举办绿色发展的人文交流活动，以及政策解读、业务咨询、人才培训、成果展览、权益维护等公共服务。在"一带一路"绿色创新大会机制下举办丝路青年广泛参与的对话交流、创新大赛、项目路演等活动。建设光伏产业对话交流机制，推动中国光伏企业构建属地化青年人才体系，支持丝路光伏青年应用和推广中国成熟领先的技术、装备和标准，构建共建国家新能源发展和丝路青年广泛受益的中国光伏产业"走出去"长效机制。推动丝路青年科学家参与绿色低碳专家网络。

（二）进一步支持丝路青年参与促进"一带一路"绿色发展重点项目

在共建国家重大基础设施项目中，督促中资企业青年团队采取切实有效的生态环境保护措施，推广和应用绿色标准、绿色方案、绿色供应链，做好环境影响评价，配套建设"小而美"环境民生工程，提高资源利用率，加强废弃物减排和无害化处理，提升基础设施建设、运营、管理和维护过程中的绿色低碳发展水平。支持太阳能发电、风电等中资企业青年团队创建绿色能源最佳实践项目。推广新能源和清洁能源车船等节能低碳型交通工具，惠及包括丝路青年在内的更多共建国家民众。支持中国大中小绿色企业融通组团布局共建国家市场，开展产学研本地化运营，引导丝路青年在"一带一路"绿色发展重点产业、重点项目就业创业。督促中资企业海外市场主体青年团队开展绿色低碳经营。落实"一带一路"绿色投资原则，

支持青年金融家、风险投资家在共建国家设立聚焦绿色低碳领域的产业投资基金，开发绿色金融产品，通过多种方式灵活开展绿色产业投资合作。

（三）进一步加强丝路青年绿色发展能力建设

发挥"一带一路"科技创新行动计划等机制作用，支持丝路青年企业家、科学家、创业者依托环境技术交流与转移基地、绿色技术示范推广基地和绿色科技园区等平台，引领低碳、节能、节水、环保等环境友好型技术研发、推广和成果转化。扩大绿色丝路使者计划对丝路青年的培训、项目合作等服务质效，引导中国高校增加生态环境相关专业的留学生培养规模，帮助共建国家高校、科研院所搭建绿色发展人才培养体系，加强青年环境管理人员和专业技术人才互动交流，促进共建国家不断提高绿色发展内生动力。推动绿色丝绸之路新型智库招募和培养青年专业人才，夯实"一带一路"绿色发展智力支撑体系。

结　语

新时代新十年：丝路青年参与高质量共建
"一带一路"的展望与建议

　　习近平总书记指出，共建"一带一路"站在了历史正确一边，具有强劲的韧性、旺盛的生命力和广阔的发展前景。2024 年 12 月 2 日，他在京出席第四次"一带一路"建设工作座谈会并发表重要讲话，强调"要坚持一张蓝图绘到底，一茬接着一茬干，勇于战胜各种风险挑战，坚定不移推进高质量共建'一带一路'，为推动构建人类命运共同体作出更大贡献"①，为开创共建"一带一路"更加光明的未来作出战略部署。青年创新能力强、国际视野广、专业技术强、适应速度快，是共建"一带一路"的主力军、生力军和攻坚队。同时，青年也正处于人生发展的起步期，面临着逆全球化、社会竞争等系列挑战，解决发展问题成为丝路青年的迫切需求。在全球化遭遇逆风，全球治理体系面临前所未有的挑战背景下，高质量共建"一带一路"已成为推动全球发展、促进互联互通、增进各国人民福祉的关键力量。可以说，高质量共建"一带一路"为丝路青年提供走出国门、走向世界、贡献世界的国际合作平台。

　　世界的未来属于青年，青年有理想、有担当，人类就有希望，推进人类和平与发展的崇高事业就有源源不断的强大力量。在高质量共建"一带一路"新的金色十年开局之年，文明对话和人文交流、媒体合作、智库合

---

① 《习近平在第四次"一带一路"建设工作座谈会上强调　坚定战略自信　勇于担当作为　全面推动共建"一带一路"高质量发展》，《人民日报》2024 年 12 月 3 日。

作、教育合作、标志性工程建设、"小而美"民生项目实施、国际科技合作、构建立体互联互通网络、共建开放型世界经济、促进绿色发展等领域的政策沟通、设施联通、贸易畅通、资金融通、民心相通，为丝路青年带来更多创新创业就业的新机遇、新平台、新空间。他们步履不停，共建项目在哪里，就奔向哪里。一个个惠民生、助发展的工程，也串联起他们一段段青春奋斗的故事。为高质量共建"一带一路"贡献青春力量正成为这一代丝路青年的历史自觉。

同时，也要看到，百年变局加速演进，世界经济脆弱复苏，大国竞争、地缘政治冲突等持续撕裂国际社会合作共识，不稳定不确定因素交织，面临世界变乱交织、经济发展失速、国际治理失能、社会认知失真、民众心态失衡等严峻挑战。如何创造"青年大有可为"的宏微观环境，打造"青年大有作为"的新路径，为世界动荡变革期注入维护稳定与促进发展的青春力量，努力把"一带一路"建设成为和平之路、繁荣之路、开放之路、绿色之路、创新之路、文明之路，成为高质量共建"一带一路"的共同责任与重点任务。为此，我们提出以下六个建议。

一是进一步推动丝路青年深度参与"一带一路"民间交往。完善"硬联通""软联通""心联通"协调推进机制，推动在双多边合作机制中倡导青年优先发展理念，落实、扩大丝路青年议程及项目，积极筹建专业性、行业性的国际青年机构，努力提升中国青年组织、中国青年的国际话语权和影响力。推动中国青年发展型试点城市营造丝路青年友好发展环境，打造丝路青年人文交流枢纽城市和国际青年人才高地。积极开展共建国家国际志愿者服务交流合作，构建丝路青年志愿服务制度和工作体系。发挥示范性民间组织的枢纽作用，建议有关部门支持丝路青年论坛打造丝路青年对话交流、合作创业、政策沟通、民心相通的国际民间交往高端平台。在"一带一路"主题节会机制下创设青年品牌活动。赓续培养文化遗产保护领域的青年专业人才，推动青年专家参与古代文明研究、联合考古、古迹修复、博物馆交流、流失文物追索返还等领域的国际合作。联合打造具有丝绸之路特色、满足青年游客需求的国际精品旅游产品和线路，培养国际化的旅游业青年人才。因地制宜开展篮球、足球、汽车摩托车、马拉松、自行车、水上运动、户外挑战、航空运动、攀岩、电竞、滑雪、台球等丝路青年参与度高的体育赛事，联动发展体育产业和体育旅游。推动网络文学、短视频等国际合作，鼓励出版、影视、动漫、游戏等衍生品开发。建立"一带一路"教育大数据共建共享机制，对教育资源配置实行动态管理。推动更多高校学历、学位、学分、课程、职业证书的互通互认，加强师生互访、人才联合培养、学科建设、课程开发等"小而美"领域合作。推进国际中文教育内容信息化、学习云端化、服务个性化，更好地服务数智时代的丝路青年中文学习者和爱好者。持续举办形式多样、聚焦中国题材、传播效能好的"一带一路"短视频赛事和展播活动，鼓励丝路青年讲好中国故事，传播中国声音。推动共建国家智库、研究机构、青年组织、民间组织等联合开展"丝路青年学"研究，为丝路青年交流合作提供理论支撑、决策建议和工作指导，丰富共建"一带一路"的话语体系。

二是进一步推动丝路青年深度参与高质量共建"一带一路"合作项目。中国有关部门要为中资企业青年团队提供政策咨询、风险提示、安全防范、应急管理等涉外公共服务。中资企业青年团队要及时做好标志性工程的实施细则和应急预案，推广、应用、普及中国标准、中国技术和中国设备，建设青年人才培训中心、技能人才订单式培训基地、建筑技术实验室、产业项目孵化中心，推动标志性工程建设延伸的科创项目、服务项目、职教项目入驻境外产业合作园区，加强风险管理，履行社会责任，实现属地化长期耕耘。统筹推进标志性工程和"小而美"民生项目，统筹巩固传统领域合作和稳步拓展新兴领域合作，中资企业要发挥青年员工年富力强、乐于奉献、创新能力强等优势，在项目名称、目标、任务等内容策划上重视因地制宜、绩效考核和特色化、针对性，构建具有品牌识别度和影响力的"带不走"的示范项目。以"教随产出"推进"职教出海"，推动中外职业教育合作的增量项目与"鲁班工坊""丝路学院""郑和学院""班·墨学院"等存量境外办学名片对接合作，协作构建体现地域、产业、学科、专业、课程等特色的区域职教公共品牌。

三是进一步推动丝路青年深度参与"一带一路"国际科技合作。中国有关部门要采取"揭榜挂帅""赛马"等新机制，采取特殊激励机制，在原创引领、问题导向、统筹布局的关键核心技术和重大科技工程项目攻关上展现当代中国青年的积极作为。共筑丝路青年能发声、做主角的全球科技创新合作网络，落实"一带一路"科技创新行动计划的青年项目，在"一带一路"科技交流大会等科技人文交流活动中扩展青年主题研讨会、圆桌会、路演会、成果展示等项目，支持丝路青年科学家参与"一带一路"可持续发展技术专项合作计划、空间信息科技专项合作计划、创新创业专项合作计划、科技减贫专项合作计划等4项专项行动。中国有关部门要完善优秀青年科技人才全链条培养体系，建立多主体、多渠道、多环节、多类型的经费资助机制，简化人才绿卡申报流程，鼓励国（境）外优秀青年科学家来华交流。中国与共建国家科技部门要加强协调，支持青年科技人员互访交流、学习培训和合作研究。加强共建国家之间科技标准、知识产权保护、监管体系的衔接，构建跨国别的监管科技网络，提升丝路青年的科技伦理素养，保障国际科技合作的安全性、可靠性、可控性、公平性。

四是进一步推动丝路青年深度参与构建"一带一路"立体互联互通网络。加强边境站点、口岸、港口等青年人才队伍建设，发挥青年员工工作效率和数字素养的优势，提高口岸站场的集装箱列车接发及货物换装能力，提升通关便利化水平。在中欧班列国际合作论坛、西部陆海新通道国际合作论坛、郑州—卢森堡"空中丝绸之路"国际合作论坛等增设青年题材的专题活动。鼓励青年从业者在集货集运、分拨派送、舱单管理、安检、放行、分拣、仓储、包装、配送等通道物流关键环节机制创新和技术创新。支持青年科技团队开发跨平台共用的信息系统，加强现有的物流信息平台互联互通，增强中欧班列、陆海新通道、丝路海运网络、国际航空网络的接驳联系，构建国际多式联运体系。推动共建国家重要港口缔结友好港或姐妹港协议中增加青年人才选育内容，合作共建青年发展型航运中心。推广中国成熟的临港经济、陆港经济发展模式，鼓励丝路青年在"港口＋自贸区"就业创业。发挥共建国家民航部门的"蓄水池"作用，在国际合作中培养锻炼青年人才，发挥技能竞赛在构建民航青年职工技能形成体系和畅通职业发展通道方面的积极作用。引导丝路青年为主要创业者和从业者的互联网公司、数字科技企业积极参与知识产权保护、个人隐私保护、跨境数据流动等方面的国际合作，共建网络空间命运共同体。

五是进一步推动丝路青年深度参与建设开放型世界经济。完善产业链供应链务实合作机制，加快上海"丝路电商"合作先行区建设，健全"丝路电商"跨境服务体系，支持中国电商平台、规上跨境电商企业统筹推进业务运营、技术服务、属地化青年人才队伍建设和青年创业者合作网络搭建，推动丝路青年依托"丝路云品"公共品牌开展模式创新和技术创新。将"丝路电商"合作研修中心建成多方联动的青年人才港。搭建以提升外贸青年就业创业能力为核心的双边和多边公共服务平台，为区域内青年公务员、企业家、创业者、从业者等利用自贸规则提供指导和培训。促进内外贸法律法规、监管体制、经营资质、质量标准、检验检疫、认证认可等衔接，推进同线同标同质，推动外贸青年拓展内贸业务。建设青年发展型自贸试验区（自由贸易港）。促进丝路青年广泛参与的数据跨境流动国际合作，构建青年参与型全球数字治理体系。在全球数字贸易博览会、全球数字经济大会、世界互联网大会乌镇峰会等国际展会上，举办青年主题活动。推动外贸青年企业家、创业者在贸易开发、贸易撮合、贸易执行、贸易服务和经营管理等全链条全环节数字化转型。在国家数字服务出口基地、数字贸易示范区等平台载体考核中增加"青年发展"指标，在服务外包、软件信息、数字文化、数字金融、数字通信、数字技术等领域示范性释放青年创造力。

六是进一步推动丝路青年深度参与促进"一带一路"绿色发展。推动共建国家青年组织参与"一带一路"绿色发展国际联盟，青年社会组织设立绿色发展专业机构。在应对气候变化国际合作项目中明确青年责任，增设青年项目。在"一带一路"绿色创新大会机制下举办丝路青年广泛参与的对话交流、创新大赛、项目路演等活动。在共建国家重大基础设施项目中，督促中资企业青年团队采取切实有效的生态环境保护措施。建设光伏产业对话交流机制，推动中国光伏企业构建属地化青年人才体系。推动丝路青年科学家参与绿色低碳专家网络。推广新能源和清洁能源车船等节能低碳型交通工具，惠及包括丝路青年在内的更多共建国家民众。督促中资企业海外市场主体青年团队开展绿色低碳经营。支持青年金融家、风险投资家在共建国家开发绿色金融产品，通过多种方式灵活开展绿色产业投资合作。支持丝路青年企业家、科学家、创业者依托环境技术交流与转移基地、绿色技术示范推广基地和绿色科技园区等平台，引领低碳、节能、节水、环保等环境友好型技术研发、推广和成果转化。扩大绿色丝路使者计划对丝路青年的培训、项目合作等服务质效，加强青年环境管理人员和专业技术人才互动交流，促进共建国家不断提高绿色发展内生动力。

参考文献

《习近平著作选读》第一卷，人民出版社 2023 年版。

《习近平著作选读》第二卷，人民出版社 2023 年版。

《习近平谈治国理政》第三卷，外文出版社 2020 年版。

《习近平谈治国理政》第四卷，外文出版社 2022 年版。

习近平：《建设开放包容、互联互通、共同发展的世界——在第三届"一带一路"国际合作高峰论坛开幕式上的主旨演讲》，人民出版社 2023 年版。

习近平：《在全国科技大会、国家科学技术奖励大会、两院院士大会上的讲话》，人民出版社 2024 年版。

于洪君、史志钦主编：《"一带一路"十周年青年发展报告》，人民出版社 2023 年版。

于洪君、史志钦主编：《2021 年"一带一路"青年发展报告》，人民出版社 2022 年版。

何宏艳、赵宇亮等：《"一带一路"科技创新合作现状、挑战与发展方向》，《中国科学院院刊》2023 年第 9 期。

刘善伟：《中葡青年创新筑梦计划：了解彼此，开创未来》，《中国青年》2023 年第 9 期。

刘洋、杨东平：《共建"一带一路"背景下丝路青年高质量发展评估体系研究》，《丝路百科》2023 年第 10 期。

刘洋、杨东平：《中欧班列（成渝）："钢铁动脉"通丝路》，《丝路百科》2024 年第 2 期。

刘洋：《绘就"一带一路"教育交流合作"工笔画"》，《经济》2023 年第 12 期。

陆士桢：《中国式现代化视阈中的青年工作》，《人民论坛》2023 年第 5 期。

孙冰：《数字丝绸之路的十年加速度与未来新可能》，《中国经济周刊》2023 年第 20 期。

王焕现：《青岛大学：鼎力托举上海合作组织经贸学院》，《神州学人》2023 年第 11 期。

王树声：《开放合作　守正创新　勇毅前行》，《教育国际交流》2024 年第 3 期。

王文：《"一带一路"十周年与中国智库未来责任》，《智库理论与实践》2023 年第 5 期。

王义桅、陈超：《"一带一路"研究十周年：构建自主知识体系的历史性飞跃》，《拉丁美洲研究》2023 年第 3 期。

王宇航：《"一带一路"为国际青年人文交流带来新机遇》，《人民论坛》2024 年第 2 期。

伍晓阳、严勇：《建设孟中印缅经济走廊》，《瞭望新闻周刊》2023 年第 1 期。

严瑜：《阿拉伯青年：中国是可信赖的朋友》，《丝路百科》2023 年第 8 期。

杨东平、刘洋：《"一起向未来"：中国与"一带一路"沿线国家青年体育交流合作十周年主要成效、挑战与建议》，《丝路百科》2024 年第 1 期。

杨东平、刘洋：《培基树人：中国与"一带一路"沿线国家青年教育交流合作十周年主要成效、挑战与建议》，《丝路百科》2023 年第 12 期。

杨东平、刘洋：《丝路青年共建"数字丝绸之路"》，《经济》2023 年第 11 期。

杨东平、刘洋：《文化铸魂：中国与"一带一路"沿线国家青年文化交流合作十周年主要成效、挑战与建议》，《丝路百科》2023 年第 11 期。

余南平、黄昊：《百年变局下建设教育强国的时代背景、挑战与选择》，《华东师范大学学报（教育科学版）》2024 年第 6 期。

张霄：《我与"一带一路"的故事》，《今日中国》2023 年第 11 期。

张屹峰、开鑫：《新形势下，共建"一带一路"面临新挑战》，《世界知识》2023 年第 10 期。

赵新泉等：《"丝路电商"国际合作的成效、困难及对策》，《中国流通经济》2024 年第 8 期。

郑倩、陈金：《芳华绽放　让异国旅客记住铁路青年的微笑》，《中国共青团》2024 年第 3 期。

朱玉芳：《共塑民心相通青年品牌，汇聚"一带一路"有生力量——"筑梦丝路"青年发展计划综述》，《中国青年》2024 年第 7 期。

朱玉芳：《筑梦丝路　民心相通　志愿同行》，《中国青年》2023 年第 9 期。

庄岩、刘洋：《近 10 年中国青年研究的现实脉络与热点演进——基于 CiteSpace 的可视化图谱分析》，《中国青年研究》2024 年第 4 期。

《绿色"一带一路"十周年创新理念与实践案例（一）》，《人民日报》2024 年 1

月 16 日。

《绿色"一带一路"十周年创新理念与实践案例（二）》，《人民日报》2024 年 1 月 17 日。

宾阳等：《共建"一带一路"共赴"诗和远方"》，《中国文化报》2023 年 10 月 18 日。

蔡淳：《建设绿色能源合作样板工程——记北方国际塞尼风电项目》，《经济日报》2024 年 4 月 5 日。

曹元龙：《拉各斯有了两条轻轨——"打开经济繁荣的大门"》，《光明日报》2024 年 3 月 4 日。

陈希：《必须抓好后继有人这个根本大计》，《人民日报》2021 年 12 月 1 日。

刁佳帅、王彤：《中俄运动员共享冰雪乐趣》，《中国体育报》2024 年 2 月 28 日。

范平昕、袁宇：《凝聚青年力量 助力自贸港建设》，《海南日报》2023 年 7 月 24 日。

方莉：《智库交流专题论坛：激荡思想 融通智慧 推进高质量共建"一带一路"》，《光明日报》2023 年 10 月 19 日。

丰家卫、梁胜：《用实际行动保护美丽钱凯》，《北京日报》2023 年 10 月 25 日。

冯辉：《拓展视听传播"朋友圈"繁荣世界文明"百花园"——第四届中国—东盟友好合作主题短视频大赛颁奖典礼系列活动侧记》，《广西日报》2024 年 3 月 29 日。

耿学清、柳进：《重庆团员和青年：向陆向海而行 建功"一带一路"》，《中国青年报》2023 年 11 月 30 日。

管克江：《中企承建的沙特萨勒曼国王国际综合港务设施项目稳步推进——为中沙务实合作注入动力》，《人民日报》2024 年 6 月 5 日。

郭子腾：《携手大道同行 文旅合作共赢——写在第三届"一带一路"国际合作高峰论坛举行之际》，《中国旅游报》2023 年 10 月 17 日。

韩硕等：《推动人类文明不断发展繁荣》，《人民日报》2023 年 2 月 23 日。

韩晓萌：《携手推动人类文明进步世界和平发展》，《中国教育报》2024 年 5 月 9 日。

何春阳：《让重庆走向世界 让世界看向重庆——中西部国际交往中心建设进入提质增效新阶段》，《重庆日报》2024 年 5 月 22 日。

何娟：《发挥好民间交往纽带作用 夯实高质量共建"一带一路"根基》，《湖南日报》2023 年 11 月 2 日。

胡春艳：《青年力量为"一带一路"注入新动能》，《中国青年报》2023 年 10 月 20 日。

扈建华：《藤球为媒架起友谊交流之桥》，《中国体育报》2023 年 11 月 28 日。

宦翔、叶鹏：《共享知识 共同发展（环球走笔）》，《人民日报》2024 年 4 月 23 日。

黄汉鑫、张国圣：《共建"一带一路"十年科技创新合作成果丰硕》，《光明日报》

2023 年 11 月 8 日。

　　黄培昭等：《这些"小而美"项目，正成为"一带一路"上的新亮点》，《环球时报》2023 年 11 月 7 日。

　　黄庆华、胡江峰：《以高质量共建"一带一路"助推中国式现代化》，《湖南日报》2023 年 10 月 19 日。

　　黄炜鑫：《为乌干达经济发展注入绿色动能（新时代中非合作）》，《人民日报》2024 年 8 月 11 日。

　　晋浩天、聂一丹：《助推"职教出海"行稳致远》，《光明日报》2023 年 12 月 5 日。

　　景婷婷、祁占勇：《激发西部高校中外合作办学的内生动力》，《新华日报》2024 年 6 月 7 日。

　　静图：《东航与"一带一路"的不解之缘》，《人民画报》2024 年 3 月 4 日。

　　李盛兵：《"一带一路"教育合作十周年：回顾与展望》，《光明日报》2023 年 10 月 19 日。

　　李晓宏、高乔：《中欧陆海快线快速发展——跨越山海打造高效物流通道》，《人民日报（海外版）》2024 年 5 月 16 日。

　　李晓哲等：《绿色发展，上合相约》，《半岛都市报》2024 年 7 月 7 日。

　　李贞：《让绿色交通惠及世界》，《人民日报（海外版）》2023 年 11 月 28 日。

　　李中文等：《首届"良渚论坛"——谱写文明交流互鉴的新篇章》，《人民日报》2023 年 12 月 5 日。

　　梁依莲：《"一带一路"凝聚起青年力量——中外青年科学家畅谈国际交流收获与展望》，《科技日报》2023 年 10 月 19 日。

　　林家全：《中企承建 BRT 项目主线贯通　达喀尔迎来绿色公共交通》，《经济日报》2024 年 1 月 4 日。

　　刘江宁：《共建"一带一路"促进贸易畅通》，《人民日报》2023 年 12 月 26 日。

　　刘凯：《"一带一路"倡议引领，中国汽车品牌加速国际化进程》，《华夏时报》2024 年 7 月 19 日。

　　刘少华：《中国绿色基建经验广泛应用于共建"一带一路"国家》，《人民日报（海外版）》2023 年 11 月 8 日。

　　刘洋、方宁：《关于推进中欧班列（成渝）进一步发展的建议》，《四川日报》2024 年 1 月 15 日。

　　罗珊珊：《RCEP 全面生效以来，域内产业链供应链合作愈发紧密——区域贸易投资合作显著增长》，《人民日报》2024 年 7 月 3 日。

　　马晓伟：《推动"健康丝绸之路"建设行稳致远》，《人民日报》2023 年 11 月 29 日。

马卓言、董雪:《西部陆海新通道成为中国扩大高水平对外开放生动写照》,《人民日报》2024 年 5 月 25 日。

马子倩、陈小茹:《青年愿助力中阿命运共同体建设跑出加速度——习近平主席在中阿合作论坛第十届部长级会议开幕式上的主旨讲话引发阿拉伯国家青年热烈反响》,《中国青年报》2024 年 5 月 31 日。

欧媚:《中国职业教育扬帆出海闯世界　服务出海企业　共享中国职教标准　助力"一带一路"建设》,《中国教育报》2024 年 3 月 23 日。

屈佩:《加强青年合作　共促绿色发展——中国—中亚青年发展对话会侧记》,《人民日报》2024 年 5 月 25 日。

任春光、杨小明:《助力共建"一带一路"高质量发展　推进国际科技创新交流》,《人民日报》2024 年 1 月 24 日。

任飞帆、杨梦皎:《网络文学扬帆出海》,《人民日报》2024 年 2 月 20 日。

任晓刚、应验:《推进青年科技人才国际交流合作》,《光明日报》2024 年 5 月 1 日。

上官剑:《以创新点亮"年轻力"街区 全力推动青年发展型城市建设》,《中国青年报》2024 年 5 月 7 日。

沈小晓等:《加强经贸往来　促进互惠互利》,《人民日报》2024 年 5 月 14 日。

史志钦、池昊涵:《共建"一带一路"　务实推动世界现代化》,《中国教育报》2023 年 11 月 9 日。

宋婧:《引领数字贸易新风向——2023 全球数字贸易创新大赛侧记》,《中国电子报》2023 年 11 月 23 日。

宋强:《"一带一路"高校战略联盟何以长效共建》,《中国社会科学报》2024 年 5 月 30 日。

苏俊:《胸怀"国之大者",在人工智能新赛道跑出青春加速度》,《中国青年报》2024 年 7 月 7 日。

苏有鹏:《中国高校出海记》,《南方周末》2023 年 12 月 14 日。

汪灵犀等:《增进国际教育合作 助推中外人文交流》,《人民日报(海外版)》2023 年 11 月 14 日。

汪伟、张雯婧:《哈萨克斯坦总统点赞鲁班工坊》,《天津日报》2024 年 2 月 28 日。

王迪等:《人文交流将中塞人民的心拉得更近》,《人民日报》2024 年 5 月 19 日。

王海涵、王磊:《近一年承担中欧班列任务百余趟"八一号"英雄机车组传承红色精神》,《中国青年报》2024 年 7 月 31 日。

王珂等:《高质量共建"一带一路"行稳致远》,《人民日报》2023 年 10 月 12 日。

王鹏、丁立江:《推进人工智能治理国际合作》,《光明日报》2024 年 7 月 26 日。

王骁波等：《资金融通为共建"一带一路"提供强大动力》，《人民日报》2023 年
10 月 15 日。

王小霞：《"市场难做"叠加"市场难测"外贸企业如何突围》，《中国经济时报》
2024 年 1 月 18 日。

王筱丽：《"一带一路"上的戏剧之光，在上戏集中闪耀》，《文汇报》2023 年 11
月 1 日。

王鑫昕、贾骥业：《外贸新青年奔向数字贸易蓝海》，《中国青年报》2023 年 11 月
28 日。

王志刚：《职教出海　走稳走实》，《中国青年报》2024 年 1 月 15 日。

吴丹：《推动"慕课出海"迈向"2.0"》，《人民日报》2024 年 4 月 23 日。

伍聪：《中国人民大学丝路学院　践行丝路精神　让世界读懂中国》，《中国教育
报》2023 年 12 月 21 日。

郗婉婷：《"锂业科思改变了我们的生活"，紫金 3Q 项目阿根廷籍女工这么说》，
《中国矿业报》2023 年 12 月 28 日。

谢万容：《为推动金砖务实合作贡献青年力量》，《人民日报》2024 年 7 月 31 日。

严圣禾：《城市对青年更友好，青年在城市更有为——广东深圳先行示范打造青
年发展型城市》，《光明日报》2024 年 2 月 6 日。

杨杰、李阳：《大兴机场：构建"一个组织＋三支队伍"人才培养格局》，《中国
人才》2024 年第 7 期。

杨丽花：《推动建设开放型世界经济》，《光明日报》2023 年 11 月 2 日。

杨一、白元琪：《中斯共建科伦坡"未来之城"（共建"一带一路"·第一现场)》，
《人民日报》2024 年 1 月 6 日。

于成文：《来华留学教育：中外文明交流互鉴的"新增量"》，《光明日报》2024 年
5 月 16 日。

袁新立、毛人龙：《"一带一路"十周年！航空工业谱写共同繁荣新篇章》，《中国
航空报》2023 年 10 月 20 日。

袁勇：《中新经贸合作动力足》，《经济日报》2024 年 6 月 15 日。

张博岚：《感知中国 增进友谊（"留学中国"故事)》，《人民日报》2024 年 4 月 1 日。

张丹华：《"为哥伦比亚地铁建设运营贡献力量"》，《人民日报》2024 年 4 月 20 日。

张欣：《中文服务世界 开放引领未来——二〇二三世界中文大会观察》，《中国教
育报》2023 年 12 月 11 日。

张颖：《探访福州港江阴港区："智"造港口 逐"绿"前行》，《福建日报》2024 年
7 月 12 日。

章念生：《中国和马尔代夫务实合作成果丰硕》，《人民日报》2024 年 1 月 10 日。

赵觉珵、杨檬：《关键岗位上的新生力量：与中欧班列一起成长的年轻人》，《环球时报》2024 年 7 月 13 日。

赵金玲：《广西"茶和天下·雅集"活动走进越南和斯里兰卡 以茶为媒以茶会友推介广西好山好水》，《南宁晚报》2024 年 5 月 23 日。

赵萌：《把握机遇 加强交流——多方共推青少年体育产业发展》，《中国体育报》2024 年 5 月 30 日。

赵姗：《绽放在"一带一路"上的"水运玫瑰"》，《中国水运报》2023 年 12 月 29 日。

赵珊：《"一带一路"共建国成出境游热门》，《人民日报（海外版）》2023 年 10 月 27 日。

赵烨烨、颜颖：《中肯共建作物分子生物学"一带一路"联合实验室》，《新华日报》2023 年 11 月 1 日。

甄文：《了解中国 热爱中国》，《人民日报（海外版）》2024 年 4 月 19 日。

郑迪方：《广西共青团：青春建功 陆海驰骋》，《中国共青团》2023 年第 23 期。

郑娜等：《2023，我的中华文化情缘》，《人民日报（海外版）》2023 年 12 月 28 日。

周凯比、陈佩瑜：《"一带一路"共建国家来华留学生讲述——我与中国的美丽邂逅》，《中国教育报》2023 年 10 月 18 日。

邹松：《非洲国家加快推进基础设施建设》，《人民日报》2023 年 10 月 11 日。

专题报告

专题一

城市更友好，青年更有为：2024 年"一带一路"青年发展型城市高质量发展指数报告

刘洋 ①、杨东平 ②、崔明谟 ③、黎川 ④

对青年来说，选择一座城市，意味着选择一种发展理念和成长环境。2024 年世界青年发展论坛发布《青年发展型城市建设倡议》，提出：深化各国友好互信，要让城市成为各国青年交流的平台；激发城市创新活力，要让青年在城市更有为；增强城市吸引力，要让城市对青年更友好。

大力发展青年发展型城市，成为城市高质量发展的重要战略路径。青年发展型城市与前几年提出的青年友好型城市相比，在战略定位和发展路径上有着本质不同。后者只要求营造有利于青年全面发展的软环境和硬环境，而前者除了要求城市对青年友好之外，还要求帮助青年解决急难愁盼问题，更好满足青年的多元化、多层次发展需求，广泛凝聚青年共识，激发青年活力，助力青春建功，让青年在城市中获得个人最优发展，让城市在动能转换和高质量发展中获得青年的广泛参与及最大支持。

---

① 刘洋，北京师范大学政府管理研究院副院长、中国国际经济合作学会理事。

② 杨东平，丝路青年论坛副主席、丝路百科杂志社执行社长。

③ 崔明谟，商务部中国国际经济合作学会原会长。

④ 黎川，丝路青年论坛研究人员。

一、中国对青年发展型城市建设的探索和实践

（一）中国各级政府高度重视青年发展型城市建设

中国政府历来高度重视青年、关怀青年、信任青年，强调青年一代有理想、有担当，国家就有前途，民族就有希望，实现中华民族伟大复兴就有源源不断的强大力量；进一步明确中国特色社会主义青年运动方向，全面加强对青年的思想政治引领和成长成才服务，制定实施一系列促进青年发展的政策措施，激励引导青年与民族同命运、与祖国共奋进、与时代齐发展，为广大青年指明正确成长道路，创造良好成长环境。

2017 年 4 月，中共中央、国务院印发《中长期青年发展规划（2016—2025 年）》，将青年发展作为国家的基础性、战略性工程，并提出 2025 年青年发展目标：具有中国特色的青年发展政策体系和工作机制更加完善，广大青年思想政治素养和全面发展水平明显提升，不断成长为志存高远、德才并重、情理兼修、勇于开拓，堪当实现中华民族伟大复兴中国梦历史重任的有生力量。

根据第七次全国人口普查数据，中国青年常住人口城镇化率达71.1%，高于整体常住人口城镇化率 7.2 个百分点，城市已经成为青年人口最集中、发展最活跃的区域。2022 年 4 月，中央宣传部、中央网信办、中央文明办、国家发展改革委、教育部、国家民委、民政部、财政部、人力资源和社会保障部、住房和城乡建设部、文化和旅游部、国家卫生健康委、国家体育总局、国家统计局、国家乡村振兴局、中国社科院、共青团中央联合印发《关于开展青年发展型城市建设试点的意见》。该文件对落实《中长期青年发展规划(2016—2025 年)》的发展目标和重点任务，在"城市"层面作了明确要求，即：健全城市青年发展制度机制，建立青年发展型城市评价体系，保障青年享有教育、就业、居住、健康、婚恋、生育、养育等优质公共服务，组织动员青年引领城市文明、投身创新创业、立足岗位建功立业、参与社会治理、助推生活品质提升。

《关于开展青年发展型城市建设试点的意见》及后续出台的相关政策

文件，均强调"青年优先发展"的基本原则，要求充分关注中国青年人口规模与结构的历史性变化，尊重青年成长规律，照顾青年时代特点，优先解决影响青年健康成长、分散青年干事精力的核心问题，积极应对老龄化程度加深而青年人口不足、粗放式城市发展增加青年居住负担、公共服务供给不匹配使青年获得感下降、就业压力导致青年职业价值感减弱，以及单身和同居者增多、结婚推迟、离婚率上升、生育意愿下降等青年婚恋生育观念转变带来的城市可持续发展问题。

值得关注的是，《中国儿童发展纲要（2021—2030年）》也提出儿童优先原则，在出台法律、制定政策、编制规划、部署工作时优先考虑儿童的利益和发展需求。由此，中国政府将青年和儿童作为重要的优先发展群体，为城市高质量发展汇聚青春动能，全面践行人民城市理念，构筑更多人民之城、幸福之城，让包括青年在内的人民群众生活更舒适、更美好。

据统计，中国有北京、上海、重庆、浙江、河北、四川、贵州等10多个省（自治区、直辖市）政府已提出全域推进青年发展型城市建设，青年发展型城市在越来越多的省份落地生根、开花结果。《关于开展青年发展型城市建设试点的意见》确定的45个试点城市全部以党委或政府名义制定实施方案，建立专门工作机构，细化分解试点任务，健全工作台账、绩效考核和督查巡察，成为各试点城市党政抓在手中、大力推动的重要工作项目。比如，2024年6月，重庆出台《加快建设全市域青年发展型城市实施方案》，围绕青年来渝、留渝、在渝"全生命周期"，聚全城之力升级全流程、全方位、全链条服务功能，明确到2027年，所有区县全覆盖建成青年发展型城市。这是目前中国省级层面第一个以改革思路推进建设、提请党委深改委会议审议，并以市委办公厅和市政府办公厅名义印发实施的方案。2024年4月，杭州市十四届人大常委会第十七次会议表决通过《关于加强青年发展型城市建设的决定》，"春雨计划"和《杭州市青年发展型城市建设三年行动方案（2024—2026年）》也相继出台。杭州聚焦青年关心关注的重点领域，在打造"青年就业创业首选地""青年安居乐居新样板""青年品质生活新标杆""青年建功立业新作为"等方面下足功夫，一个个服务细节处处彰显杭州对青年细致入微的关心。

与此同时，越来越多的非试点城市主动开展青年发展型城市建设。截至 2023 年末，中国有超过 200 个城市的党委政府提出建设青年发展型城市，超过中国地级市总数的 60%；127 个地市、581 个县区在政府工作报告中专门部署青年发展型城市（县域）建设，部分地区围绕京津冀协同发展、长三角一体化发展、粤港澳大湾区建设、成渝地区双城经济圈建设等区域重大战略积极探索，将青年发展置于中国式现代化的战略框架下，一体化、系统性推进。

（二）中国城市为青年发展营造环境、做好服务、加强保障的新实践

在优化规划环境方面，不少中国城市将促进青年发展纳入最新出台的法规政策，"打造青年特色品牌"成为城市规划、建设、管理的共同路径。比如，长沙市出台《关于加快建设青年发展型城市的实施意见》《长沙市青年发展型城市建设规划》，围绕建设更具凝聚力的青年友好之城、更具创造力的青年乐业之城、更具驱动力的青年进步之城、更具向心力的青年幸福之城、更具感召力的青年文明之城等"五城"定位，提出涵养城市青春活力、拓展青年发展空间、助力青年筑梦圆梦、提升青年幸福指数、激励青年担当作为等政策措施和重点项目。

在优化教育环境方面，中国城市将"加快推进教育现代化、建设教育强市、办好人民满意的教育"作为发展目标，推进青年学历教育、职业教育和终身学习，为青年及其子女提供更公平、更高质量的公共教育资源。比如，青岛市政府办公厅出台《关于加强新时代高技能人才队伍建设的实施意见》，要求构建党委领导、政府主导、政策支持、企业主体、社会参与的高技能人才工作体系，打造一支爱党报国、敬业奉献、技艺精湛、素质优良、规模宏大、结构合理的高技能人才队伍；苏州出台《苏州市企业外来用工子女入学便利化改革实施方案》，按照"市民化待遇、人性化管理、亲情化服务"要求，实施企业外来用工子女入学便利化改革，以教育"软实力"筑强营商环境"硬支撑"。

在优化就业环境方面，中国城市始终把就业作为"最大的民生"，出台一系列富有本地特色的稳岗稳就业举措，促进青年有效就业。比如，天津市出台《关于做好本市高校毕业生等青年就业创业工作的实施方案》，从一次性吸纳就业补贴、国企增人增资政策、先进制造业青年就业行动、基层一线就业、自主创业和灵活就业、大规模组织招聘对接服务、青年求职能力实训和学徒培训、百万就业见习岗位募集计划、离校未就业高校毕业生服务、高效办成高校毕业生就业一件事、就业权益维护、推动各项政策措施落地见效等 12 个方面促进高校毕业生就业创业。

在优化居住环境方面，中国城市坚持"房住不炒"定位，完善租售结合的住房保障体系，努力防控房地产市场风险，助力青年幸福安居。比如，山东推出"青年优居计划"，针对性解决青年在求职择业临租期、就业稳定长租期、选房置业安居期等不同阶段的租住难题，着力增加青年住房供给规模，形成青年住房多层次支持体系，为来鲁求职、在鲁就业、留鲁创业的青年人打造暖心的"第一站"和理想的"栖息地"；深圳出台《深圳市城中村保障房规模化品质化改造提升指引》，以"安全、配套、建筑、绿色"为改造要点，以元芬村为改造案例，持续推进城中村住房规模化品质化改造提升，打造一批新型青年宜居人文社区。

在优化生活环境方面，中国城市普遍聚焦婚恋、生育、养育等涉青年公共服务的突出紧迫需求，推出普惠性支持措施。比如，资阳市出台优生优育服务、普惠托育服务、教育优质均衡发展、住房保障、生育医疗保险保障、构建生育友好环境、培育新型婚育文化、关爱儿童青少年成长、困难家庭帮扶救助、健全工作保障机制等十条促进积极生育支持措施，破解青年"不敢生、不想生"的难题；重庆推出"青春之约""家和计划"等免费婚恋服务，依托业缘、地缘、趣缘等纽带举办内容丰富、形式多样的青年婚恋交友活动，培育提供青年婚恋交友服务的专业社会组织，依法整顿婚介服务市场，打造服务青年婚恋生育"全链条"服务。

在优化健康环境方面，中国城市贯彻落实全民健身战略，积极建设体育场馆、运动公园，推动公共体育设施向青年免费或低收费开放。比如，2024 年以来，上海市近 800 处公共体育场馆、社区市民健身中心、市民球场、市民健身驿站等向青年免费开放，让"全民健身与奥运同行"；杭州在建筑物屋顶、地下空间、城市空置场所、废弃厂房、临时用地、社区（村）存量建设用地、公园绿地、桥下空间、滨水绿道等城市的"金角银边",建设"嵌入式体育场地",有效解决青年"去哪儿健身"的问题。

在优化安全环境方面,中国城市推进法治建设,开展青年普法和权益保障。比如,广东将 12355 青少年咨询服务热线升级为青少年服务台,连续两年纳入全省十件民生实事,承诺"全天 24 小时、全年无休",采用"统一接听、分类处置、城市分流、分级跟办、闭环办理"的模式,提供在线心理咨询、法律援助等公益服务;苏州集中开展青年安全生产示范岗创建活动,组织开展青年安全生产示范岗"六个一"活动,并发挥青年突击队"排头兵"作用,排隐患、抓整治,在安全生产一线擦亮"青"字号招牌。

二、国内外有关青年发展型城市评价综述

从国际上看,联合国大会以"参与、发展与和平"为主题,首次将 1985 年定为"国际青年年",提示国际社会更加注重青年在世界上发挥的重要作用,特别是他们对经济社会发展的潜在贡献。由此,青年发展日益成为各国关心的重要议题。1995 年联合国发布《到 2000 年及其后世界青年行动纲领》(World Programme of Action for Youth,WPAY),为在国际和国家层面促进青年发展提供政策框架和实践指导方针,并列举出 10 个青年优先发展领域。进入 21 世纪后,WPAY 的优先领域扩展到 15 个,联合国关于青年发展的相关行动倡议也不断出台。21 世纪初,联合国人居署提出"包容性城市"概念,并连续两年在《世界城市状况报告》中提出缩小城市不平等鸿沟的目标,呼唤一种有助于改善青年生存状态的城市化。

总的看,"将青年作为可持续发展的战略要素资源"正成为越来越多共建"一带一路"国家的共识和行动,努力培育和引进受过良好教育的青年人才以提升城市竞争力,政策制定、城市规划、经济发展、公共服务等方面重视青年保障和青年参与。部分共建国家城市建立跨部门、跨机构参与的青年发展协同推进机制,注重青年优先,为青年赋权。由于青年与其学习、生活和工作的城市休戚相关,但城市之间在经济基础、要素禀赋、发展环境、社会治理等方面存在较大的差异性,对国别的青年发展评价尚

不能完全揭示城市与青年互动发展的"双向奔赴"实效，而关于青年发展型城市的评价总体较少，造成城市的青年发展成效难以精准测度，影响城市政府及时调整和优化相关政策措施。

三、"一带一路"青年发展型城市高质量发展评价考量及指标体系

《"一带一路"青年发展型城市高质量发展评估指标体系》吸收联合国《世界青年行动纲领》《关于青年政策和方案的里斯本宣言》《青年2030：联合国青年战略》以及中国《中长期青年发展规划（2016—2025年）》《关于开展青年发展型城市建设试点的意见》等政策内容，借鉴人类发展指数、全球青年发展指数、青年进步指数、国际青年发展指数、浙江省青年发展综合指数、共建"一带一路"背景下丝路青年高质量发展指数等指标体系，兼顾数据权威性、可得性和可比较性，突出高质量发展诉求和标准，从城市的战略制定、规划布局、经济发展、公共服务、社会治理等发展成效，来呈现青年获得感、幸福感、安全感等不同维度的现状，进而确定青年城市规划环境、青年公共教育服务、青年就业和创新创业服务、青年住房保障、青年生活环境、青年健康环境、青年安全环境等7个一级指标，每个一级指标对应2—4项二级指标，共确定20项二级指标。

"一带一路"青年发展型城市高质量发展评估指标体系

序号	一级指标	二级指标	指标说明	指标权重
1	青年城市规划环境	青年专项法规政策出台及实施效能	评估城市是否出台涉青年发展的专项法规政策，以及实施情况	5
2		城市规划、建设、管理体现青年优先	评估城市治理全过程体现青春元素、照顾青年特点的实效	5
3		青年工作机制和青年组织建设效能	评估城市是否建立青年工作机制，成立青年组织，以及运行效能	5

序号	一级指标	二级指标	指标说明	指标权重
4	青年公共教育服务	公共教育公平	评估城市是否为不同族群、户籍、国籍的青年提供公平的公共教育机会	5
5		高等教育办学质量	评估城市内高校的学科建设、专业建设、教学质量、科学研究、产学研合作、学生就业、合作办学等成效，及在全球、区域、国家的高校排名	5
6		职业教育办学质量	评估城市内职业院校的学科建设、专业建设、校企合作、产教融合、学生就业、合作办学等成效	5
7		终身教育办学质量	评估城市为青年提供的技能培训、社会教育等终身学习机会和质量	5
8	青年就业和创新创业服务	青年就业公共服务成效	评估城市为促进青年就业提供的上岗指导、技能培训等公共服务的成效	5
9		青年创新创业公共服务成效	评估城市为促进青年创新创业提供的激励政策、能力培训、法律财税等公共服务的成效	5
10		青年劳动权益保障成效	评估城市在劳动关系协调、劳动争议调解仲裁等方面维护青年合法劳动权益的举措及成效	5
11	青年住房保障	制定青年住房保障政策措施	评估城市是否出台面向青年的住房保障政策措施	5
12		青年社区建设成效	评估城市是否建设针对青年为主要职住群体的社区，以及社区服务的成效	5
13	青年生活环境	青年婚恋服务	评估城市为青年提供的交友、婚恋等公共服务成效	5
14		青年生育服务	评估城市为青年生育提供的公共医疗、母婴保健、出生缺陷防治、产前筛查等优生优育服务普惠性、青年承担成本及服务成效	5

续表

序号	一级指标	二级指标	指标说明	指标权重
15	青年生活环境	婴幼儿照护和学前教育等0—6岁儿童养育公共服务	评估城市提供的0—6岁儿童的养育公共服务普惠性、青年承担成本及服务成效	5
16		基本养老服务	评估城市基本养老服务成效，青年承担赡养老人的成本	5
17	青年健康环境	公共体育服务和体育产业发展	评估城市为青年健身提供的运动场馆充足性和体育公共服务效能，以及体育产业发展情况	5
18		青年文明健康保障	评估城市在控烟、预防肥胖和近视等青年常见病、心理健康服务等保障机制建设	5
19	青年安全环境	预防和打击涉青年的违法犯罪行为	评估城市社会治安体系建设效能，以及涉青年的网络犯罪、黄赌毒等治理成效	5
20		青年法治建设	评估城市是否专门针对青年群体进行法治建设，及其治理成效	5

备注：

（1）权重采取百分制的方式。考虑到专家实际评估的可行性和后续调整完善的灵活性，本评估指标体系的每个二级指标的权重均为5分，专家评估的级差为0.1分。

（2）"青年城市规划环境"有二级指标3个、总权重为15分，"青年公共教育服务"有二级指标4个、总权重为20分，"青年就业和创新创业服务"有二级指标3个、总权重为15分，"青年住房保障"有二级指标2个、总权重为10分，"青年生活环境"有二级指标4个、总权重为20分，"青年健康环境"有二级指标2个、总权重为10分，"青年安全环境"有二级指标2个、总权重为10分。相关指标侧重于城市管理部门、服务机构为青年生存、生活、发展提供服务、权益保障、资源配置、环境营造等领域政策措施的成效。

（3）采取德尔菲法（专家调查法）的方式进行评估。通过收集指标测算数据，由课题组评估专家进行分别评分，并形成最终一致意见。数据来自近2年的公开数据。如遇原始数据缺失或者不完整，采取原始数据缺失值插补、标准化无量纲处理、抽样调查等方式完成基础数据储备。

四、2024年"一带一路"青年发展型城市二十佳及其特色

以共建国家的首都、经济中心城市、省会城市为评估对象，采用《"一带一路"青年发展型城市高质量发展评估指标体系》进行评价，评选出"2024年'一带一路'青年发展型城市二十佳"。

2024年"一带一路"青年发展型城市二十佳

排名	城市	国家	得分	城市促进青年发展的特色做法
1	新加坡	新加坡	93.1	新加坡市维持友善的经商环境，促进青年创业；改善学习环境和基础设施，利用科技来辅助学习，提供灵活多样的学习途径，为全职学习的青年提供高额补贴；实施技能创前程求职援助计划等，帮助困难青年就业；强制落实政府承担薪资的陪产假、父母共用产假等政策，为青年家长提供援助；开设学前教育中心，控制全日托管服务费用；推出更多社区关爱组屋，缩短购屋者等候时间，给予较低收入青年夫妇的公积金额外安居津贴；打造全新的市中心滨水区等设施，优化提升青年社区
2	维也纳	奥地利	91.8	维也纳是奥地利首都和最大的城市、欧洲主要的文化中心和世界音乐之都，通过持续的青年发展型城市建设，实施维也纳儿童与青年计划等项目，教育发达，连续十年被权威机构评为世界宜居城市之首，经济增长速度高于欧盟平均水平，是全世界最富裕的城市之一，从一个人口不断萎缩的老龄化城市发展成为年轻且人口不断增长的城市
3	卢森堡	卢森堡	91.5	卢森堡市凭借在金融、银行、钢铁、广播、卫星、航空与旅游等关键经济领域的卓越表现，不仅个人财富得以增长，企业也能在稳定而充满活力的环境中蓬勃发展，为青年发展营造良好环境。高收入和宽松、灵活的工作制度，叠加慢生活、珍视家庭、呵护生态环境等价值观，医疗、教育、生育等高福利，吸引全球青年人才
4	深圳	中国	90.8	深圳是中国青年发展型城市理念的"首倡地"，常住人口平均年龄32.5岁，"95后"人才吸引力全国第一，印发《深圳市青年发展型城市建设试点实施方案》等系列政策规划，将2023年确定为青年发展型城市"高质量发展年"，聚焦"友好"和"有为"两个方面，将青年发展纳入全市经济社会发展工作全局，打造青年创新创业的多层次平台，建立面向青年的优质均衡公共服务体系，满足青年多样化、多层次的发展需求

排名	城市	国家	得分	城市促进青年发展的特色做法
5	北京	中国	90.6	北京作为中国首都，是全国政治中心、文化中心、国际交往中心、科技创新中心，拥有丰富的青年公共服务资源。"全力打造高水平人才高地"被列入 2024 年北京市政府重点任务清单，北京深化人才发展体制机制改革，完善人才落户、住房等支持政策，为青年人才提供各显其能的创新舞台
6	香港	中国	90.5	香港特区政府发布《青年发展蓝图》，协助青年融入国家发展大局，实施大湾区青年就业计划等项目，增加青年实习、就业和创业的机会；优化青年福利服务，推广运动和文化艺术，支援青年建构生涯规划，增加青年宿舍供应，推出"港人首次置业"计划；强化国家安全教育、法治意识及民族自豪感，提供优质多元教育，推动境外交流实习；促进青年参与公共事务，加强青年平台建设；设立"青年专员"以及通过制作"青年仪表板"整合青年相关数据和趋势，优化青年政策措施和公共服务
7	上海	中国	90.3	上海作为人民城市理念的首提地和广泛集聚青年人才的超大城市，全域推进青年发展型城市建设，形成涵盖"城市、街区、街镇"三个层面、"街区、园区、社区、创新实验室"四类场景、"基本场景、工作机制、政策服务、活力创城、数字化平台、指标监测"六大建设指标的工作体系
8	韩国	首尔	90.2	作为东亚重要的经济、政治、文化中心城市，首尔是韩国最具影响力和活力的都市。首尔市政府实施"2025 首尔青年综合计划"，聚焦"跳跃""拯救""机会"三大领域，帮助青年提升竞争力，设立青年就业培训学校，提供"青年津贴"等就业支援，扩大"首尔 Youngtech"项目受惠人数，为青年和新婚夫妇提供公共住宅，实施交通积分制，降低青年通勤负担；开通"青年梦大信息通"网站，公示首尔市政府和韩国中央政府推进的近 1800 项青年政策，为全市 300 万青年全面提供支援
9	里斯本	葡萄牙	90.1	里斯本是葡萄牙首都，知名的工业城市、国际化大都市，以及欧洲著名的旅游城市，福利制度完善，实行义务教育，拥有丰富的高等教育资源，社会治安状况良好，在科技创新、可持续发展和文化多样性方面活力强劲

续表

排名	城市	国家	得分	城市促进青年发展的特色做法
10	广州	中国	89.8	广州在广东省率先印发市级青年发展规划、召开市级规划实施联席会议，"深化青年发展型城市建设"首次写入2024年广州市政府工作报告，《广州面向2049的城市发展战略》更是提出建设青年活力之城，实施"广州青年民生实事"、开展来穗就业无房青年融入城市试点等项目，在提高工作薪酬待遇、健全就业帮扶机制、增加文体娱乐健身设施和完善公共服务等领域加大青年保障支持力度
11	特拉维夫	以色列	88.7	特拉维夫是以色列经济中心，政府鼓励创新创业，打造高科技创业园区"硅溪"，设立移民部办公室、技术孵化中心、技术转移办公室，制定从落户到工作扶持的针对性政策，吸引全球青年科学家、工程师、技术人员等人才移民，加强青年科学、工程知识技能培训，汇聚以色列77%的初创企业、81%的投资机构和85%的高新技术企业；围绕"创新之都"的国际化大都市形象进行城市统一规划建设，大力发展文化旅游休闲产业
12	利雅得	沙特	88.5	利雅得是沙特经济、金融、商业、文化中心，是连接东西方的重要交通枢纽，消费能力强劲，为青年发展提供广阔舞台；沙特政府"2030愿景"特别关注青年发展，通过放宽签证政策、提供就业机会、建立人才库等，吸引全球优秀青年人才，而利雅得则进一步通过税收减免、资金扶持等政策，以及提供良好的法治环境和高效的政务服务，为青年就业创业提供支持；利雅得还加大教育投入，为青年提供更高质量和更全面的教育服务
13	杭州	中国	88.4	杭州全力打造青年发展之城向往之地："青荷驿站"为外地青年提供至少7天的免费住宿，"首站学堂"为外地青年送上职业教育培训、相亲联谊交友等贴心服务，在青年聚集地建设嵌入式体育场地、社区食堂、"青年夜校"；面向大学生发放集成公园年卡、旅游年卡、文化消费卡等权益的"青荷礼包"；推出"家门口青少年宫""在杭州遇见你"青年交友活动等系列举措，帮助解决青年婚恋交友、亲子育儿等难题
14	奥克兰	新西兰	86.7	奥克兰是新西兰的经济中心，人口最多城市，重要的公路、铁路和航空交通枢纽，商业、金融、贸易、旅游等高价值服务业吸引青年就业创业；以经济发达、环境宜人、生活优质、风景迷人，连续多年被评为全球最宜居城市；医疗、就业、住房、养老、退休等福利完善；公共教育资源丰富，奥克兰大学是新西兰唯一世界百强大学

续表

排名	城市	国家	得分	城市促进青年发展的特色做法
15	布达佩斯	匈牙利	86.1	布达佩斯以其独特的历史风貌、丰富的文化遗产和现代化都市的活力著称，有"多瑙河上的明珠"之美誉，适合青年学习、生活、就业和创业；经济转轨顺利，市场经济体制已经确立，法律健全，物价偏低，低劳动力成本、税收优惠等吸引外资企业入驻和初创企业设立
16	莫斯科	俄罗斯	84.6	莫斯科不断完善青年发展基础设施，设立教育机构青年工作副主任和大学青年工作副校长职位，提高从事青年事务人员的薪酬，加强对青年知识技能培训和爱国主义教育。莫斯科国立大学等高校培养大量具有创新精神、国际视野和领导能力的优秀青年人才
17	迪拜	阿联酋	83.2	迪拜是阿联酋最大的城市和经济中心，旅游、房地产、金融和国际贸易等主导产业吸纳大量青年创业就业。近年来，迪拜在"开放""包容""多元""创新"四个青年发展型重要理念指导下，设立数个自由贸易区，接纳不同文化、宗教和生活方式，外籍青年和当地居民和谐共处，努力走出一条融合东西方文化的可持续发展之路
18	伊斯坦布尔	土耳其	82.9	伊斯坦布尔是土耳其最大的港口、经济贸易和文化中心，就业和创业机会较多，互联网高普及率反映青年在数字生活的深度融入，电子商务、社交媒体、数字教育迅速发展；建筑风格独特、自然风光优美，旅游业发达，吸引全球青年游客，2023年旅游收入刷新历史纪录
19	布宜诺斯艾利斯	阿根廷	81.7	布宜诺斯艾利斯市政府推出一系列青年计划，创造宜居宜业环境。一是多元布宜诺斯艾利斯计划为青年提供内容丰富的免费网络培训课程；二是各社区每年举办多场青年招聘会，应聘者获得知名企业的岗位机会，还可参与企业讲座和技能培训；三是拥有拉丁美洲实力最强的高等教育体系；四是城市建筑、公园、广场改造为青年运动、表演、展览等场地，独特的文化和社会风貌对青年具有很强的吸引力
20	圣保罗	巴西	81.5	圣保罗是巴西的主要经济、文化和政治中心，也是南美洲最重要的城市之一，金融、制造业、贸易、科技、教育等主导产业支撑青年就业创业。圣保罗是巴西的艺术和娱乐中心，拥有许多博物馆、剧院、音乐厅和艺术画廊。圣保罗大学、圣保罗州立大学、圣保罗市立大学是巴西知名高校，培养大量青年人才

备注：

（1）中国有深圳、北京、香港、上海、广州、杭州六座城市入选"2024年'一带一路'青年发展型城市二十佳",分别排名第4、5、6、7、10、13。

(2)入选"2024年'一带一路'青年发展型城市二十佳"的亚洲城市有12座,来自中国、新加坡、韩国、以色列、沙特、阿联酋、土耳其等七个国家;欧洲城市有5座,来自奥地利、卢森堡、葡萄牙、匈牙利、俄罗斯;南美洲城市有2座,来自阿根廷、巴西。

(3)青年发展型城市建设需要政府、社会组织、企业、青年、社会各界的共同参与,其效能与政府重视程度、经济发展水平、城市规划建设、民生保障和改善、社会治理等紧密相关,"2024年'一带一路'青年发展型城市二十佳"入选城市在上述相关领域做了大量富有成效的探索和实践,形成特色鲜明、近悦远来的青年高质量发展新格局。

五、推动更多共建"一带一路"国家建设青年发展型城市的建议

(一)建立健全青年优先发展的制度机制

将青年优先发展理念融入城市发展战略和涉青年的法规政策规划,在城市规划、建设、管理全过程体现青年特色、青年需求。出台青年发展专项规划,谋划青年发展重大项目、重大改革、重大政策、重大平台,提出细化措施和量化指标,因地制宜探索和打造青年城市名片。建立青年工作和青年服务的组织机制,培育规范青年社会组织。在高质量共建"一带一路"双边、多边合作中,丰富青年合作题材,倡导共建青年发展型城市。总结、推广共建国家青年发展型城市建设典型案例。

(二)构建普惠优质的涉青年公共服务体系

推进公平优质教育公共服务体系建设,保障适龄儿童普遍接受有质量的托育服务、学前教育、中小学教育,减轻青年家长的子女教育负担。提升高等教育和职业教育发展水平,推动中外合作办学,促进教随产出、产教融合、校企合作、科教融汇。推进教育理念、体系、制度、内容、方法创新,建设学习型城市。健全青年就业和创新创业公共服务体系,打造创业者、就业者友好成长型城市。聚焦高校和职业院校毕业生、失业青年、残障青年、低收入青年等重点群体,加强就业指导和职业技能培训,培育知识型、应用型、技能型、工匠型、创新型青年人才,为青年提供更多的高质量就业机会。完善相关法规政策,切实维护青年合法劳动权益。因地制宜完善住房保障体系,建设青年友好社区。加强青年婚育观、家庭观教

育和引导，倡导优生优育，扩大未婚青年婚恋交友、婚前保健服务覆盖面。加强妇幼健康服务体系建设，加强出生缺陷防治，增加女职工哺乳室、孕妇休息室等母婴设施。发展方便可及、多层次的托育和婴幼儿照护服务体系，推广家庭教育，提高家庭科学育儿能力，缓解青年育幼后顾之忧。健全基本养老服务和多层次长期照护体系，发展银发经济，减轻青年赡养老人压力。推广中国的全民健身战略，统筹建设公共体育健身场地设施，加大公共体育场地设施和学校体育场地设施开放力度，发展青少年体育俱乐部和专项赛事。面向青年开展控制烟草危害、拒绝酗酒、远离毒品等宣传教育，引导青年养成文明健康生活方式。构建青年心理健康教育、咨询服务、评估治疗、危机干预和心理援助公共服务网络。

（三）完善公共安全治理体系

完善落实保障青年权益的法规政策。加强青年法治宣传教育，切实预防和严厉打击青年违法犯罪，提高青年尊法学法守法用法的意识和能力。加强网络信息内容生态治理，严厉打击网络违法犯罪行为。加强网络平台的规范管理，治理青年沉迷网络游戏问题，保护青年个人信息安全。构建覆盖城乡、均等普惠、便捷高效、智能精准的公共法律服务体系，重点保障困难青年获得公共法律服务。发挥青年组织维护青年合法权益的职能作用。创建青年安全环境，建立青年伤害防控工作体系，提高对青年遭受意外和暴力伤害的紧急救援、医疗救治、康复服务水平，增强青年自我保护意识和防灾避险能力，引导青年珍视生命、热爱生活。

参考文献

1. 李骏、陈雨蒙：《论青年发展型城市建设：缘起、实践与评价》，《青年发展论坛》2024 年第 2 期。

2. 黄帅：《青年发展型城市：让青年与城市实现双向奔赴》，2024 年 7 月 12 日，见 https://m.gmw.cn/2024—07/12/content_37436272.htm。

3. 周围围：《城市对青年更友好　青年在城市更有为——全国青年发展型城市建设试点综述》，《中国青年报》2023 年 10 月 30 日。

专题二

中牙青年关系：共建"一带一路"下的中国与牙买加青年关系 ①

[牙买加] 亚瑟·威廉姆斯 ②

引 言

在过去十年里，中国与牙买加的关系发生了显著变化，特别是在"一带一路"倡议框架下。2013 年，由中国国家主席习近平发起的"一带一路"倡议旨在通过基础设施建设和文化交流，提升区域互联互通和经济一体化。牙买加作为加勒比地区具有战略价值的国家，凭借地理区位和经济潜力，成为这一倡议的关键合作伙伴。本报告探讨了过去十年中"一带一路"下中牙青年关系的动态，重点介绍了关键举措、影响及其对两国的广泛意义。

一、中牙关系的历史背景

中国与牙买加于 1972 年建立外交关系，标志着长期而富有成果的伙

---

① 本文由丝路青年论坛国际部负责人爱莎（Dahlia Allura Ducreay）根据作者英文稿进行翻译和整理。

② 亚瑟·威廉姆斯（H.E.Arthur Williams），牙买加驻华特命全权大使。

伴关系的开始。几十年来，这一关系并不仅限于外交和政治联系，还扩展到经济、文化、教育等多领域。尤其是“一带一路”倡议，为深化这些联系提供了崭新的平台，特别是在基础设施建设、国际贸易和青年参与方面。

二、牙买加在共建“一带一路”中的战略重要性

牙买加位于加勒比地区主要航运路线的交会点，使其成为“一带一路”倡议下一个具有吸引力的合作伙伴。牙买加相对发达的基础设施、稳定的政治环境和持续增长的国民经济，为中国伙伴的投资与合作提供了重要机会。通过参与“一带一路”倡议，牙买加旨在提升其与全球经济的连接，吸引外国投资，并推动可持续发展。

三、青年参与“一带一路”的相关举措和实践

（一）教育项目与奖学金

教育一直是共建“一带一路”吸引牙买加青年参与的基石。中国政府为牙买加学生提供了奖学金和培训机会，重点支持工程、医学、农业和技术等相关专业。这些举措旨在提升牙买加青年的技能和知识，为他们在各个领域的“领导”角色做好准备。

1. 中牙友谊奖学金

“一带一路”倡议对牙买加青年最重要的举措之一是中牙友谊奖学金项目。在过去十年中，中国政府已向牙买加学生提供超过 1200 个奖学金名额，以资助他们在中国完成高等教育学业。奖学金支持范围包括学费、住宿和生活费，使来自不同背景的牙买加学生能够在中国顺利完成学业。

中牙友谊奖学金项目对牙买加青年的技能发展产生了重大影响，尤其是在工程、医疗和技术等关键领域。例如，曾在中国学习工程专业的牙买加学生回国后，在基础设施建设和建筑领域工作，将新技能和专业知识带入这些领域。同样，那些学习医学专业的学生也为牙买加医疗行业发展作

出贡献，解决医疗专业人员短缺问题。一个值得关注的例子是牙买加学生安德烈·威尔逊博士，他曾获得中牙友谊奖学金，在北京大学医学专业就读。完成学业后，威尔逊博士回到牙买加，在牙买加西印度大学医院担任外科医生。在中国的学习经历使他接触到先进的医疗技术，提升了实践能力，他将这些经验应用到工作中，提高了牙买加医疗服务的质量。最近，有 25 名牙买加籍医学生从安徽医科大学毕业，这一里程碑标志着通过国际教育合作，在加强牙买加医疗保健领域方面迈出了重要一步。这些毕业生将把他们先进的医学知识和技能贡献给牙买加医疗系统，从而提升医疗服务质量，以应对牙买加面临的医疗保健挑战。

2.技术和职业培训

除了奖学金项目外，中国还重点支持对牙买加青年的技术和职业培训。这些培训旨在为年轻人提供满足当地就业市场需求的实用技能，提高他们的就业能力，并推动当地经济发展。

中国政府与牙买加政府合作，在牙买加建起多个职业技术培训机构，提供建筑、汽车工程、信息技术、酒店管理等领域的课程，旨在满足牙买加经济发展需求，为牙买加青年提供其所选领域取得成功所需的技能。

中国支持的技术培训项目提高了牙买加青年的就业能力，为他们提供了在正式和非正式部门获得工作的技能。例如，接受建筑技能课程的毕业生已在中国参与的牙买加基础设施建设项目中找到工作，为牙买加发展作出贡献。同样，完成酒店管理技能课程的毕业生在牙买加旅游增长中找到机会，如今，旅游业是牙买加经济的重要驱动力。

一个典型案例是牙买加的金斯敦技术学院，该学院在中国政府的支持下成立，提供一系列技术和职业课程，比如汽车工程和建筑。在过去的五年中，超过 1000 名学生从该学院毕业，较高比例的毕业生在相关领域找到工作，而学院的办学成功促进了职业技术培训项目和招生量的扩容。

（二）文化交流与语言项目

文化交流和语言项目也是牙买加青年参与的重点。西印度大学莫纳分校孔子学院在推广汉语和中国文化方面发挥了关键作用。孔子学院为牙买加的学生和专业人士提供汉语课程。有关课程涵盖从初级到高级的不同阶段，帮助学生对汉语及其实际应用的全面理解。在过去的十年中，超过3500名牙买加学生注册和学习了这些课程，反映出他们对学习中文和了解中国文化日益增长的兴趣。

孔子学院还组织了春节、中秋节等中国文化节庆活动，使得牙买加学生和专业人士对中国的传统文化和价值观有了更深入的了解，从而促进更大的文化融合与合作。比如，孔子学院在金斯敦每年组织中国新年庆祝活动，吸引了青年学生、专业人士、当地社区成员在内的数千名参与者。通过表演、展览和互动活动，参与者了解了中国的传统风俗，增强了对中国文化的理解和欣赏，并促进牙买加的文化多样性和包容性。

四、经济与社会影响

（一）创造就业机会和经济赋能

共建"一带一路"促进牙买加基础设施发展，创造就业机会，促进经济赋能，尤其是对年轻人而言。中国在建筑、制造和旅游等领域的投资为牙买加青年提供了就业和培训机会，使他们能够为国家的经济增长和发展作出贡献。

中国支持的基础设施项目，如南北高速公路建设项目、东西高速公路延伸项目、东部高速公路项目、蒙特哥贝绕城公路项目、金斯敦港口扩建项目，为牙买加青年创造了数千个就业机会。这些项目还提供在职培训，提升青年工人在建筑、工程和项目管理方面的技能。牙买加青年从这些项目中获得经验，提升就业能力，并为他们在就业市场上取得成功提供所需技能。

以中国港湾工程公司（CHEC）支持的南北高速公路建设项目为例，涉及建设一条67公里的高速公路，将金斯顿与北海岸连接，大大减少旅行时间并改善互联互通。项目雇用超过2000名牙买加工人，包括工程师、建筑工人和支持人员。除了提供就业岗位外，该项目还提供了培训和能力建设机会。

（二）社会融入与文化理解

来自中国的专业人士和学生在牙买加的增长，带来了更大的社会融入和文化理解，这种互动通过社区参与项目、联合教育项目和文化交流得到促进。

1.社区参与项目

在牙买加运营的中国公司实施了社区参与项目，旨在促进社会凝聚力和相互理解。这些项目包括教育、体育和文化活动，为中牙两国社区互动和对话提供了平台。典型案例是位于金斯顿的中国文化中心，该中心获得中国政府支持，提供中文课程、文化工作坊和艺术展览等一系列项目和活动，为牙买加人学习中国文化和传统提供机会。

2.联合教育项目

中牙两国机构之间的联合教育项目包括学生交流计划、联合研究倡议和合作研讨会，为牙买加和中国学生提供相互学习及发展全球视野的机会。比如，西印度大学莫纳分校与中国清华大学合作启动关于可再生能源和可持续发展的联合研究项目，涉及两校的学生、教师共同开发可持续能源生产和消费的创新解决方案。通过这一合作，牙买加和中国的学生对彼此的文化和观点也有了更深入理解，促进了两国之间的合作和伙伴关系。

五、面临的挑战

尽管共建"一带一路"对中牙青年关系带来了积极影响，但也存在文化差异和适应方面的挑战。一些在华的牙买加学生和专业人士在适应中国文化和语言方面遇到困难，需要更多的支持和资源来帮助他们适应中国生活。

一是适应中国文化方面。在中国学习的牙买加学生报告了在适应学术环境和语言障碍方面的挑战：虽然奖学金项目提供了语言培训，但对中国习俗和社会规范的不熟悉仍然是许多学生的障碍，导致了孤独感和思乡情绪，可能影响他们的学术表现和整体学习体验。比如，一些牙买加学生在北京工业大学尽管接受了语言培训和文化指导，但部分学生报告了上述困难，促使大学引入额外的支持服务，如导师计划和文化指导工作坊。

二是资源分配问题。一些"一带一路"项目资源往往集中在大规模的基础设施建设和经济发展领域，而对教育和青年参与的直接支持不足，这种不平衡可能限制了项目的全面影响，特别是在提升牙买加青年技能和参与方面。例如，对于一些"一带一路"基础设施项目，虽然这些项目创造了大量就业机会，但项目对教育和培训的直接投资相对不足，可能导致某些项目未能充分满足牙买加青年的发展需求，从而影响了他们的技能提升和就业能力。

六、增强青年合作的策略

一是加强文化适应支持。为牙买加学生和专业人士提供更多的文化适应支持，包括语言培训、文化指导和心理支持，可以帮助他们更好地融入中国环境，提高他们的学习和工作体验，增强中牙之间的文化理解。

二是平衡资源分配。未来的有关合作项目应确保教育和青年发展项目获得足够的资金和支持。通过优化资源配置，提升项目对牙买加青年的整体影响，促进其提升职业技能和就业能力。

三是扩大青年参与机会。提供更多的奖学金名额、培训项目和文化交流活动，进一步促进中牙青年之间的合作与理解。通过提供更多机会，牙买加青年能更好地参与到"一带一路"倡议中，为两国关系的长期发展作出贡献。

结 语

过去十年，"一带一路"倡议为中牙青年关系带来显著的积极变化，通过教育奖学金、技术培训和文化交流，牙买加青年获得提升技能和职业发展的机会。然而，也面临着文化适应、资源分配不平衡等挑战。未来，要通过加强文化适应支持、平衡资源分配和扩大参与机会，进一步推动中牙青年关系的发展，并为两国的长期合作奠定坚实基础。

专题三
中车智轨青年团队以智轨连接共建"一带一路"

冯江华 [①]

2023 年 9 月，由中车株洲所自主研发制造的全球首辆氢能源智轨电车正式亮相马来西亚砂拉越州古晋市并开启试运行，成为古晋街头靓丽的风景线。该项目的成功运行凝聚了中车智轨青年团队的智慧与汗水。这支来自中车株洲所智行公司（以下简称"公司"）的智轨青年团队平均年龄不到 34 周岁，研发技术青年占比超 50%，是一支年纪轻、学历高、战斗力强的团队，也是中车青年在参与共建"一带一路"的典型团队代表。智轨青年团队获评湖南省第四届"湖湘最美丝路青年集体"称号，以团队为原型拍摄的短视频《热战·阿布扎比》获评中国 2023 年第五届"一带一路"百国印记短视频大赛"文明交融奖"。

一、以海外客户需求为导向，以技术创新驱动项目落地

智能轨道快运系统（以下简称"智轨"）是由公司青年技术团队自主研发、全球首创的新型轨道交通制式，采用独创的自主导向与轨迹跟随技术，用"胶轮＋虚拟轨道"取代传统的"钢轮＋钢轨"，具有投资成本低、建设周期短、场景适应性强、低碳环保、运营调度灵活、智慧便捷的特

---

① 冯江华，第十四届全国政协委员、中国中车首席科学家。

点。在智轨青年团队的多年努力下，智轨已在中国的宜宾、株洲、苏州、西安、哈尔滨等多个城市落地，示范效果良好。

面对海外项目的定制化功能需求和应用环境严苛的巨大挑战，智轨青年技术团队深入调研海外业主需求，开展前沿技术学习，研究各项国际标准，拓展海外属地供应链，实地测算线路运营参数，分组选拔有海外项目设计经验的青年技术骨干带头开展智轨车辆供电、动力牵引、智能驾驶、轻量化等关键技术方案的攻坚设计，最终圆满完成各项海外项目的设计要求，以一流的设计开发水平获得海外客户的高度认可，有力驱动智轨"一带一路"项目的落地。

如马来西亚项目，客户提出智轨需要采用氢燃料电池的定制化需求，且要求在不足 4 个月的时间内完成设计方案定稿。负责智轨供电系统设计的青年小组为在短时间内掌握氢燃料电池技术，日以继夜学习，查阅文献资料，开展氢能源行业技术调研，请教行业专家进行技术攻关，集中力量解决电池功率适配等一系列难题，最终按时设计并交付全球首辆氢能源智轨电车。

在土耳其，智轨将在伊斯坦布尔博斯普鲁斯海峡最拥堵、最繁忙的跨海大桥边路段试跑，客户提出要加大运量和 17 秒高频发车的运营需求，这对车辆安全质量和运营状态是个极大挑战。智轨青年技术团队经过现场调研，实地蹲点测算线路客流，综合评估现场需求后针对大客流运输需求，专为土耳其项目设计全新的智轨四编组车型。该车型采用分散式动力系统，有针对性地开展轻量化、集成化、模块化设计，在智能化、舒适性、安全性等方面实现全面升级，即使在面临通道余量 ≤ 22.5cm 的极限控制、旅行速度 ≥ 35km/h、公交高密度发车混行、天桥遮挡等多重复杂路况的考验下，智轨依然能够稳定、安全地全自动驾驶通行。从 2024 年 4 月 2 日起至 5 月 17 日，为期 45 天的试跑任务圆满完成。

二、以海外客户满意为标靶，创建一流项目管理和服务水平

中车智轨青年项目管理团队根据海外项目交付时间要求，制定详细的

研供产销项目倒排交付计划，每周通过层级会议形式对项目进行滚动式计划制定和问题处理，进行供应链采购交付风险评估。团队依照项目计划与公司签订"军令状"，全力以赴保障项目交付。在项目现场，青年服务团队克服语言、饮食习惯等困难，长期驻扎偏僻的项目车辆段，组织协同项目属地合作方高效完成每日、每周、每月的定期检修和维保任务，获得项目业主的一致肯定。

如阿联酋项目，项目属地阿布扎比夏季地表温度高达70℃，不仅是对智轨极端环境适应性的挑战，更是对在项目现场一线进行车辆调试的青年团队意志力的考验。这群一线青年抵达阿布扎比时正值酷暑，户外作业困难，为保障项目正常推进，他们选择每天凌晨三点到上午九点、下午四点到晚上九点作业，在夜间打着手电筒通宵调试，在白天高温下挥汗如雨、争抢进度、紧张有序调试……最终项目顺利实现运营，为阿布扎比提供"智能、舒适、一流"的接驳服务。

三、以海外业务往来为纽带，搭建青年技术与文化交流的桥梁

在参与共建"一带一路"的过程中，中车智轨青年团队将智轨作为与海外青年建立友谊的桥梁，以示范线路实地调研、项目技术交流、车辆运营与维保技术培训等为契机，通过定制化授课与结对帮扶的形式，帮助外国青年在项目实施中的学习和生活融入，促进中国同马来西亚、阿联酋等共建"一带一路"国家的经贸合作与青年文化交流，实现从技术的碰撞到文化的交融。

在马来西亚项目正式运营前，为保障线路安全有效运营，马来西亚当地线路运营公司派遣多名青年管培生，来到中国进行为期4个月的培训交流。中车为来华青年管培生制定专项培训计划和生活保障方案，安排青年骨干一对一结对，帮助国外管培生学习智轨知识，感受中国文化，双方青年之间建立深厚友谊，为两国的项目合作增添互信并畅通交流机制。为传播本次中马友谊的典型故事，智轨青年们结合切身经历和朴实情感，拍摄制作短视频作品《我的马来朋友》，获中车文化短视频故事大奖。

四、以海外战略发展为引领，加快青年人才队伍建设

基于中车智轨海外战略要求，公司专项研究海外青年人力资源配置方案以及任职资格要求，在公司内开展海外青年人才盘点及海外人才配置调整等工作，并在海外工程技术、市场营销、项目管理、售后服务等多方向，设置针对青年人才的差异化激励方案和晋升机制，激发青年人才的活力。

同时，公司高度重视国际化青年人才培养工作，在公司内建立国际化青年人才选拔机制，搭建国际化人才库，针对性开展涵盖英语技能、海外项目管理、海外风险管控在内的多维度、面向国际业务的系列培训工作，同时以线上线下课堂结合的形式，为青年员工提供多元化学习平台，助力青年员工成长，进而组建起一支懂技术、通语言、精管理的高质量国际化青年人才队伍。

五、结语

在中车智轨青年团队的努力下，智轨已成为中国自主原创高端装备"走出去"的典范和高端装备制造的一张新名片，实现中国轨道交通原创标准的首次出海，彰显中国中车在发挥央企原创技术策源的创新能力和使命担当，在新"丝绸之路"上闪耀中国光彩。

当前，中车智轨已受到更多共建"一带一路"国家的喜爱和欢迎，有越来越多的青年骨干投入到共建国家的项目建设和文化交流中来，中车智轨青年团队将不断追求技术创新和卓越品质，将中国中车"连接世界，造福人类"的使命传播到世界！

专题四
企业廉洁合规管理促高质量共建"一带一路"

陈又胜 ①、郭立新 ②、张红霞 ③、王艳珍 ④

　　合规意识缺乏与合规管理水平不高是制约企业参与共建"一带一路"的最大障碍。近年来，国际政经形势复杂，逆全球化暗流涌动，部分发达国家滥用合规大棒，制裁中资企业，干扰中资企业正常经营。同时，全球各国政府及有关国际组织高度重视企业廉洁合规管理，少部分中资企业"走出去"出现不合规行为，违规企业和个人遭到东道国、多边发展银行的制裁、处罚和限期整改，造成严重经济损失，损害企业声誉，制约企业国际业务发展，给国家带来负面影响。

　　取道阳光路，蓝图变实景。从"一带一路"倡议提出伊始，中国政府就对廉洁合规建设问题高度重视。习近平主席在首届"一带一路"国际合作高峰论坛上强调，要加强国际反腐合作，让"一带一路"成为廉洁之路。可以说，共建"一带一路"11年来取得的丰硕成果的背后，离不开中国携手各国持续擦亮"一带一路"廉洁本色、让廉洁清新始终相伴的努力。

　　在高质量共建"一带一路"新的金色十年，企业国际化廉洁合规管理已从传统的反腐败、反商业贿赂、反垄断、知识产权保护等，扩展到

---

① 陈又胜，高级检察官。
② 郭立新，最高人民检察院检察理论研究所所长。
③ 张红霞，丝路青年论坛副秘书长。
④ 王艳珍，丝路青年论坛研究人员。

完善公司治理、反洗钱、劳工权利保护、投标管理、项目履约、环境保护、质量安全、履行社会责任，以及营造良好营商环境等跨行业多领域要求。

一、中国理念和方案凝聚共建廉洁丝绸之路的政治共识及路线图

党的十八大以来，以习近平同志为核心的党中央以前所未有的勇气和定力深入推进全面从严治党，以"得罪千百人、不负十四亿"的强烈使命担当纵深推进反腐败斗争。坚持无禁区、全覆盖、零容忍，重遏制、强高压、长震慑，受贿行贿一起查，坚持有案必查、有腐必惩，持续保持惩治腐败高压态势。围绕反腐败国家立法，修改了刑法、刑事诉讼法，制定了监察法、政务处分法，完善了党内法规体系。坚持不敢腐、不能腐、不想腐一体推进，"打虎""拍蝇""猎狐"多管齐下，从"腐败和反腐败呈胶着状态"到"反腐败斗争压倒性态势正在形成""压倒性态势已经形成""压倒性态势已经形成并巩固发展"，再到"取得压倒性胜利"，直到如今的"取得压倒性胜利并全面巩固"，成功走出一条中国特色反腐败之路，为建设廉洁丝绸之路奠定基础、注入底气、增添动力。

无论是在"一带一路"建设座谈会、"一带一路"国际合作高峰论坛等重大活动上，还是在外交的多边、双边场合，习近平主席都旗帜鲜明表达建设"廉洁之路"的坚定立场和态度，也为推动廉洁丝绸之路建设指明努力方向和实现路径："反腐败是世界各国面临的共同任务，也是民心所向"①；"加大跨境腐败治理力度。各类企业要规范经营行为，决不允许损害国家声誉。对违纪违法问题，发现一起就严肃处理一起"②；"加强追逃追赃国际合作，不要成为腐败分子和资产的'避风港'"③；等等。

---

① 《习近平接受〈华尔街日报〉采访时强调　坚持构建中美新型大国关系正确方向　促进亚太地区和世界和平稳定发展》，《人民日报》2015 年 9 月 23 日。

② 《习近平谈治国理政》第四卷，外文出版社 2022 年版，第 497 页。

③ 习近平：《共迎时代挑战　共建美好未来——在二十国集团领导人第十七次峰会第一阶段会议上的讲话》，《人民日报》2022 年 11 月 16 日。

在《联合国反腐败公约》框架下，中国深度参与全球反腐败治理，鲜明提出反腐败主张，引领广大共建"一带一路"国家就共商共建廉洁丝绸之路达成广泛共识。比如，2014年，亚太经合组织第26届部长级会议通过《北京反腐败宣言》，成立反腐败执法合作网络，携手打击跨境腐败行为；2016年，二十国集团领导人杭州峰会通过《二十国集团反腐败追逃追赃高级原则》《二十国集团2017—2018年反腐败行动计划》等重要反腐败成果文件，在华设立G20反腐败追逃追赃研究中心，创造性提出"零容忍态度""零漏洞制度""零障碍合作"国际反腐败合作三原则；2021年，联合国大会首次就反腐败问题召开特别会议，中方鲜明提出"坚持公平正义、惩恶扬善，坚持尊重差异、平等互鉴，坚持合作共赢、共商共建，坚持信守承诺、行动优先"反腐败国际合作四项主张，发出"共建清正廉洁的地球家园"的中国声音；2022年，金砖国家反腐败工作组通过《金砖国家拒绝腐败避风港倡议》，作为重要成果纳入《金砖国家领导人第十四次会晤北京宣言》，深化金砖国家在跨境腐败治理、追逃追赃务实合作，构建新型全球反腐败治理体系。

在2019年第二届"一带一路"国际合作高峰论坛上，习近平主席将"廉洁"明确为"一带一路"建设三大理念之一，并强调坚持一切合作都在阳光下运作，共同以零容忍态度打击腐败。在2023年第三届"一带一路"国际合作高峰论坛上，习近平主席宣布中国支持高质量共建"一带一路"的八项行动，其中之一就是"建设廉洁之路"。

值得关注的是，第二届"一带一路"国际合作高峰论坛首次设立"廉洁丝绸之路"分论坛，以"共商共建共享廉洁丝绸之路"为主题，从政府改善营商环境、企业廉洁合规经营、国际社会加强反腐败与法治合作等三个方面展开研讨。分论坛上，中国与有关国家、国际组织以及工商学术界代表共同发起《廉洁丝绸之路北京倡议》。

2023年第三届"一带一路"国际合作高峰论坛期间，再次举办廉洁丝绸之路专题论坛，充分展现10年来共建廉洁丝绸之路的理念和实践，发布《"一带一路"廉洁建设成效与展望》《"一带一路"廉洁建设高级原则》《"一带一路"企业廉洁合规评价体系》。

二、共建廉洁丝绸之路务实合作平台

2019 年，在"中国—联合国和平与发展基金"的支持下，联合国毒品和犯罪问题办公室发起"丝绸之路经济带"反腐败项目。该项目借助联合国平台宣介"一带一路"倡议、廉洁丝绸之路倡议、"一带一路"企业廉洁合规案例，成为共建"一带一路"国家同联合国等多边机制深化反腐败合作的良好范例。

以《联合国反腐败公约》等国际条约和相关双边条约为基础，中国与共建"一带一路"国家加强反腐败政策对接和司法执法合作。中国对外缔结生效 38 项引渡和司法协助条约，与有关国家反腐败机构互访交流不断，已与 23 个国家和 2 个国际组织商签反腐败合作文件，并在与 37 个国家和国际组织商签的"一带一路"合作协议中写入反腐败和廉洁内容。中国举办多期"一带一路"合作伙伴反腐败研修班、发展中国家反腐败研修班、非洲国家反腐败研修班，交流互鉴先进经验，巩固和发展反腐败国际合作"朋友圈"。

中国与有关国家共建高效务实的反腐败领域国际平台。2014 年，成立亚太经合组织反腐败执法合作网络；2015 年，二十国集团反腐败工作组成立拒绝腐败入境执法合作网络；2018 年，金砖国家反腐败工作组建立金砖国家资产返还专家网络；2021 年，联合国大会反腐败问题特别会议推动成立联合国全球反腐败执法合作网络……一张覆盖各大洲和重点国家的反腐败执法合作网络初步形成。

三、中资企业境外廉洁合规建设走深走实

从中国政府出台《中央企业合规管理办法》《关于规范企业海外经营行为的若干意见》《企业境外经营合规管理指引》等一系列指导性文件，到各中央企业出台重点领域合规指南 868 件、制定岗位合规职责清单5000 多项，中央企业、中央金融企业及分支机构制定和完善境外管理制

度1.5万余项，初步建成国企境外廉洁合规制度体系。另外，《中共中央关于进一步全面深化改革、推进中国式现代化的决定》《中共中央 国务院关于促进民营经济发展壮大的意见》等近年来中国出台的政策文件，也强调要支持引导民营企业完善治理结构和管理制度，加强企业合规建设和廉洁风险防控。

中国坚持政府监管和企业合规建设齐发力，强化"一带一路"廉洁风险防控，加大跨境腐败治理力度，聚焦境外"关键少数"监督、财务资金监管、重大项目管理，加大对违纪违法问题的查处力度，引导企业守法经营、合规经营、诚信经营。

中资企业纷纷加强境外廉洁建设，通过健全机构设置、加强力量整合、构建廉洁文化，实现立体化、跨部门监督，防止出现"看不到""够不着"的国际业务监管盲区。比如，中老两党两国领导人就"将中老铁路建成廉洁之路"达成重要共识，两国纪检监察机关建立政府层面的监督协调机制，开展联合派驻，成立廉洁建设领导小组，建立定期会商工作机制，组织中老铁路廉洁建设研讨班，共同研讨廉洁建设经验；中远海运集团纪检监察组把过程监督融入项目实施全过程，在立项决策、投资预算、资金使用、并购管理，尤其在境外企业重组整合过程中，会同生产经营、财务管理和审计监督等职能部门加强各个环节的监督；国家电力投资集团探索境外联合监督模式，针对多家单位在同一国家甚至同一项目开展业务情况，推行兄弟单位横向联合、同一项目上下游纵向联动的监督模式；中国航空集团在境外营销机构开展廉洁风险防控检查，形成《廉洁风险管理手册》；鞍钢集团利用境外分公司负责人休假等时机，每年与其进行一次廉洁谈话，每季度召开一次境外企业党支部书记视频会议，每月编发电子读物"廉政之声"；三峡集团推动纪检监察、巡视、审计、合规等监督贯通协同，实现境外单位监督全覆盖。

四、高质量共建廉洁丝绸之路和促进企业廉洁合规管理对策建议

在高质量共建廉洁丝绸之路方面，推动共建国家建设市场化、法治化、国际化、风清气正的一流营商环境，增强市场主体活力，提升政府治理能力，促进经济社会持续健康发展。落实《联合国反腐败公约》《"一带一路"廉洁建设高级原则》等国际文件，推动共建国家反腐败政策和机制创新，建设廉洁政府。深化反腐败国际合作，围绕共建"一带一路"标志性工程和"小而美"项目开展针对性廉洁合规风险防控。推广应用"一带一路"企业廉洁合规评价体系，开展廉洁合规企业（项目）评估和公示，选树典型案例。推动共建国家设立廉洁合规研究机构，开展理论研究、案例梳理、决策咨询等智库服务。推动共建国家加强纪检监察相关学科建设、专业建设和课程建设，在国际经济、国际贸易、工商管理、语言等涉外专业中增加廉洁文化、企业合规管理相关课程。加强中国同国际组织、共建国家开展"一带一路"廉洁研修培训合作，扩大青年官员、企业家、管理层、业务骨干等学员覆盖面。

在促进企业完善廉洁合规管理体系方面，依据国际业务属性、规模和需求，推动大中小企业同步打造现代合规体系。共建国家政府要面向企业大力推广廉洁丝绸之路建设的进展成效、合作机制、法规政策、标准示范，引导企业主动加强合规管理。推动企业将合规管理融入公司治理体系，明确决策层、管理层、执行层的合规责任，强化合规管理与监察、审计、内控和风险管理、党风廉政建设等工作相统筹，开展合规监督评价，加强合规宣贯培训，建立遵纪守法、履行社会责任和道德责任的合规文化。加强企业境外项目全业务全流程的风险管理，严格遵守项目所在国法律法规、政策规定、行业标准，配齐、配实、配强境外公司、重大驻外市场的专业合规管理人员，实现境外项目合规管理的全覆盖和动态管理，及时发现和严格处置不遵守法律法规、国际准则、商业惯例、企业制度的行为，避免企业利益受损，塑造良好形象，凸显合规价值，促进企业健康可

持续发展和提升国际竞争力。

参考文献

1. 沈叶：《廉洁清新相伴"一带一路"》，《中国纪检监察》2023 年第 20 期。

2. 过勇：《打造廉洁中国的亮丽名片》，《中国纪检监察》2023 年第 20 期。

3. 张文锦：《合规助力中国企业海外经营发展的实践与思考》，《国际工程与劳务》2023 年第 6 期。

专题五
中非人才培养合作：南南合作的典范

忻顺康 ①、黄玉沛 ②、张宗武 ③、龙希成 ④、林森 ⑤

　　中国是最大的发展中国家，非洲是发展中国家最集中的大陆，中非在发展议题上有共同愿景，在推动世界格局多极化发展上有共同目标。面对当今世界百年未有之大变局深刻演变，以中国和非洲为代表的"全球南方"蓬勃发展，深刻影响世界历史进程。作为负责任的大国，中国乐见非洲国家加快自主发展，成为国际社会中的重要力量。"真诚友好、平等相待，互利共赢、共同发展，主持公道、捍卫正义，顺应时势、开放包容"的中非友好合作精神，是中非双方数十年来休戚与共、并肩奋斗的真实写照。

　　人才是第一资源，中国和非洲发展振兴的关键在于将规模巨大的人口转化为丰富的人力资源，以人才红利助力本国现代化发展，做到发展为了人民、发展依靠人民、发展成果由人民共享。在中非合作论坛等机制引领下，中国积极推动"中非人才培养合作"全面融入中非政策沟通、设施联通、贸易畅通、资金融通、民心相通，助力非洲培养更多本土人才，为非

　　① 忻顺康，中国驻津巴布韦、纳米比亚前大使。
　　② 黄玉沛，浙江师范大学中非经贸研究中心主任、中非国际商学院国际经济与贸易专业主任。
　　③ 张宗武，北京中非友好经贸发展基金会秘书长。
　　④ 龙希成，丝路青年论坛研究人员。
　　⑤ 林森，丝路青年论坛研究人员。

洲国家可持续发展增添动能。

一、"人才培养合作"是中非合作的重点内容

当前，非洲正处于人口红利潜力期。预计到 2050 年，非洲人口将占全球人口的 1/4，且超过一半人口年龄在 25 岁以下。非洲国家迫切需要提高青年劳动技能，增加有效就业，将潜在人口红利转化为现实发展动力，推动社会稳定和经济发展。进一步看，非洲国际组织和相关国家愈加重视教育及人才培养，比如，非盟《2063 年议程》提出，支持青年成为非洲复兴的动力，要让 70% 的青年拥有一技之长，到 2025 年前培养数千名非洲青年领袖；2024 年 2 月，非盟发布《2063 年议程：第二个十年执行计划（2024—2033 年）》，强调对高等教育进行系统变革；非盟还将 2024 年定位为教育主题年。

中国主动回应非洲发展需求。近年来，在中非一系列合作机制及成果文件中，人才培养合作都是重点内容之一。

2015 年，习近平主席出席中非合作论坛约翰内斯堡峰会开幕式并发表致辞，确立中非全面战略合作伙伴关系新定位，提出中非共同实施"十大合作计划"[①]，人才培养合作是相关项目顺利实施的坚实支撑。

2018 年，习近平主席主持中非合作论坛北京峰会并在开幕式上发表主旨讲话，强调携手打造新时代更加紧密的中非命运共同体，重点实施"八大行动"[②]。"能力建设"为其中一项行动，即：中国在非洲设立 10 个鲁班工坊，向非洲青年提供职业技能培训；设立旨在推动青年创新创业合作的中非创新合作中心；实施"头雁计划"，为非洲培训 1000 名精英人才；

[①] "十大合作计划"：中非工业化合作计划、中非农业现代化合作计划、中非基础设施合作计划、中非金融合作计划、中非绿色发展合作计划、中非贸易和投资便利化合作计划、中非减贫惠民合作计划、中非公共卫生合作计划、中非人文合作计划、中非和平与安全合作计划。2018 年 8 月，中国商务部负责人在国务院新闻办举行吹风会上介绍，中非"十大合作计划"已全面落实完毕。

[②] "八大行动"：产业促进、设施联通、贸易便利、绿色发展、能力建设、健康卫生、人文交流、和平安全。

为非洲提供5万个中国政府奖学金名额，为非洲提供5万个研修培训名额，邀请2000名非洲青年来华交流。

2021年，习近平主席出席中非合作论坛第八届部长级会议开幕式并发表主旨演讲，提出"中非友好合作精神"，宣布中非务实合作"九项工程"①，"能力建设"为其中一项工程，即：中国为非洲援助新建或升级10所学校，邀请1万名非洲高端人才参加研修研讨活动；实施"未来非洲—中非职业教育合作计划"，开展"非洲留学生就业直通车"活动；中国继续同非洲国家合作设立"鲁班工坊"，鼓励在非中国企业为当地提供不少于80万个就业岗位。

2023年，习近平主席和南非总统拉马福萨在约翰内斯堡共同主持中非领导人对话会，呼吁携手推进现代化事业、共创中非美好未来，为中非命运共同体建设增添新内涵。中方宣布发起"中非人才培养合作计划"，面向治理能力现代化、经济社会发展、科技创新增效、民生福祉改善，加强技术转移、教育培训等能力建设合作，助力非盟《2063年议程》第一个十年计划人力资本开发等目标。

2024年中非合作论坛北京峰会通过的《中非合作论坛—北京行动计划(2025—2027)》，在"未来三年中方单方面支持非洲重点举措"方面强调：深入实施"未来非洲—中非职业教育合作计划"，与非洲国家共建工程技术学院，新建或升级10个"鲁班工坊"和20所学校；向非洲提供6万个研修培训名额，重点实施"非洲妇女赋能计划"和"非洲青年展翅计划"；完善中非科教合作机制平台，设立中非数字教育区域合作中心。

二、中非人才培养合作重点项目稳步推进

综合《中国—非洲国家共建"一带一路"发展报告》2024版蓝皮书、《新

---

① "九项工程"：卫生健康工程、减贫惠农工程、贸易促进工程、投资驱动工程、数字创新工程、绿色发展工程、能力建设工程、人文交流工程、和平安全工程。2024年8月，中国国家国际发展合作署负责人在国务院新闻办举行的新闻发布会上介绍，"九项工程"对非援助和发展合作项目已全部落实，合作成果实实在在，惠及中非人民。

时代的中非合作》白皮书等数据,中国为非洲援建 170 多所学校,为非洲培训各领域人才共计 16 万余名。其中,中国帮助非洲国家加强专科医学建设,为非洲各国培训各类医务人才 2 万人次;中国搭建中非高校交流合作平台,通过设立多个奖学金专项,支持非洲优秀青年来华学习;中国在联合国教科文组织设立信托基金项目,累计在非洲国家培训 1 万余名教师;2018 年以来,中国在埃及、南非、吉布提、肯尼亚等非洲国家与当地院校共建 17 个"鲁班工坊",同非洲分享中国优质职业教育;中国支持 30 余所非洲大学设立中文系或中文专业,配合 16 个非洲国家将中文纳入国民教育体系,在非洲合作设立 61 所孔子学院和 48 所孔子课堂。2004 年以来,中国共向非洲 48 国派出中文教师和志愿者 5500 余人次;中国通过实施"一带一路"国际科学组织联盟奖学金、中国政府奖学金、国际杰青计划、国际青年创新创业计划等项目,帮助非洲培养大量青年科技人才。

2024 年 5 月,中国高等教育学会公布 50 所高校入选"中非高校百校合作计划"① 中方成员高校,252 所高校入选《中非大学联盟》交流机制中方成员高校。入选高校聚焦数字教育、卫生健康、农业发展、贸易投资、矿业资源、互联互通、环境与可持续发展、语言文化与文明互鉴、社会治理、媒体传播与国家形象等十个领域,以集群形式就联合科研、学生交换、教师互访、人才培养等与非洲入选高校开展校际合作,并围绕中非重大理论和各领域合作现实问题开展相关调查研究。

2023 年 11 月,中国金华职业技术学院与卢旺达理工大学合作设立的卢旺达鲁班工坊在穆桑泽职业技术学院揭牌,首期专业为电子商务和电气自动化。中国的职业教育标准已通过卢旺达理工大学、卢旺达高等教育委员会和卢旺达教育部的审批,纳入卢旺达职业技术标准体系。学生们按

---

① 2023 年 8 月,金砖国家领导人第十五次会晤期间举办中非领导人对话会。会后,中方发布《中非人才培养合作计划》,提出,中方将在实施"中非高校 20+20 合作计划"基础上,升级实施"中非高校百校合作计划",共招募和遴选 100 所中非高校,其中包含中方高校 50 所、非方高校 50 所。2023 年 8 月,中国高等教育学会与非洲大学协会在北京外国语大学成立中非大学联盟交流机制中方秘书处。在中国教育部指导下,中国高等教育学会组织开展"中非高校百校合作计划"中方成员高校申报工作。

照两地两段"2+1"（2 年在卢旺达穆桑泽职业技术学院、1 年在中国金华职业技术学院）的方式进行学习和实践。截至 2024 年 4 月，卢旺达鲁班工坊 5 个月的时间累计招收培养学历生 210 人，开展"中文 + 职业技能"培训近万人次，为在卢中资企业人才培养和卢旺达青年就业能力提升提供重要支撑。

2023 年 11 月，由重庆工程职业技术学院、坦桑尼亚阿尔迪大学和在坦中企联合建设国际有限公司共建的坦桑尼亚鲁班工坊成立。该工坊以土木类专业为基础，在阿尔迪大学、中坦工业园建设实训基地，依托"未来非洲——中非职业教育合作特色项目"①和重庆市政府外国留学生市长奖学金丝路项目，组建"中文教师 + 中外专业教师 + 中资企业导师"国际混编师资团队，计划为坦桑尼亚培养 10 万余名熟悉土木类专业技术、标准和管理的本土化青年人才。自 2017 年起，重庆工程职业技术学院持续加强与坦桑尼亚职业教育合作，实施坦桑尼亚建设工程中高级管理人才联合培养等项目，成立坦桑尼亚远程教育中心，与坦方联合开发土木工程技术员等专业课程标准和行业岗位标准，通过坦桑尼亚职业教育委员会认证，纳入坦桑尼亚国家职业教育体系。

中国航空技术国际工程公司与肯尼亚教育部等合作，在 10 多个非洲国家开展职业技能挑战赛，采用先培训后比赛的方式，选拔普通机械加工、数控机械加工、钢筋工和混凝土工等航空基建领域的青年技能人才。中航国际成套设备公司在肯尼亚、加纳、加蓬等多个非洲国家新建或升级改造 180 余所职业院校，每年培训航空领域相关专业的 2 万余名师生。

中国立项实施向马拉维、布隆迪、科特迪瓦等非洲国家提供农业技术援助等 47 个减贫和农业项目，充分发挥援非农业技术示范中心作用，派出农业专家 500 余人次，培训近 9000 人次非洲农业人才，有力支持非洲农业现代化进程。"中非科技小院"是 2019 年启动的中非农业教育项目，

---

① 为落实习近平主席在中非合作论坛第八届部长级会议上提出的合作倡议，在中国教育部国际司的支持与指导下，中国教育国际交流协会自 2021 年起执行"未来非洲—中非职业教育合作计划"，并在该计划框架下，于 2023 年 3 月启动"未来非洲—中非职业教育合作特色项目"遴选工作。

由中国农业大学负责实施，得到世界银行、比尔及梅琳达·盖茨基金会、联合国粮农组织的支持，面向非洲招收农业专业来华留学生，用中国农业经验帮助非洲培养高素质农业人才，助力非洲农业发展。项目在河北省曲周县和非洲马拉维均设有实验基地。

中国因地制宜，探索出网格固沙、飞播治沙、光伏治沙等荒漠化治理方案，同时发展特色产业，带动当地居民致富。中国支持"非洲绿色长城"① 计划，中国商务部、国家林业和草原局等组织非洲国家"绿色长城"建设专题研修班，举办课堂教学、文化参观、交流座谈等活动，围绕荒漠化防治、《联合国防治荒漠化公约》履约经验等方面开展经验交流。

中国通过北京大学南南合作与发展学院，为 70 多个国家培养 400 余名高端人才，其中一半以上来自非洲国家。南南合作与发展学院是北京大学国际化教育的旗舰，设有学位教育项目和非学位培训项目，课程均用英文讲授，通过课程学习、现地教学，以及内容广泛的政策专题讨论与研究，培养学员成为具有综合理论知识、广阔国际视野、开放科学思维、致力于国家发展与政策制定的高端管理人才。

三、高质量推进中非人才培养合作对策建议

当前，中国正在加快培育发展新质生产力，以科技创新催生新产业、新模式、新业态、新动能，与非洲经济发展转型需求及未来战略愿景高度契合。党的二十届三中全会提出进一步全面深化改革、推进中国式现代化。这为全球特别是"全球南方"共同发展带来更多机遇。尤其是在全球发展倡议、构建人类命运共同体理念和共建"一带一路"的指引下，能力建设正促进中非携手共建发展共同体。中非之间的能力建设合作，注重"以人为本"和人的全面发展，聚焦人才培养合作，从基础环节做起，从一个个实实在在的项目做起，分享中国将人口红利转化为人才红利的经

---

① "非洲绿色长城"由非盟主导，计划沿着撒哈拉沙漠南缘的撒赫尔地区种植跨越非洲大陆的树墙，防止沙漠化，解决撒赫尔和撒哈拉地区在土地退化和沙漠化后所导致的社会、经济、环境的不利影响。

验，致力于让每一个人都能公平地享有发展的机会、实现自我的机会、追逐梦想的机会，汇聚中非合作的磅礴新力量。

2024 年 9 月，第四次中非合作论坛峰会在北京举行。本次峰会主题为"携手推进现代化，共筑高水平中非命运共同体"，中非合作论坛非方成员领导人应邀与会，有关非洲地区组织和国际组织代表出席峰会有关活动，中非领导人共商中非友好合作大计，共绘中非发展美好蓝图，必将开辟中非人才培养合作新境界。为此，我们提出如下四个建议：

一是加快培养非洲现代化治理人才。中国有关智库机构要系统总结治国理政、现代化建设、经济发展、社会治理、民生保障、扶贫减贫、共同富裕等中国方案、中国经验，提炼适合非洲国家借鉴的实施路径。通过技术援助、专项培训、论坛会议、政策研修等多种形式，中国政府部门、高校科研院所、社会组织、新闻媒体等向非洲各界分享中国式现代化经验，帮助非洲国家政府官员、公共事务管理人员等提高治理能力。中国高校要扩大公共管理、政府管理等专业非洲留学生规模，帮助非洲高校建设相关学科。推动中国外事部门、经贸部门、园区管委会、行业商协会、大型企业等，聘用非洲政府官员、青年人才等挂职、兼职，沉浸式学习中国式现代化实践经验。

二是加快培养非洲经济社会发展人才。实施"未来非洲——中非职业教育合作计划"，推动中非职业院校在校长和骨干师资培训、管理人员相互挂职、产教融合、校企合作、学科专业建设、职业标准建设等方面加强合作。以教随产出的方式，推动中国企业、职业院校与非方合作创建各具特色、具有品牌影响力的"鲁班工坊"，在中资企业推进属地化运营中，订单式培养产业链供应链非洲青年人才。总结中国乡村振兴经验，通过非洲青年农业科研领军人才培养计划等项目，培养非洲乡村发展带头人，带动现代农业、粮食增收减损、农业应对气候变化、防灾减灾、荒漠化治理等领域合作。

三是加快培养非洲科教创新人才。凝聚中国各界力量，为非洲妇女和青年提供更多优质教育资源，促进教育公平均衡。实施"中非高校百校合作计划"，优化"中非大学联盟"交流机制，推动中国"双一流"高校、地方大学及民办院校与非洲各类大学以扩容增效的集群式形式,就联合科研、学生交换、教师互访、人才培养等开展校际合作。推动中国教育机构继续与非方合作举办孔子学院,与非洲高校共建中文专业,鼓励非洲青年来华学习中文,培养本土中文教师,推广"中文＋职业技能"教育,培养与中非经贸合作匹配的本土复合型人才。支持非洲研究机构参与"一带一路"智库合作联盟、"一带一路"国际智库合作委员会,共建"智力丝绸之路"。办好中非青年创新创业大赛、中非职业技能大赛等活动,分享中国促进中小企业专精特新发展、大众创业万众创新的经验。聚焦中非合作优先领域,支持非洲青年科学家来华开展学术交流、科研合作、短期工作,促进中非产学研合作。

四是加快培养改善民生福祉人才。推动中国援非医疗队逐步形成以医疗队为基础,临床医疗和公共卫生双轮驱动,创新项目、医疗物资、能力建设、人员与技术交流多点开花的全方位、立体式格局,加强非洲卫生健康人才培养,开展医教研全方位学术技术交流合作,为非洲国家留下"带不走的医疗队"。聚焦景区建设管理、旅游标准化建设、文旅融合发展等,实施"中非文化和旅游研修合作计划",扩大非洲旅游服务人员培养规模。深化内容生产、技术合作、版权输出、海外传播、人才培养等中非媒体合作,推动中国互联网平台为非洲青年提供社交媒体、短视频制播、直播带货、跨境电商等"培训—就业—创业"一体化服务。

参考文献

1.李嘉宝:《中国助力非洲培养更多本土人才》,《人民日报(海外版)》2024年6月1日。

2.周輖:《促进非洲不断释放人口红利(新时代中非合作)》,《人民日报》2024年8月27日。

3.和音:《谱写中非命运共同体建设新篇章》,《人民日报》2024年7月31日。

专题六
丝路青年话丝路 [①]

　　青年始终走在时代前列，是高质量共建"一带一路"的见证者、受益者、奋进者、开拓者、奉献者和传播者。越来越多的丝路青年认识到，构建人类命运共同体符合全人类共同价值和共同利益，汇聚各国人民共建美好世界、共创美好未来的最大公约数，进而激发青春动力、展现青春活力、汇聚青春合力，为高质量共建"一带一路"注入青春力量。

　　2024 年 1—8 月，丝路国际智库交流中心、丝路青年论坛、丝路百科杂志社组织专门工作组，开展"丝路青年话丝路"大型调研活动，赴部分共建"一带一路"国家，与数千名丝路青年广泛交流，通过线上线下的方式征集稿件，了解他们对高质量共建"一带一路"的真实看法、切身体会和意见建议。

　　受访丝路青年普遍认为：第一，作为造福世界的幸福路、发展路，感谢共建"一带一路"对自己学习、就业、创业和所在国家发展带来的巨大机遇，对这一开放包容、互利互惠、合作共赢、深受欢迎的国际公共产品有着切身体会；第二，唯有合作共赢才能应对更加复杂的全球发展环境，因而高质量共建"一带一路"的新征程同样带来新机遇，希望通过自身努力，参与相关项目，能够共享这一国际公共产品带来的发展新红利；第三，青年是高质量共建"一带一路"的主力军，应当扛起责任，积极投身

---

　　① 本报告由丝路青年论坛国际部负责人爱莎（Dahlia Allura Ducreay）整理。

这一时代洪流,挥斥方遒,方显新时代青年一代的靓丽本色。

《2024 年"一带一路"青年发展报告》编委会遴选 11 名受访丝路青年的代表性观点和看法,供相关部门和读者参考。

北京理工大学埃塞俄比亚籍博士后研究员梅尔沙·贝姆内特·旺迪马格涅胡:中国在非洲国家的发展上进行了大量投资,为年轻人提供教育机会,我也从中受益匪浅。2019 年 9 月,我踏上前往中国的冒险之旅,开始在北京理工大学攻读博士学位,并于 2023 年 5 月顺利完成学业。获得博士学位后,我有幸在北京理工大学继续研究工作,担任博士后研究员。

我沉浸在以应用为导向的人工智能研究的世界中。目前,我正在深入参与两个令人着迷的研究项目。第一个项目专注于开发多模态融合模型,以识别和理解智慧教育环境中教师和学生的行为。第二个项目则通过多模态传感器融合进行故障检测,并结合基于物理的模型和数据驱动的模型。

回顾这段旅程,我对指导我的教授和导师们深表感激,尤其是北京理工大学自动化学院和国际学生中心的老师们。我还对中国政府提供的机会表示衷心感谢,让我得以追求我的梦想。

泰国瓦拉亚阿隆宫皇家大学航空管理专业中国留学生龙丽瑾:在我眼中,共建"一带一路"促进中泰两国在基础设施、贸易投资、人文交流等方面的合作。比如,在泰国的大型商场里,经常能看到中国的品牌连锁店;在泰国的公路上经常看见印着中文的货车,基础设施建设项目也经常能见到中国某公司承建的信息;当我们在课上学习泰国的历史、政治等知识时,许多泰国同学也会和中国留学生交流探讨"一带一路"倡议给他们带来的种种好处;许多不认识的老师在进电梯时会微笑着和我们打招呼,发现我们是中国学生时会更加热情地询问我们在学校的情况,泰国人民的真诚友好和热情,使中国留学生远在他乡也能体会到家一样的温暖;中泰合作举办中泰一家亲、欢乐中国年等文化交流活动,学校也经常安排中国留学生参加水灯节等当地节日庆祝活动,参与泰国独有的风俗和仪式。

在相互交往中，我会向泰国同学赠送景德镇瓷器、江西狗牯脑绿茶等中国传统手工艺品和特产，向他们介绍历史来源与传承。我在泰国交到很多好朋友，他们也会回赠自己亲手制作的具有泰国风情的手工作品。每当寒暑假离开泰国时，老师和泰国同学的依依不舍溢于言表，泰国朋友也说有时间一定要来看看美丽的中国。小小的我们一定努力做好丝路友好使者，为中泰青年友好和中国—东盟繁荣发展作出积极贡献。

北京外国语大学中国外语与教育研究中心新汉学计划斯里兰卡籍博士研究生、斯里兰卡科伦坡大学人文学院汉语讲师安喜乐：作为一个新汉学博士，在中国断断续续的 12 年使得我对两个国家不同文化都产生深深依恋。我想，我获得的不只是一纸文凭，更是两国心心相系的情谊，我也不只是一个国际学子，更是站在文化交流桥梁上的文化使者。目前，我将个人的职业规划与这种文化情谊相联系，我会将中国优秀文化讲给世界，也将斯里兰卡的故事讲给中国。文化是一个国家最深层的力量源泉，而交流互鉴正是人类文明对话和进步的钥匙。

北京外国语大学翻译专业缅甸籍留学生王伟：一部名为《丝路筑梦：丝路之歌》的情景剧在第三届"一带一路"国际合作高峰论坛上演出，北京外国语大学的留学生们用花语表达他们的友谊和梦想，民族文明与民心相通和谐交融。随着共建"一带一路"迈入新的十年，作为全球合作与发展的灯塔，承诺将重塑共建国家的经济和文化格局。我对这个雄心勃勃的项目充满乐观和期待，因为它代表着一个共享增长和互相理解的独特机会。作为国际关系领域的专业人士，共建"一带一路"为我的职业发展提供了前所未有的机会。我设想在共建"一带一路"项目中担任领导角色，利用我的知识和经验促进更大合作。

在高质量共建"一带一路"框架下的中缅合作，我提出如下建议：一是优先建设高质量、可持续的基础设施项目，如道路、铁路和港口，以增强连通性和促进贸易；二是让缅甸当地企业和社区参与"一带一路"项目来促进包容性增长，确保发展利益广泛分配；三是通过学生和学者交流、文化节以及联合学术研究来加强民心相通，增进两国之间的理解和友谊。

北京外国语大学国际中文教育专业加纳籍硕士研究生迈克尔·奥杜罗：共建"一带一路"倡议对我的个人成长和国家的发展都产生显著影响。通过接触多元文化拓宽了我的视野，增强我对国际合作与美好共同未来的理解。同时，它促进我的祖国基础设施的升级，推动贸易多样化，增强我们在全球挑战中的经济韧性。

共建"一带一路"为加纳多个领域带来显著影响：一是中国参与特马高速公路立交桥、科托卡国际机场扩建等加纳基础设施建设，促进我国交通连接和物流发展，对经济增长和贸易畅通至关重要；二是中国在加纳设立孔子学院，促进汉语学习和文化理解，中国政府资助的奖学金项目为加纳学生提供留学机会，我和许多加纳青年从中受益；三是中国在加纳的投资促进经济发展，例如，中国企业支持的阿瓦索铝土矿项目将成为加纳铝土矿业发展的重要贡献者，带来显著的经济利益和就业机会。

展望未来，我希望在中非合作中寻找国际关系和外交方面的职业发展机会，为高质量共建"一带一路"作出贡献，促进中非之间的互利合作和文化理解。

中央民族大学泰国籍留学生婉妮：在我看来，"一带一路"倡议对我们至关重要，它将众多国家紧密地融合在一起，宛如一个大家庭。同时，它也为我们带来诸多机遇，例如，在商业领域，越来越多中国投资者前往泰国，将互联网、直播等新兴技术与当地产业相结合，这不仅提升我们的收入，也让更多人认识泰国，促进前往泰国旅游的游客日益增加；在文化教育领域，中国推出"一带一路"奖学金项目，我之所以能够来中国深造，正是得益于这一奖学金的支持。

我衷心感谢中国和"一带一路"倡议为我们提供的学习机会，学成回到我的祖国后，我将通过自己的努力，将"一带一路"的故事传播给更多的人。我爱中国！

北京工商大学印度尼西亚籍工商管理硕士研究生德维·达尔玛万：作为通过马六甲海峡连接全球贸易的门户，印度尼西亚在共建"一带一路"中具有显著的战略地位，并参与雅加达—万隆高速铁路（雅万高铁）等多个标志性重点项目，提升印度尼西亚的互联互通性，也有助于区域经济一体化增长。政府、企业、学术界、社会团体和公民等五个主要利益相关者之间的互动和合作，印度尼西亚确保青年在"一带一路"未来的成功中发挥关键作用。

"今天的青年是明天的领袖"，这句由纳尔逊·曼德拉所说的话在印度尼西亚青年参与变革性的"一带一路"倡议中具有重要意义。我的学术之旅始于印度尼西亚茂物农业大学的本科学习，梦想是成为联合国粮农组织的农业经济学家，渴望为共建"一带一路"作出贡献，并支持印度尼西亚在这一全球倡议中的战略角色。

北京工商大学马达加斯加籍工商管理硕士研究生康图：1972 年 11 月 6 日，马达加斯加与中国建立外交关系，2017 年 3 月两国建立全面合作伙伴关系，并签署关于共同推进"一带一路"倡议的谅解备忘录。马达加斯加是第一个与中国签署"一带一路"合作文件的撒哈拉以南非洲国家。自 2015 年以来，中国一直是马达加斯加最大的贸易伙伴和最大进口来源国。

马达加斯加与中国在各领域的合作发展十分活跃和富有成效，例如道路、中非友谊学校、体育馆、伊瓦托国际会议中心等基础设施建设。这种合作极大促进马达加斯加社会经济复苏，并给马达加斯加人民带来实实在在的好处。目前，马达加斯加的道路状况非常严峻，民众在运输货物或出行时饱受困扰。在我看来，基础设施建设是中国的重要优势，双方可以达成关于基础设施建设的可持续发展协议，并带来本地就业机会和人力资源合作，促进双方之间的技术、知识等交流。

我相信，"一带一路"倡议是促进全球经济发展的重要杠杆，中国在这些项目上付出的努力不会白费，并将促进许多国家的可持续发展。我希望中马友谊永远牢固，两国合作成果持续增长。

北京外国语大学巴基斯坦籍留学生张扬：共建"一带一路"有力促进中国与巴基斯坦之间的交流与合作，我是通过这一倡议得到机会来到中国留学，在巴基斯坦有很多像我一样的青年学生来到中国求学。共建"一带一路"倡议下的基础设施建设，也大大改变我们国家许多人民的生活状态，让我们有了高品质铁路和地铁。比如，2020年开始运营的拉合尔地铁已经成功运营超3年，载客总量超1.3亿人次；2015年竣工的瓜达尔港成为巴基斯坦的重要港口。

总的看，共建"一带一路"使得巴基斯坦的经济水平得到很大提高，人民就业得到保障，中巴之间的文化交流和友谊也越来越深。我希望在中国学有所成，未来从事促进中巴友谊的相关工作，为中巴友谊发展作贡献。

对外经贸大学国际贸易专业巴基斯坦籍硕士研究生阿卜杜勒·阿哈德·纳西尔：我在对外经济贸易大学完成国际贸易本科课程，目前在同一领域攻读硕士学位，很幸运能够在中国接受高等教育，这段经历塑造我的人格，为我打开可持续性、包容性和创新的机遇之门。"一带一路"倡议改变全球对中国的看法，促进亚洲、欧洲和非洲的互联互通和经济增长，其中包括我的祖国巴基斯坦。中巴经济走廊对巴基斯坦是一个重大机遇，相关项目创造大量就业机会，吸引外国投资，推动基础设施发展。

北京工业大学土木工程专业柬埔寨籍硕士研究生穆荣：今年是我在中国留学的第六年，在这里的学习让我掌握许多先进的知识与技术，尤其是如何将理论应用于实践，推动社会发展。我对中国式现代化和人类命运共同体理念有了深刻理解，特别是在土木工程领域中，学会将可持续发展理念融入项目建设。我有幸参与中柬合作的基础设施项目，这不仅丰富我的专业知识，也让我看到两国合作带来的积极成果。期待未来能继续参与到中国与柬埔寨共同发展的项目中。

专题七

深受欢迎的国际公共产品和合作平台：共建 "一带一路"首个十年主要成就综述

杨东平、刘洋、李冲①、方宁②、蒲阳③

在全球经济疲软、逆全球化思潮愈盛的背景下，"一带一路"倡议对于推动经济全球化、改善全球治理、促进共同繁荣发挥了重要作用，成为各国共同的机遇之路、繁荣之路。2013—2023 年，共建"一带一路"围绕互联互通，以基础设施"硬联通"为重要方向，以规则标准"软联通"为重要支撑，以共建国家人民"心联通"为重要基础，不断深化政策沟通、设施联通、贸易畅通、资金融通、民心相通，不断拓展合作领域，从理念转化为行动，从愿景转变为现实，从谋篇布局的"大写意"到精耕细作的"工笔画"，成为最受欢迎的国际公共产品和最大规模的国际合作平台。

一、政策沟通不断广泛深入

政策沟通是共建"一带一路"的重要保障。中国与共建国家、国际组织积极构建多层次政策沟通交流机制，在发展战略规划、产业经济政策、科技创新政策、管理规则和标准等方面发挥政策协同效应，共同制订推进

---

① 李冲，丝路青年论坛研究人员。

② 方宁，中国国际经济合作学会常务理事。

③ 蒲阳，丝路青年论坛研究人员。

区域合作的规划和措施，全球超过四分之三的国家和重要国际组织加入共建"一带一路"朋友圈，国际共识不断增强。

（一）战略对接和政策协调持续深化

在全球层面，2015 年 9 月，联合国发展峰会通过 2030 年可持续发展议程，确定未来 15 年国际社会共同发展的蓝图，习近平主席在峰会上宣布，中国愿意同有关各方一道，继续推进"一带一路"建设，"一带一路"倡议确定的政策沟通、设施联通、贸易畅通、资金融通、民心相通五大国际合作方向，与 2030 年可持续发展议程 17 项可持续发展目标紧密相关；2016 年 3 月，联合国安理会通过第 2274 号决议，呼吁落实"一带一路"等区域发展举措；2016 年 11 月，"一带一路"倡议首次写入联合国大会决议；2017 年 3 月，联合国安理会通过第 2344 号决议，首次载入"构建人类命运共同体"重要理念，敦促各方进一步推进"一带一路"建设；联合国开发计划署、世界卫生组织、联合国儿童基金会、联合国人口基金会、联合国贸易和发展会议、联合国工业发展组织、国际民航组织、国际移民组织、国际贸易中心等国际组织与中国签署"一带一路"合作协议。

在世界贸易组织，中国推动完成《投资便利化协定》（全球首个多边投资协定）文本谈判，将在超过 110 个国家和地区建立协调统一的投资管理体系，促进"一带一路"投资合作，并有助于进一步提振全球投资者信心，推动全球投资稳定增长。在谈判过程中，中方以中国方案引领高标准国际规则构建，发挥促谈促和促成的关键作用。

在区域和多边层面，共建"一带一路"同联合国 2030 年可持续发展议程、《东盟互联互通总体规划 2025》、东盟印太展望、非盟《2063 年议程》、欧盟欧亚互联互通战略等有效对接，支持区域一体化进程和全球发展事业。在双边层面，共建"一带一路"与俄罗斯欧亚经济联盟建设、哈萨克斯坦"光明之路"新经济政策、土库曼斯坦"复兴丝绸之路"战略、蒙古国"草原之路"倡议、印度尼西亚"全球海洋支点"构想、菲律宾"多建好建"规划、越南"两廊一圈"、南非"经济重建和复苏计划"、埃及苏伊士运河走廊开发计划、沙特"2030 愿景"等多国战略实现对接。截至2023 年末，中国与 150 多个国家、30 多个国际组织签署 200 多份共建"一带一路"合作文件，形成一大批标志性工程和惠民生的"小而美"项目。

（二）政策沟通长效机制基本形成

中国以元首外交为引领，以政府间战略沟通为支撑，以地方和部门间政策协调为助力，以企业、社会组织等开展项目合作为载体，与共建国家建立起多层次、多平台、多主体的常规性沟通渠道。中国成功举办三届"一带一路"国际合作高峰论坛，为各参与国家和国际组织深化交往、增进互信、密切来往提供重要平台。

（三）多边合作不断推进

在共建"一带一路"框架下，中外合作伙伴发起成立铁路、港口、金融、税收、能源、绿色发展、绿色投资、减灾、反腐败、智库、媒体、文化等 20 多个专业领域多边合作平台，参与成员数量持续提升，为务实合作提供坚实保障。共建国家还依托中国—东盟（10+1）合作、中非合作论坛、中阿合作论坛、中拉论坛、中国—太平洋岛国经济发展合作论坛、中国—中东欧国家合作、世界经济论坛、博鳌亚洲论坛、中国共产党与世界政党领导人峰会等重大多边合作机制平台，不断深化务实合作。

（四）规则标准对接扎实推进

标准化合作水平不断提升，截至 2023 年 6 月底，中国与巴基斯坦、俄罗斯、希腊、埃塞俄比亚、哥斯达黎加等 65 个共建国家标准化机构以及国际和区域组织签署 107 份标准化合作文件，促进民用航空、气候变化、农业食品、建材、电动汽车、油气管道、物流、小水电、海洋和测绘等多领域标准国际合作。中国标准化研究院主办的"一带一路"标准信息平台、标准化中英双语智能翻译云平台运行良好，标准化概况信息覆盖149 个共建国家，可提供 59 个国家、6 个国际和区域标准化组织的标准化题录信息精准检索服务，在共建国家间架起标准互联互通的桥梁。中国标准外文版供给能力持续提升，发布国家标准外文版近 1400 项、行业标准外文版 1000 多项。2022 年 5 月，亚洲—非洲法律协商组织在香港设立区域仲裁中心，为共建"一带一路"提供替代争议解决服务设施、协助执行仲裁裁决、推动仲裁及其他争议解决服务等多元纠纷解决路径。中国持续加强与俄罗斯、马来西亚、新加坡等 22 个共建国家和地区的跨境会计审计监管合作，为拓展跨境投融资渠道提供制度保障。

二、设施联通稳步推进初具规模

设施联通是共建"一带一路"的优先领域。共建"一带一路"以"六廊六路多国多港"为基本架构，加快推进多层次、复合型基础设施网络建设，共同推进陆、海、天、网"四位一体"互联互通，为促进经贸和产能合作、加强文化交流和人员往来奠定坚实基础。

（一）经济走廊和国际通道建设卓有成效

中国与共建国家共同推进国际骨干通道建设，打造连接亚洲各次区域以及亚欧非之间的基础设施网络。

中巴经济走廊是共建"一带一路"标志性工程和重要先行先试项目，在两国领导人的关心与推动下，中巴双方以走廊建设为中心，以瓜达尔港、能源、基础设施建设、产业合作为重点，共同绘就"北连新疆喀什，南抵瓜达尔港，穿越高原峡谷，纵横盆地沙漠"的合作画卷。截至2023年10月，白沙瓦—卡拉奇高速公路（苏库尔至木尔坦段）、喀喇昆仑公路二期（赫韦利扬至塔科特段）、拉合尔轨道交通橙线项目竣工通车，萨希瓦尔、卡西姆港、塔尔、胡布等电站保持安全稳定运营，默拉直流输电项目投入商业运营，卡洛特水电站并网发电，拉沙卡伊特别经济区进入全面建设阶段。

新亚欧大陆桥经济走廊辐射30多个国家和地区，将充满经济活力的东亚经济圈与发达的欧洲经济圈联系在一起。匈塞铁路是中国铁路技术装备与欧盟铁路互联互通技术规范对接的首个项目，由中国铁路国际—中交股份联营体承建，塞尔维亚贝尔格莱德—诺维萨德段于2022年3月开通运营，匈牙利布达佩斯—克莱比奥段开展轨道铺设工作。中国中交集团承建的克罗地亚佩列沙茨跨海大桥于2022年7月通车。至此，东起中国连云港，西至俄罗斯圣彼得堡，途经中国、哈萨克斯坦和俄罗斯数十座城市，全长8445公里的"中国西部—欧洲西部"国际公路运输走廊全线贯通。

中国—中南半岛经济走廊东起粤港澳大湾区，沿南广高速公路、南广高速铁路，经南宁、凭祥、河内至新加坡，纵贯中南半岛的越南、老挝、柬埔寨、泰国、缅甸、马来西亚等国家，是中国与东盟合作的跨国经济走廊。2021 年 12 月，连接中国昆明到老挝首都万象、全长 1035 公里的中老铁路全线通车，这是首条以中方为主投资建设、全线采用中国技术标准、使用中国设备并与中国铁路网直接联通的国际铁路，彻底改变老挝传统交通格局，使其由"陆锁国"变"陆联国"。2023 年 9 月，中印尼合作建设的雅加达至万隆高速铁路开通运行，这是印尼和东南亚的第一条高速铁路，也是中印尼共建"一带一路"的旗舰项目，全线采用中国技术、中国标准。中泰铁路是中泰两国政府间直接合作，中国参与投资、修建的 867 公里的双轨标准轨铁路，路线从泰国东北部重要口岸廊开府，到首都曼谷及东部工业重镇罗勇府，中泰铁路一期（曼谷—呵叻）已签署线上工程合同，土建工程开工 11 个标段（其中 1 个标段已完工）。

2014 年 9 月，习近平主席在出席中国、俄罗斯、蒙古国三国元首会晤时提出打造中蒙俄经济走廊，获得俄方和蒙方积极响应。2016 年 6 月，三国元首共同见证签署《建设中蒙俄经济走廊规划纲要》，这是共建"一带一路"框架下的首个多边合作规划纲要。截至 2023 年 10 月，中俄黑河公路桥、同江铁路桥通车运营，中俄东线天然气管道正式通气，中蒙俄中线铁路升级改造和发展可行性研究正式启动。

中国—中亚—西亚经济走廊东起中国新疆，穿越中亚地区，向西抵达波斯湾、地中海沿岸和阿拉伯半岛，主要涉及中亚五国（哈萨克斯坦、吉尔吉斯斯坦、塔吉克斯坦、乌兹别克斯坦、土库曼斯坦）和西亚的伊朗、沙特阿拉伯、土耳其等 17 个国家和地区，大致与古丝绸之路范围相吻合。截至 2023 年 10 月，东起中国新疆喀什，穿越吉尔吉斯斯坦南部城市奥什，西抵乌兹别克斯坦首都塔什干，全长 950 公里的中吉乌公路运输线路实现常态化运行，中国第一条跨境天然气干线管道、全球距离最长的天然气大动脉、总长度超过 1 万公里的中国—中亚天然气管道运行稳定，哈萨克斯坦北哈州粮油专线与中欧班列并网运行。

建设孟中印缅经济走廊是中印两国于 2013 年共同提出的倡议，得到孟缅两国积极响应，这一经济走廊连接东亚、南亚、东南亚三大区域，沟通太平洋、印度洋两大海域，涉及逾 30 亿人口的巨大市场。2017 年 11 月，中国提出建设北起中国云南，经中缅边境南下至曼德勒，再分别延伸到仰光新城、皎漂经济特区的"人"字形中缅经济走廊。2018 年 9 月，中缅双方签署共建中缅经济走廊谅解备忘录。2016 年习近平主席访问孟加拉国期间，中孟双方签署 27 个协议和谅解备忘录，涵盖贸易投资、海洋经济、路桥建设、电力能源、海事合作、通信技术等国民经济多个领域。截至 2023 年 10 月，中国能源进口四大战略通道之一的中缅油气管道建成投产；中缅铁路境内最后一段保山至瑞丽段正在抓紧建设，缅甸木姐至曼德勒铁路由中国中铁二院编制项目可行性研究报告，相关资料已移交缅方。

中国援建孟加拉国已有 8 座中孟友谊大桥建成通车，中国和孟加拉国企业联营体承建的孟加拉国十大国家优先发展项目之一的多哈扎里至科克斯巴扎尔铁路建成通车。尤其是中国企业承建的帕德玛大桥建成通车，被孟加拉国人民称为"梦想之桥"，全长 9.8 公里，跨越帕德玛河，连接孟加拉国首都达卡和孟南部 21 个地区。时任孟加拉国总理哈西娜说，帕德玛大桥每年可为孟加拉国国内生产总值增长贡献 1.23 个百分点，同时降低贫困率 0.84 个百分点，新的经济区和高科技园区将以帕德玛大桥为中心规划建设，将会吸引更多国内外投资，国家的工业化速度也会提升。

（二）海上互联互通水平不断提升

2019 年 4 月，习近平主席在青岛集体会见应邀出席中国人民解放军海军成立 70 周年多国海军活动的外方代表团团长时，向全世界发出"构建海洋命运共同体"重大倡议。中国以"21 世纪海上丝绸之路"建设为实践平台，通过重点项目牵引和加强海上互联互通及经济政策协调，促进海洋经济高质量发展，实现共建国家优势互补，共同以海致富。

中国与共建国家港口航运合作不断深化，货物运输效率大幅提升：中远海运集团持股 67% 和运营的希腊比雷埃夫斯港年货物吞吐量增至 500 万标箱以上，成为地中海领先的集装箱大港和欧洲第三大邮轮母港、欧洲最大的渡轮港口、地中海重要的汽车中转港和修船中心；中国海外港口控股有限公司运营的巴基斯坦瓜达尔港正朝着物流枢纽和产业基地的目标稳步迈进，港口和自由贸易区联动发展，转口贸易和加工贸易并驾齐驱；中信联合体中标的缅甸皎漂深水港项目正在开展地勘、环社评等前期工作，建成后将成为中缅油气管道的终点站；中国招商局港口控股有限公司主导运营的斯里兰卡汉班托塔港散杂货年吞吐量增至 120.5 万吨，成为繁忙的印度洋转运中心，并每月处理 70 万辆汽车的运输；2019 年 12 月，中远海运港口、青岛港参与运营的意大利瓦多集装箱码头开港运营，成为意大利第一个半自动化码头，可停靠当前世界上最大的船舶。

"丝路海运"是中国首个以航运为主题的"一带一路"国际综合物流服务品牌和平台。2018 年 12 月，首条以"丝路海运"命名的集装箱航线开行。截至 2024 年 3 月，"丝路海运"开通航线 116 条、通达全球 43 个国家的 117 个港口，累计开行 14101 艘次，300 多家国内外知名航运公司、港口企业、智库等加入"丝路海运"联盟。

2017 年 6 月，中国国家发展改革委和原国家海洋局联合发布《"一带一路"建设海上合作设想》，倡议共同研发海洋灾害预警报产品。2018 年 12 月，中国自然资源部国家海洋环境预报中心开发、具有完全自主知识产权的"海上丝绸之路"海洋环境预报保障系统上线运行。该系统采用"7+2"架构建设，即海浪、海面风、风暴潮、海啸、搜救、溢油和海洋温盐环流等 7 个预报分系统，以及海上航行安全保障服务平台和中国海洋预报网"海丝之路"专题频道，服务范围包括南海、阿拉伯海和孟加拉湾等海域。

（三）"空中丝绸之路"建设成效显著

共建国家间航空航线网络加快拓展，空中联通水平稳步提升。中国与 104 个共建国家签署双边航空运输协定，与 57 个共建国家实现空中直航，跨境运输便利化水平不断提高。中国民航局将中国与东盟、中东欧、非洲、中亚等地区的区域民航合作机制和平台整合，于 2020 年 8 月成立中国民航"一带一路"合作平台。新冠疫情期间，以河南郑州—卢森堡① 为

---

① 2014 年，河南民航发展投资有限公司收购卢森堡货航 35% 的股权，成功架起郑州—卢森堡"空中丝绸之路"，从最初的每周两班增至每周最多 14 班，目前该航线通航点覆盖伦敦、芝加哥、米兰等全球 15 个城市。卢森堡货航数据显示，2017 年卢森堡货航郑州航线货量是 2014 年的 10 倍，卢森堡货航扭亏为盈，实现净利润 1.22 亿美元，在全球

代表的"空中丝绸之路"不停飞、不断航，运送大量抗疫物资，在中欧间发挥"空中生命线"的作用，为维护国际产业链供应链稳定作出积极贡献。

中国航空技术国际工程公司聚焦机场、航空维修设施、航空货运设施、高速公路等工程建设，在巴基斯坦、尼泊尔、多哥等共建国家实施300余个基建民生项目，比如，埃塞俄比亚航空波音747喷漆和维修双体机库成为非洲该类项目之首，安哥拉内图博士国际机场成为非洲西南部地区最大航空枢纽，肯尼亚内罗毕国际机场改扩建则助力东非地区重要交通枢纽建设的提速。中国航空工业集团还牵头组建"空中丝路联盟"，围绕"互联互通""应急安全"两大主题，聚焦航空基础设施建设、航空网络建设、航空产品贸易三大领域，开创沿线各国航空产业全方位合作新局面。

（四）国际多式联运大通道持续拓展

10余年来，中欧班列从无到有，从单程到双程，从零散发运到常态化、高密度、规模化开行，从快速发展到高质量发展，"连点成线""织线成网"，不仅成为连接活跃的东亚经济圈和发达的欧洲经济圈之间的国际贸易通道，而且成为促进"一带一路"贸易畅通的重要载体和百年变局下最具活力和韧性的国际公共物流产品。截至2023年末，中欧班列累计开行8.5万列，通达欧洲25个国家和地区的219个城市，累计运送货物超731万标箱，货物品类达5万多种，涉及汽车整车、机械设备、电子产品等53大门类，总货值超3400亿美元，86条时速120公里的运行线路穿越亚欧腹地主要区域，物流配送网络覆盖欧亚大陆，其中，2023年开行数量超1.6万列、运送货物超过173万标准箱，超过2022年全年运量，形成经由中国满洲里、二连浩特、阿拉山口、霍尔果斯四大边境口岸出境，对接蒙、俄、哈及欧洲铁路路网的"东、中、西"三条主要通道①。

货运公司排名从第9位升至第5位。2022年公司营业收入51亿美元、净利润16亿美元，成为公司有史以来盈利最佳的年份。

① "西部通道"主要吸引中国中西部地区与欧洲间的进出口货源，从阿拉山口（霍尔果斯）出入境，经哈萨克斯坦、俄罗斯、白俄罗斯、波兰到达欧洲。"西部南通道"从阿拉山口（霍尔果斯）出入境，经哈萨克斯坦、乌兹别克斯坦、土库曼斯坦、伊朗、土耳其（或

同时，中欧班列带动中国与 25 个通达国家的进出口值从 2013 年的 4 万亿元增长到 2022 年的 7.42 万亿元，贸易规模持续扩大。

通道带贸易，贸易聚产业。成都、重庆、西安、郑州、乌鲁木齐五个中国中欧班列集结中心开行量占全部班列的比重达 80%，初步实现开行方式从"点对点"开行向"枢纽对枢纽"方式的转变。中国中欧班列集结中心和莫斯科、汉堡、杜伊斯堡、华沙、明斯克、赫尔辛基等境外主要节点城市均成为重要的贸易商品集散地，加之交通设施的网络效应和港口的空间溢出效应，与中欧班列适箱货源相关的产业陆续向节点城市及其周边地区转移集聚。

中欧陆海快线①从无到有，成为继传统海运航线、陆上中欧班列之外中欧间的第三条贸易通道，已开通 4 条通道，开行从比雷埃夫斯港往返欧洲内陆 9 个站点的 10 余条线路，每周超过 30 列火车往返运行，业务服务覆盖希腊、匈牙利、捷克、斯洛伐克、奥地利、塞尔维亚、克罗地亚、保加利亚、罗马尼亚、西班牙等地，是东亚经地中海、巴尔干地区到欧洲内陆联运的全程综合物流线路，为中国产品出口至欧洲、欧洲商品进口到中国开辟一条便捷航线，有力提升沿途国家的物流水平。2022 年全通道运输总箱量超过 18 万标箱，火车开行 2600 余列。

西部陆海新通道位于中国西部地区腹地，是连接"一带一路"、支撑西部地区高水平开放和构建新发展格局的陆海大通道。2019 年 8 月，中国国家发展改革委印发《西部陆海新通道总体规划》。以"全链条、大平台、新业态"为指引，西部陆海新通道多式联运蓬勃发展，枢纽化物流网络加快打造，让货物跨越山海，用服务联通世界。截至 2024 年 8 月，西部陆海新通道铁海联运班列线路覆盖中国 18 个省区市的 72 个城市，货物通达全球 124 个国家和地区的 523 个港口，累计开行总量超过 3 万列，累

哈萨克斯坦、阿塞拜疆、亚美尼亚、格鲁吉亚）到达欧洲。

①　中欧陆海快线：以希腊比雷埃夫斯港为重要交通枢纽，中欧陆海快线是亚洲货物经海运至比港、再由比港铁路运输至欧洲内陆多国的海铁联运路径，将"海上丝路"和"陆上丝路"在欧洲地区衔接，打造亚欧"第三条贸易通道"，为中国与中东欧间经贸往来搭建起高效畅通的运输路径。

计运输货物超 310 万标箱, 货物品类增加至 1150 余种。2023 年, 西部陆海新通道跨境铁海联运班列共开行 9580 列、同比增长 8.6%, 跨境公路运输 216.7 万辆次、同比增长 53.1%, 国际铁路联运班列开行 6784 列、同比增长 12.3%, 铁海联运班列发送集装箱 86 万标箱、同比增长 14%。越南、柬埔寨、泰国、马来西亚、印尼等共建国家优质农产品源源不断进入中国市场、摆上百姓餐桌, 中国的新能源、新材料、机电等产品也运往海外, 助力共建国家经济发展。

为锻造新亚欧陆海联运通道更强运力, 2017 年, 中远海运集团、连云港港口控股集团和哈萨克斯坦国家铁路公司签署霍尔果斯—东门无水港股权转让协议, 哈萨克斯坦过境中国进口的日用消费品, 出口的矿产品、粮食等优势贸易商品 80% 以上通过连云港口岸集散分拨, 以连云港为出海口、以中哈 (连云港) 物流合作基地和霍尔果斯—东门无水港为中转平台、以班轮航线和中欧班列为运输载体的全程物流实现无缝衔接。截至 2023 年 10 月, 中哈 (连云港) 物流合作基地累计开行中欧班列超 5000 列, 运输线路覆盖 104 个国际货运站点, 班列满载率、重箱率基本达到 100%。

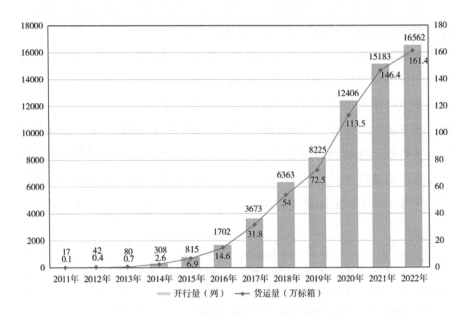

图 1　2011—2022 年中欧班列开行量及货运量

三、贸易畅通便捷高效

贸易投资合作是共建"一带一路"的重要内容。中国与共建国家着力解决贸易投资自由化便利化问题，大幅消除贸易投资壁垒，改善区域内和各国营商环境，建设自由贸易区，拓展相互投资和产业合作领域，推动建立更加均衡、平等和可持续的贸易体系，发展互利共赢的经贸关系，为应对"逆全球化"开出一剂良方。

（一）贸易投资规模稳步扩大

2013—2022 年，中国与共建国家进出口总额累计 19.1 万亿美元，年均增长 6.4%；与共建国家双向投资累计超过 3800 亿美元，其中中国对外直接投资超过 2400 亿美元；中国在共建国家承包工程新签合同额、完成营业额累计分别达到 2 万亿美元、1.3 万亿美元。2023 年，中国与共建国家进出口达 19.47 万亿元，同比增长 2.8%，占中国外贸总值的 46.6%，较 2013 年提高 7.4 个百分点，规模和占比均为"一带一路"倡议提出以来的最高水平。

民营企业连续 5 年稳居中国第一大外贸经营主体，2022 年，中国民

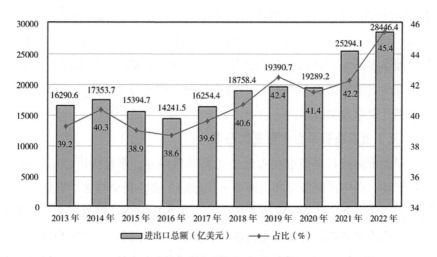

图 2　2013—2022 年中国与共建国家进出口总额及其占中国外贸总值比重

营企业对共建国家进出口总额超过 1.5 万亿美元，占同期中国与共建国家进出口总额的 53.7%，稳外贸主体地位更加巩固。

从结构看，中国与共建国家产业结构更加契合、产业联系更加紧密、贸易合作基础更加稳固。比如，中国与阿拉伯国家之间拓宽贸易领域，阿拉伯国家不少特色农产品通过电商平台进入中国，中国的新能源汽车、家用电器等产品也越来越多进入阿拉伯国家。

（二）贸易投资自由化便利化水平不断提升

中国与共建国家共同维护多边主义和自由贸易，努力营造密切彼此间经贸关系的良好制度环境，在工作制度对接、技术标准协调、检验结果互认、电子证书联网等方面取得积极进展。80 多个国家和国际组织参与中国发起的《"一带一路"贸易畅通合作倡议》。中国与 29 个国家和地区签署 22 个自贸协定，与自贸伙伴的贸易额占我国对外贸易额的三分之一左右。《区域全面经济伙伴关系协定》（RCEP）于 2022 年 1 月 1 日正式生效，是世界上人口规模和经贸规模最大的自贸区，与共建"一带一路"覆盖国家和地区、涵盖领域和内容等方面相互重叠、相互补充，在亚洲地区形成双轮驱动的经贸合作发展新格局。

中国还积极推动加入《全面与进步跨太平洋伙伴关系协定》（CPTPP）和《数字经济伙伴关系协定》（DEPA）。中国与 135 个国家和地区签订双边投资协定，与 112 个国家和地区签署避免双重征税协定（含安排、协议），与 35 个共建国家实现"经认证的经营者"（AEO）互认，与 14 个共建国家签署第三方市场合作文件。中国与新加坡、巴基斯坦、蒙古国、伊朗等共建国家建立"单一窗口"合作机制、签署海关检验检疫合作文件，有效提升口岸通关效率。

（三）贸易投资平台作用更加凸显

中国国际进口博览会由习近平主席亲自谋划、亲自提出、亲自部署、亲自推动，由中国商务部和上海市人民政府主办，是全球首个以进口为主题的国家级展会，已连续成功举办六届。自 2018 年首次举办以来，习近平主席每届均亲自参加并发表主旨演讲，来自 154 个国家、地区和国际组织的嘉宾参会参展，累计意向成交额近 4300 亿美元，约 2400 个首发首展商品亮相。按照"越办越好"总要求，中国国际进口博览会质量持续提高，战略作用日益凸显，国际影响更加广泛，推动中国与世界市场相通、产业相融、创新相促、规则相联，成为新发展格局的示范窗口、高水平开放的推进平台、高质量发展的有效载体、多边主义的重大舞台，国际采购、投资促进、人文交流、开放合作四大平台功能凸显，国际公共产品作用越来越大，赢得海内外广泛赞誉。

另外，中国进出口商品交易会、中国国际服务贸易交易会、中国国际投资贸易洽谈会、中国国际消费品博览会、全球数字贸易博览会、中非经贸博览会、中国—阿拉伯国家博览会、中俄博览会、中国—中东欧国家博览会、中国—东盟博览会、中国—亚欧博览会等重点展会影响不断扩大，有力促进共建国家之间的经贸投资合作。

香港特区政府和香港贸易发展局成功举办 8 届"一带一路"高峰论坛。第八届论坛以"携手十载　共建共赢"为主题，于 2023 年 9 月在香港举办，吸引近 6000 名来自多个国家和地区的人士参加，与会代表团逾 100 个，创历届之最，各方签署 21 份能源、科研、基建、物流等领域的合作备忘录和协议，对接逾 280 个投资项目，并首次设立"中东专场"。

国际基础设施投资与建设高峰论坛于 2010 年经中国商务部批准创办，由中国对外承包工程商会和澳门贸易投资促进局联合主办，已连续成功举办 14 届，聚焦"一带一路"基建合作热点趋势和前沿话题，为各国政府部门、金融机构、工程承包、勘察设计、咨询服务、工程机械等领域专业机构搭建国际合作平台。经过十多年的发展，论坛发展成为全球工程业界规模最大、影响力最强的专业性盛会。

（四）产业产能合作深入推进

中国与共建国家共同推进国际产能合作，深化钢铁、有色金属、建材、汽车、工程机械、资源能源、农业等传统行业合作，探索数字经济、新能源汽车、核能与核技术、5G 等新兴产业合作，与有意愿的国家开展三方、多方市场合作，有力促进共建国家产业结构升级、产业链供应链优化布局。截至 2023 年 6 月，中国同 40 多个国家签署产能合作文件，中国国际矿业大会、中国—东盟矿业合作论坛等成为共建国家开展矿业产能合作的重要平台。中国与巴基斯坦合作建设的卡拉奇核电站 K2、K3 两台"华龙一号"核电机组建成投运,中国与哈萨克斯坦合资的乌里宾核燃料元件组装厂成功投产,中国—东盟和平利用核技术论坛为共建国家开展核技术产业合作建立桥梁和纽带。

2020 年 10 月,上海合作组织农业技术交流培训示范基地在陕西杨凌揭牌,至今举办上海合作组织现代农业发展圆桌会、上海合作组织国家农业大学校长论坛等交流活动,与成员国在人才培养、园区建设等方面达成 10 多个合作意向,在哈萨克斯坦、乌兹别克斯坦等国家建成农业科技示范园区,面向上海合作组织国家和发展中国家开展援外培训项目 56 期,累计培训学员 2000 多名。

中国企业与共建国家政府、企业合作共建的海外产业园超过 70 个,中马①、中印尼②"两国双园"及中白工业园、中阿(联酋)产能合作示范园、中埃(及)·泰达苏伊士经贸合作区等境外产业合作园区建设稳步推进。

四、资金融通日益多元

资金融通是共建"一带一路"的重要支撑。共建国家多是发展中国家,

---

① 2012 年,中马钦州产业园区和马中关丹产业园区在两国领导人亲自支持推动下,开辟"两国双园"国际合作新模式,成为服务共建"一带一路"高质量发展、构建更为紧密的中国—东盟命运共同体的典范。截至 2023 年末,中马钦州产业园区累计签约项目 249 个,累计完成固定资产投资 295 亿元,完成工业总产值 938 亿元,外贸进出口总额 352 亿元,形成生物医药、电子信息、新能源材料和东盟特色产品加工贸易的产业集聚,园区在中国 230 家国家级经开区中排名第 83 位;马中关丹产业园区累计签约项目 13 个,协议投资约 460 亿元,累计完成投资约 135 亿元,累计实现工业产值超 600 亿元。

② 根据《中国—印尼"两国双园"项目合作备忘录》,中方确定福州市元洪投资区为中方园区,印尼方采取一园多区模式,确定民丹工业园、阿维尔那工业园和巴塘工业园为印尼方合作园区。2023 年 7 月,国家主席习近平在成都会见印尼总统佐科时强调,双方要继续搞好综合产业园区合作,重点推进"区域综合经济走廊"和"两国双园"建设。会见后,两国元首共同见证签署中印尼"两国双园"建设等双边合作文件。2023 年 1 月,中国国务院批复同意设立中国—印度尼西亚经贸创新发展示范园区,并原则同意示范园区建设总体方案,标志着中印尼"两国双园"正式落地。

一些国家存在建设资金缺口，融资瓶颈是实现互联互通面临的突出挑战。中国与共建国家及有关机构积极开展多种形式的金融合作，创新投融资模式、拓宽投融资渠道、丰富投融资主体、完善投融资机制，大力推动政策性金融、开发性金融、商业性金融、合作性金融支持共建"一带一路"，努力构建长期、稳定、可持续、风险可控的投融资体系，为国家间金融合作提供有力支撑，也为共建"一带一路"提供可持续的强大动力。截至2023年末，中国与共建国家双向投资累计超过3800亿美元，共建"一带一路"已开展3000多个合作项目，拉动近万亿美元投资规模。

（一）金融合作机制日益健全

中国国家开发银行推动成立中国—中东欧银联体、中国—阿拉伯国家银联体、上合组织银联体、中国—东盟银联体、中日韩—东盟银联体、中非金融合作银联体、中拉开发性金融合作机制、金砖国家银行合作机制等多边金融合作机制。截至2023年6月底，共有13家中资银行在50个共建国家设立145家一级机构，131个共建国家的1770万家商户开通银联卡业务，74个共建国家开通银联移动支付服务。

在中国人民银行指导下，中国工商银行发起成立"一带一路"银行间常态化合作机制，截至2023年9月，该机制扩展至71个国家和地区的164家成员及观察员机构。"一带一路"创新发展中心、"一带一路"财经发展研究中心、中国—国际货币基金组织联合能力建设中心相继设立。中国与20个共建国家签署双边本币互换协议，在17个共建国家建立人民币清算安排，人民币跨境支付系统的参与者数量、业务量、影响力逐步提升。

金融监管合作持续推进，中国银保监会（现中国国家金融监督管理总局）、中国证监会与境外多个国家的监管机构签署监管合作谅解备忘录，共建区域监管协调机制，完善金融危机管理和处置框架，提高共同应对金融风险的能力，为各类金融机构及投资主体创造良好投资条件和营商环境。

（二）金融合作空间向纵深拓展

中国出资设立丝路基金，与相关国家共同成立亚洲基础设施投资银行。亚投行成员数量从创立时的 57 个增长到 109 个，来自全球各地，截至 2023 年 10 月，亚投行共批准 236 个项目，累计批准融资总额超 450 亿美元，带动资本近 1500 亿美元，惠及 36 个亚洲域内外成员，成为国际多边治理体系中的关键一员，以及推动国际发展和高质量共建"一带一路"的重要融资平台。丝路基金实行股权为主的多种投融资方式，为共建"一带一路"投融资提供重要支持，截至 2023 年 6 月，投资项目遍及 60 多个国家和地区，累计签约投资项目 75 个，承诺投资金额 220.4 亿美元。

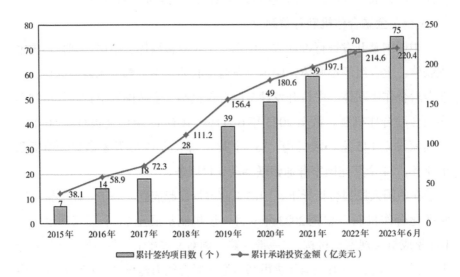

图3　2015年以来丝路基金历年累计签约项目数和承诺投资金额

中国积极参与现有各类融资安排机制，与世界银行、亚洲开发银行等国际金融机构签署合作备忘录，与多边开发银行联合筹建多边开发融资合作中心，与欧洲复兴开发银行加强第三方市场投融资合作，与国际金融公司、非洲开发银行等开展联合融资，有效带动市场资金参与，为共建"一带一路"聚集更多资金红利。

中国发起设立中国—欧亚经济合作基金、中拉合作基金、中国—中东欧投资合作基金、中国—东盟投资合作基金、中拉产能合作投资基金、中非产能合作基金等国际经济合作基金，有效拓展共建国家投融资渠道。中国国家开发银行发挥服务高质量共建"一带一路"主力银行的责任与担当，截至 2023 年 9 月，累计支持 1300 多个"一带一路"项目，累计投放资金 2800 多亿美元。中国进出口银行设立"一带一路"专项贷款，截至 2022 年末，贷款余额达 2.2 万亿元，覆盖超过 130 个共建国家，贷款项目累计拉动投资 4000 多亿美元，带动贸易超过 2 万亿美元。中国出口信用保险公司充分发挥出口信用保险政策性职能，截至 2023 年 3 月，支持对共建国家的出口和投资 1.8 万亿美元，累计支付赔款 91.5 亿美元。

（三）投融资方式持续创新

在上海证券交易所，超过千家境外机构主体通过直接投资渠道和"债券通"渠道进入银行间债券市场，包括来自新加坡、马来西亚、泰国、阿联酋和菲律宾等共建国家的 163 家境外机构主体，持债规模近万亿元人民币。2015 年 12 月，中国证监会启动境外机构在交易所市场发行人民币债券（"熊猫债"）试点，截至 2023 年 6 月，交易所债券市场累计发行"熊猫债"99 支，累计发行规模 1525.4 亿元人民币；累计发行"一带一路"债券 46 支，累计发行规模 527.2 亿元人民币。2023 年 6 月，中国进出口银行在银行间债券市场成功发行推进"一带一路"国际合作主题金融债券。中国境内证券期货交易所与共建国家交易所稳步推进股权、产品、技术等方面务实合作，积极支持哈萨克斯坦阿斯塔纳国际交易所、巴基斯坦证券交易所、孟加拉国达卡证券交易所等相关交易市场发展。

绿色金融稳步发展。2019 年 5 月，中国工商银行发行同时符合国际绿色债券准则和中国绿色债券准则的首支"一带一路"银行间常态化合作机制（BRBR）绿色债券，截至 2023 年 10 月，累计发行 7 笔 BRBR 绿色债券，募集资金超 140 亿美元。中国金融学会绿色金融专业委员会和伦敦金融城共同发布《"一带一路"绿色投资原则》，截至 2022 年末，已有 40 多家全球大型机构签署该绿色投资原则。2023 年 5 月，中国进出口银行联合国家开发银行、工商银行、农业银行、中国银行、建设银行、中国出口信用保险有限公司、丝路基金、中金公司、渣打（中国）、汇丰（中国）等 10 余家金融机构发布《绿色金融支持"一带一路"能源转型倡议》，呼吁有关各方持续加大对共建国家能源绿色低碳转型领域支持力度。

（四）债务可持续性不断增强

按照平等参与、利益共享、风险共担的原则，中国与 28 个国家共同核准《"一带一路"融资指导原则》，推动共建国家政府、金融机构和企业重视债务可持续性，提升债务管理能力。中国同有关各方共同制定《"一带一路"融资指导原则》。中国借鉴国际货币基金组织和世界银行低收入国家债务可持续性分析框架，发布《"一带一路"债务可持续性分析框架》，鼓励各方在自愿基础上使用。中国坚持以经济和社会效益为导向，根据项目所在国需求及实际情况为项目建设提供贷款，避免给所在国造成债务风险和财政负担；投资重点领域是互联互通基础设施项目以及共建国家急需的民生项目，为共建国家带来有效投资，增加优质资产，增强发展动力。许多智库专家和国际机构研究指出，几乎所有"一带一路"项目都是由东道国出于本国经济发展和民生改善而发起的，遵循的是经济学逻辑，而非地缘政治逻辑。

五、民心相通持续稳固

民心相通是共建"一带一路"的社会根基。中国与共建国家传承和弘扬丝绸之路友好合作精神，共同拓展多层次、多领域人文交流合作，推动文明互学互鉴和文化融合创新，在教育、文化、体育、旅游、考古等领域打造一批"小而美"民生工程，铺就通民心、达民意、惠民生的阳光大道。

（一）文化旅游合作愈加丰富多彩

中国出台《"一带一路"文化发展行动计划》，与共建国家加强双多边文化旅游合作，提高游客签证便利化水平，建立文化产业合作机制……截至 2023 年 9 月，中国与 144 个共建国家签署文化和旅游领域合作文件。2014 年，中国、哈萨克斯坦、吉尔吉斯斯坦跨国联合申报的"丝绸之路：长安—天山廊道的路网"项目成功列入世界文化遗产名录。2019 年，中国和共建国家双向旅游交流超过 6000 万人次，52 个相关国家实现免签或者落地签。

中国与共建国家共同成立丝绸之路国际剧院联盟、博物馆联盟、艺术节联盟、图书馆联盟、美术馆联盟、旅游城市联盟等合作平台。中国不断深化对外文化交流，启动实施"文化丝路"计划，广泛开展"欢乐春节""你好！中国""艺汇丝路"等重点品牌活动。中国与文莱、柬埔寨、希腊、意大利、马来西亚、俄罗斯及东盟等共同举办文化年、旅游年，与共建国家互办文物展、电影节、艺术节、图书展、音乐节等活动及图书广播影视精品创作和互译互播，实施"一带一路"主题舞台艺术作品创作推广项目、"一带一路"国际美术工程和文化睦邻工程，扎实推进亚洲文化遗产保护行动。中国在 44 个国家设立 46 家海外中国文化中心，其中共建国家 32 家；在 18 个国家设立 20 家旅游办事处，其中共建国家 8 家。

（二）教育交流合作广泛深入

中国发布《推进共建"一带一路"教育行动》，实施"丝绸之路"留学、合作办学、师资培训、人才联合培养、教育援助等五个计划，推进教育领域国际交流合作。截至 2023 年 6 月底，中国与 45 个共建国家和地区签署高等教育学历学位互认协议。中国设立"丝绸之路"中国政府奖学金，中国地方省份、中国香港特别行政区、中国澳门特别行政区和高校、科研机构也面向共建国家设立奖学金，为共建国家重点行业培养领军人才和优秀技能人才。"汉语桥"夏令营项目累计邀请 100 余个共建国家近 5 万名青少年来华访学，支持 143 个共建国家 10 万名中文爱好者线上学习中文、体验中国文化。中国与联合国教科文组织连续 7 年举办"一带一路"青年创意与遗产论坛及相关活动；合作设立丝绸之路青年学者资助计划，已资助 24 个青年学者研究项目。

中国院校与亚非欧的 20 多个共建国家院校合作建设一批鲁班工坊。中国政府原子能奖学金项目为 26 个共建国家培养近 200 名和平利用核能相关专业的硕博士研究生。共建国家还充分发挥"一带一路"高校战略联盟、"一带一路"国际科学组织联盟等示范带动作用，深化人才培养和科学研究国际交流合作。在师资培训推进上，中国教育部中外语言交流合作中心实施"专家赴外培训"和"来华研修项目"，中国高校、海外孔子学院为共建国家中文教师提供短期师资培训或长期学历教育，联合国教科文组织教师教育中心（上海）为坦桑尼亚、苏丹、印度尼西亚、老挝、越南、哈萨克斯坦、吉尔吉斯斯坦等共建国家开展师范教育能力建设。

（三）媒体和智库合作成果丰硕

媒体国际交流合作稳步推进。人民日报社与共建国家媒体连续成功举办 6 届 "一带一路" 媒体合作论坛。中国国际电视总公司、中国中央电视台发起成立丝路电视国际合作共同体，为成员单位在影视合拍、节目播出、项目评奖、丝路频道运营、合办频道、信息共享等方面提供交流机会，截至 2022 年 5 月，共同体成员及伙伴发展至 62 个国家和地区的 141 家机构。中国—阿拉伯国家广播电视合作论坛、中非媒体合作论坛、中国—柬埔寨广播电视定期合作会议、中国—东盟媒体合作论坛、澜湄视听周等双多边合作机制化开展，亚洲—太平洋广播联盟、阿拉伯国家广播联盟等国际组织活动有声有色，成为凝聚共建国家共识的重要平台。中国与共建国家媒体共同成立 "一带一路" 新闻合作联盟，建立联盟网站和新闻信息移动端聚合分发平台，发布共建 "一带一路" 新闻，组织联盟成员单位的编辑、记者开展联合采访，开展论坛会议、专题培训等媒体交流活动，评选国际传播 "丝路奖"，截至 2023 年 6 月底，联盟成员单位增至 107 个国家的 233 家媒体。

智库交流更加频繁。"一带一路" 国际合作高峰论坛咨询委员会于 2018 年成立，由有关国家前政要、国际组织负责人、工商界领袖、相关领域知名学者等有国际影响力的人士组成。中共中央对外联络部发起成立的 "一带一路" 智库合作联盟已发展亚洲、非洲、欧洲、拉丁美洲合作伙伴合计 122 家。16 家中外智库共同发起成立 "一带一路" 国际智库合作委员会。各国智库紧扣 "一带一路" 建设需求，创新合作形式，不断推出智库产品，铺就 "智力丝绸之路"。

（四）民间交往不断深入

在第二届 "一带一路" 国际合作高峰论坛民心相通分论坛上，中国民间组织国际交流促进会等中外民间组织共同发起 "丝路一家亲" 行动，推动中外民间组织建立近 600 对合作伙伴关系，开展 300 余个民生合作项目，涵盖扶贫救灾、人道救援、环境保护、妇女交流合作等 20 多个领域，"深系澜湄"①"国际爱心包裹"②等品牌项目产生广泛影响。截至 2023 年 10 月，中国同共建国家友好城市数量增至 1577 对，占中外友城总数比例达 53.5%，中外地方政府共同发起友城灯光秀、龙舟赛、图片展、夏令营、大联欢等丰富多彩的人文活动。72 个国家和地区的 352 家民间组织结成丝绸之路沿线民间组织合作网络，开展民生项目和各类活动 500 余项，成为共建国家民间组织开展交流合作的重要平台。

六、稳步拓展新领域新合作

（一）卫生健康合作成效显著

中国与共建国家围绕维护卫生安全、促进卫生发展和推动卫生创新三大主题，全面推进传染病防控、卫生应急、妇幼健康、人才培养、慢性病防控、卫生科技创新等重点领域交流合作，推动构建人类卫生健康共同体。截至 2023 年 6 月，中国与世界卫生组织签署《关于"一带一路"卫生领域合作的谅解备忘录》，与 160 多个国家和国际组织签署卫生合作协议，发起和参与中国—非洲国家、中国—阿拉伯国家、中国—东盟卫生合作等 9 个国际和区域卫生合作机制，共开展项目近 2000 项。

中国依托"一带一路"医学人才培养联盟、医院合作联盟、卫生政策研究网络、中国—东盟健康丝绸之路人才培养计划（2020—2022）等，为共建国家培养数万名卫生管理、公共卫生、医学科研等青年人才，向 76 个国家和地区派出医疗队，诊治患者 2200 万人次；与 41 个国家和地区

---

①　在"澜湄合作"大框架下，深圳市国际交流合作基金会自 2017 年 12 月起在深圳市政府外事办公室指导下，联合深圳企业、高校、智库和社会组织等民间力量开展"深系澜湄"行动计划，形成由"共享经济建设特区经验""湄公河太阳村""湄公河光明行""地中海贫血和耳聋基因筛查"四个项目组成的首期项目集群。

②　"国际爱心包裹"项目由中国扶贫基金会和阿里巴巴公益于 2019 年共同启动。截至 2023 年 9 月，在阿里巴巴公益平台及公益宝贝百万爱心商家的支持下，"国际爱心包裹"项目累计在缅甸、尼泊尔、埃塞俄比亚、柬埔寨、老挝、巴基斯坦、纳米比亚、乌干达、布隆迪、菲律宾、乍得、蒙古国、津巴布韦、南苏丹等 14 个共建国家开展，受益人数超过 120 万，是中国社会组织在海外开展的规模最大的公益项目之一。

的 46 家医院建立对口合作,共建 25 个临床重点专科中心,为共建国家填补数千项技术空白;开展"光明行""爱心行""微笑行""送医上岛"等短期医疗义诊,这些活动受益面广、社会影响力大,深受共建国家民众欢迎。

新冠疫情暴发以后,中国向 120 多个共建国家提供抗疫援助,向 34 个国家派出 38 批抗疫专家组,同 31 个国家发起"一带一路"疫苗合作伙伴关系倡议,向共建国家提供 20 余亿剂疫苗,与 20 余个国家开展疫苗生产合作,提高疫苗在发展中国家的可及性和可负担性。

中国深化与相关共建国家科研机构在重大新药创制和疾病防治等领域联合研究和技术攻关,积极参与世界卫生组织发起的"全球合作加速开发、生产、公平获取新冠肺炎防控新工具"倡议和"团结计划"国际多中心临床试验合作,与 14 个共建国家签订传统医药合作文件,8 个共建国家在本国法律法规体系内对中医药发展予以支持,30 个中医药海外中心投入建设,百余种中成药在共建国家以药品身份注册上市,为提高共建国家健康服务可及性和可负担性积极贡献力量。

(二)绿色低碳合作取得积极进展

中国与共建国家、国际组织积极建立绿色低碳发展合作机制,携手推动绿色发展、共同应对气候变化。中国发布《关于推进绿色"一带一路"建设的指导意见》《"一带一路"生态环境保护合作规划》《对外投资合作建设项目生态环境保护指南》《关于推进共建"一带一路"绿色发展的意见》等政策规划,为绿色丝绸之路建设谋划路线图。中国与联合国环境规划署签署《关于建设绿色"一带一路"的谅解备忘录(2017—2022)》,与 30 多个国家及国际组织签署环保合作协议,与 31 个共建国家共同发起"一带一路"绿色发展伙伴关系倡议,与 32 个共建国家建立"一带一路"能源合作伙伴关系。

中国与超过 40 个共建国家的 150 多个合作伙伴建立"一带一路"绿色发展国际联盟,举办与承办绿色发展圆桌会、绿色创新大会、绿色金融与低碳发展论坛等系列主题活动 50 余场,发布《"一带一路"绿色发展展望》《"一带一路"项目绿色发展指南》等政策研究报告和绿色发展案例近

20 份，持续推动"一带一路"绿色发展国际共识和共同行动。成立中国—东盟环境合作中心、中国—上海合作组织环境保护合作中心、澜沧江—湄公河环境合作中心和中非环境合作中心，编制并实施《中国—东盟环保合作战略》《上海合作组织成员国环保合作构想》《澜沧江—湄公河环境合作战略》。持续推动中柬环境合作中心和中老环境合作办公室筹建工作，打造"一带一路"生态环境合作境外支点。

2021 年 9 月，习近平主席以视频方式出席第七十六届联合国大会一般性辩论时表示，中国将大力支持发展中国家能源绿色低碳发展，不再新建境外煤电项目。中国积极构建绿色金融发展平台和国际合作机制，与共建国家开展生物多样性保护合作研究，共同维护海上丝绸之路生态安全，建设"一带一路"生态环保大数据服务平台①和"一带一路"环境技术交流与转移中心（深圳）。实施绿色丝路使者计划，为近 120 个发展中国家培训 3000 余名生态环保和应对气候变化领域的官员、大学生、研究学者、技术人员，被联合国环境规划署誉为"南南合作典范"。中国实施"一带一路"应对气候变化南南合作计划，与 39 个共建国家签署 47 份气候变化南南合作谅解备忘录，与老挝、柬埔寨、塞舌尔合作建设低碳示范区，与 30 多个发展中国家开展 70 余个减缓和适应气候变化项目。

（三）科技创新合作加快推进

中国与共建国家不断优化创新环境、集聚创新资源，积极开展重大科技合作，加快技术转移和知识分享，共同培养科技创新人才，共同推动科技创新能力提升。2016 年 10 月，中国发布《推进"一带一路"建设科技创新合作专项规划》。2017 年 5 月，"一带一路"科技创新行动计划启动实施，开展科技人文交流、共建联合实验室、科技园区合作、技术转移 4 项行动。截至 2023 年 10 月，中国与 81 个共建国家签署政府间科技合作协定，48 个国家和地区的 67 家单位先后加入"一带一路"国际科学组织

---

①　"一带一路"生态环保大数据服务平台汇集 60 余个共建国家的基础环境信息、环境法律法规和标准，囊括 30 余个国际权威平台公开的 200 余项指标数据，研究开发"一张图"决策支持系统和对外投资项目环境评价工具，为对外投资提供生态环境管理和绿色发展解决方案。

联盟。

中国积极支持共建国家培养创新人才，推出国际杰青计划、外国青年人才计划、外国青年学者研究基金项目以及"一带一路"创新人才交流外国专家项目等，为来自共建国家的数千名青年科技人才提供新的平台和机遇。各类培训计划更为共建国家储备超过 1.6 万名农业、食品、卫生健康、信息技术等领域专业人才。中国面向东盟、南亚、阿拉伯国家、非洲、拉美等区域建设 9 个跨国技术转移中心，在非洲国家建成 20 多个农业技术示范中心，在农业、新能源、卫生健康等领域启动建设 50 余家"一带一路"联合实验室，参照国家重点实验室水准分别于 2019 年、2020 年和 2021 年批准建设 53 家"一带一路"联合实验室，举办技术交流对接活动 300 余场，促进千余项合作项目落地。

中国与世界知识产权组织签署《加强"一带一路"知识产权合作协议》及修订与延期补充协议，共同主办两届"一带一路"知识产权高级别会议，并发布加强知识产权合作的《共同倡议》和《联合声明》；与 50 余个共建国家和国际组织建立知识产权合作关系，共同营造尊重知识价值的创新和营商环境。

（四）"数字丝绸之路"建设亮点纷呈

自 2017 年习近平主席在"一带一路"国际合作高峰论坛上首次提出建设"数字丝绸之路"以来，"数字丝绸之路"在服务共建国家数字基础设施建设、推动贸易创新发展、促进科技国际合作等方面取得丰硕成果。截至 2022 年末，中国与 17 个国家签署"数字丝绸之路"合作谅解备忘录，与 30 个国家签署电子商务合作谅解备忘录，与 18 个国家和地区签署《关于加强数字经济领域投资合作的谅解备忘录》，提出并推动达成《全球数据安全倡议》《"一带一路"数字经济国际合作倡议》《中国—东盟关于建立数字经济合作伙伴关系的倡议》《中阿数据安全合作倡议》《"中国＋中亚五国"数据安全合作倡议》《金砖国家数字经济伙伴关系框架》等合作倡议，牵头制定《跨境电商标准框架》。

中国积极推进数字基础设施互联互通，加快建设数字交通走廊，多条国际海底光缆建设取得积极进展，构建起 130 套跨境陆缆系统，广泛建设 5G 基站、数据中心、云计算中心、智慧城市等，对港口、铁路、道路、能源、水利等传统基础设施进行数字化升级改造，"中国—东盟信息港""数字化中欧班列"、中阿网上丝绸之路等重点项目全面推进，"数字丝路地球大数据平台"实现多语言数据共享，建成"一带一路"资源、环境、气候、灾害、遗产等专题数据集 94 套、自主知识产权数据产品 57 类。中国移动国际有限公司的全球传输总带宽超过 138T，全球海陆缆资源超过 80 条，海外网络服务接入点达 232 个，在共建国家及延伸区域布局 187 个 POP 点。

空间信息走廊建设成效显著，中国建成连接南亚、非洲、欧洲和美洲的卫星电信港，中巴（西）地球资源系列遥感卫星数据广泛应用于多个国家和领域，北斗三号全球卫星导航系统为中欧班列、船舶海运等领域提供全面服务；中国与多个共建国家和地区共同研制和发射通信或遥感卫星、建设卫星地面接收站等空间基础设施，依托联合国空间科技教育亚太区域中心（中国）为共建国家培养航天人才，积极共建中海联合月球和深空探测中心、中阿空间碎片联合观测中心、澜湄对地观测数据合作中心、中国—东盟卫星遥感应用中心、中非卫星遥感应用合作中心，利用高分卫星 16 米数据共享服务平台、"一带一路"典型气象灾害分析及预警平台、自然资源卫星遥感云服务平台等服务于更多共建国家。

以跨境电商、海外仓为代表的对外贸易新业态和新模式蓬勃发展，成为外贸增长的新亮点，也为全球消费者提供更为便利的服务和更加多元的商品选择。"丝路电商"是中国充分发挥电子商务技术应用、模式创新和市场规模等优势，与共建国家拓展经贸合作领域、共享数字发展机遇的重要举措。截至 2023 年 9 月，中国与五大洲 30 个国家建立双边电子商务合作机制，在中国—中东欧国家、中国—中亚机制等框架下建立电子商务多边合作机制。"双品网购节丝路电商专场""非洲好物购物节"等特色活动成效显著，线上国家馆促进共建国家优质特色产品对接中国市场。"云上大讲堂"已为 80 多个国家开展线上直播培训，成为共建国家共同提升数字素养的创新实践。

中国海关数据显示，2023 年中国跨境电商进出口（含 B2B）达 2.38

万亿元人民币、同比增长 15.6%，其中，出口 1.83 万亿元、同比增长 19.6%，进口 5483 亿元、同比增长 3.9%。跨境电商货物进出口规模占外贸比重由 5 年前的不足 1% 上升到目前的 5% 左右。从贸易伙伴看，2022 年中国跨境电商出口额排名前十的国家分别为：美国、马来西亚、新加坡、澳大利亚、越南、韩国、泰国、菲律宾、印度、日本，共建"一带一路"国家占据六席。

2016 年，阿里巴巴集团提出世界电子贸易平台（eWTP）倡议。八年来，eWTP 通过分享中国数字经济发展先进经验和中小企业数字化转型升级的实践案例、提供数字化培训和指导，帮助共建国家企业家、青年和女性开展数字经济领域的创新创业。截至 2023 年 11 月，已有来自 60 多个国家和地区的 140 位公共政策制定者、近 4000 位企业家、1500 多位高校老师及 4 万多名海外学生参加 eWTP 全球数字人才培训。

后　记

　　青年代表希望，青年创造明天。当今世界拥有 18 亿青年，为青年提供发挥其潜力所需的资源并让他们参与全球发展，是建立一个更加公正、平等和繁荣的世界的关键。青年蕴藏着巨大潜力，在推进联合国 2030 年可持续发展议程中发挥着至关重要的作用。正如联合国秘书长报告《我们的共同议程》提到的："现在是时候谋划长远之计，为青年和子孙后代交付更多成果，为未来挑战作出更好准备。"我们应当聆听青年声音、相信青年力量，为构建人类命运共同体凝聚最大共识。

　　"一带一路"倡议是中国为世界提供的重要国际公共产品和国际合作平台，以互联互通为主线，坚持共商共建共享原则，秉持开放、绿色、廉洁理念，以高标准、可持续、惠民生为目标，沿着高质量发展方向不断前进，推动基础设施"硬联通"、规则标准"软联通"、共建国家人民"心联通"，成为中国与共建国家携手发展的合作之路、机遇之路、繁荣之路。人类历史上从未有过涉及国家如此之多、涉及人口如此之众、涉及领域如此广泛、涉及内容如此丰富的"大合作"。"一带一路"合作给 21 世纪的世界带来巨大发展空间，成为推动人类社会共同发展和构建人类命运共同体的重要实践，具有重要历史意义。

　　"国之交在于民相亲，民相亲要从青年做起。全球青年有理想、有担当，人类就有未来，和平与发展的崇高事业就有希望。"共建"一带一路"进入高质量发展新阶段，将为丝路青年持续提供新的发展机遇。在共建"一带一路"新十年的开局之年，本书历经数月调研编撰而成，以"积极参与高质量共建'一带一路',丝路青年携手共创共同发展繁荣"为主题,以习近平主席在第三届"一带一路"国际合作高峰论坛提出的"中国支持高质量共建'一带一路'的八项行动"为指引,系统总结分析 2023—2024 年度丝路青年参与高质量共建"一带一路"的主要成效、实践创新、典型案例和风险挑战等。为更多丝路青年更好了解、参与、共建"一带一路"提供翔实完整的行动指南,为国内外有关政府部门、企事业单位、非营利组织、青年组织、新闻媒体等更好推进"一带一路"青年交流合作和推动共建"一带一路"高质量发展提出对策建议。

青年的命运始终与时代进程相连、共振,青年兴则国家兴,青年强则国家强。丝路青年是高质量共建"一带一路"的见证者、受益者,更是建设者和传播者。在高质量共建"一带一路"新的金色十年开局之年,千千万万丝路青年踔厉奋发、勇毅前行,共建项目在哪里,就奔向哪里,一个个惠民生、助发展的工程,串联起他们一段段青春奋斗的故事,在本书得以娓娓道来,感动着更多人,激励着更多人。正如习近平主席指出,青年一代有理想、有本领、有担当,国家就有前途、民族就有希望。丝路青年要争做有理想、敢担当、能吃苦、肯奋斗的新时代好青年,在推进高质量共建"一带一路"中展现青春作为、彰显青春风采、贡献青春力量。与此同时,丝路国际智库交流中心、丝路青年论坛、丝路百科杂志社保持昂扬的"进行时",持续记录、研究、传播丝路青年奋斗史和发展史,为高质量共建"一带一路"提供更多时效性、针对性、高质量的智库成果。

需要说明的是,本书在编写过程中,参考借鉴了一些学者、专家、机构的研究实践成果和资料数据,编委会已在"参考文献"中予以标注,并在此表示真诚感谢。请相关版权所有人与本书编委会联系(邮箱:158950711@qq.com),以便致奉谢意和薄酬。如有争议内容,也请有关人员及时与我们联系,本书再版时将予以调整。

由于时间仓促和编撰者知识面有限,本书编写错误与疏忽之处在所难免,希望各位读者及时给我们反馈意见。我们也非常愿意与读者就丝路青年发展各项议题进行广泛深入的交流、探讨和合作。

责任编辑：池　溢

装帧设计：胡欣欣

图书在版编目（CIP）数据

2024 年"一带一路"青年发展报告 / 于洪君，史志
钦主编 . -- 北京：人民出版社，2024. 12. -- ISBN 978 - 7
- 01 - 026990 - 0

I. D669.5

中国国家版本馆 CIP 数据核字第 2024AC8258 号

2024 年"一带一路"青年发展报告

2024NIAN YIDAI YILU QINGNIAN FAZHAN BAOGAO

于洪君　史志钦　主　编

杨东平　刘　洋　执行主编

人民出版社 出版发行

（100706　北京市东城区隆福寺街 99 号）

中煤（北京）印务有限公司印刷　新华书店经销

2024 年 12 月第 1 版　2024 年 12 月北京第 1 次印刷

开本：710 毫米 ×1000 毫米 1/16　印张：19.25　插页：3

字数：281 千字

ISBN 978 - 7 - 01 - 026990 - 0　定价：68.00 元

邮购地址 100706　北京市东城区隆福寺街 99 号

人民东方图书销售中心　电话（010）65250042　65289539